经济管理学术文库·经济类

本地市场需求与耐用消费品出口质量研究：
基于创新机制的视角

A Study on Local Market Demand and Export Quality of
Consumer Durables:
A Perspective of Innovation Mechanism

韩永彩／著

经济管理出版社
ECONOMY & MANAGEMENT PUBLISHING HOUSE

图书在版编目（CIP）数据

本地市场需求与耐用消费品出口质量研究：基于创新机制的视角/韩永彩著 . —北京：经济管理出版社，2022.7
ISBN 978-7-5096-8431-3

Ⅰ.①本… Ⅱ.①韩… Ⅲ.①市场需求分析—关系—耐用消费品—出口商品—商品质量—研究—中国 Ⅳ.①F123.9 ②F769.2

中国版本图书馆 CIP 数据核字（2022）第 090759 号

组稿编辑：张巧梅
责任编辑：张巧梅
责任印制：黄章平
责任校对：蔡晓臻

出版发行：经济管理出版社
　　　　　（北京市海淀区北蜂窝 8 号中雅大厦 A 座 11 层　100038）
网　　址：www. E-mp. com. cn
电　　话：（010）51915602
印　　刷：唐山昊达印刷有限公司
经　　销：新华书店
开　　本：720mm×1000mm/16
印　　张：14.5
字　　数：210 千字
版　　次：2022 年 7 月第 1 版　　2022 年 7 月第 1 次印刷
书　　号：ISBN 978-7-5096-8431-3
定　　价：88.00 元

前　言

　　中国在新时代仍需继续扩大开放，充分利用"两种资源""两个市场"实现"世界理想"。一方面，世界上覆盖人口最多的社会保障体系基本建立，为全人类发展做出了巨大贡献；另一方面，冲刺全面小康、由富变强的过程仍需继续。如何在外部需求冲击日益加剧的背景下立足本地，实现经济高质量发展，在21世纪中叶达到现代化国家目标，是中国迫切需要探索和解决的问题。扩大内需、完善促进消费的体制机制是中国国民经济发展的基本立足点，也是推动中国经济高质量发展的最主要动力。中国政府为提振内需，促进居民消费，陆续采取了一系列措施，深化收入分配制度改革，增强居民消费能力，促进消费结构升级。国内市场需求规模、需求结构发生了深刻变革，进一步释放了城乡居民消费潜力，中国本地市场总体规模位居世界前列。出口是拉动中国经济增长的重要动力，尤其是中国加入世界贸易组织以后，出口连续多年以两位数增长，领跑世界贸易，为中国经济增长做出了重要贡献。目前国际经济、贸易下行压力加大，加之美国发动贸易战，中国的出口贸易受到了一定程度的影响。但总体来看，出口仍然保持了很强韧性。中国目前和今后，将继续坚定推进高水平开放，发展更高层次的开放型经济，以开放促改革促发展，出口在推动中国经济稳定增长、充分利用"两个市场"和"两种资源"方面仍发挥着重要作用。

　　对于本地市场需求增加对出口能带来何种影响，学术界对比进行过多方面研究。这些研究主要集中在本地市场需求对出口规模的影响上，现有的共识是本地市场需求增加可以扩大出口规模，即存在本地市场效应。但本地市场需求对出口质量有何影响、影响机制是什么等问题，其研究才刚刚起步，极少涉及需求诱致创新机制的刻画与验证，这些问题需要进一步深入研究。中国具有超大的本地市场规模以及全球最大的中等收入群体，尤其是近年来精准脱贫更是提高了整体的需求水平，应重新审视需求驱动供给机制。本书研究本地市场需求对出口质量的影响不仅有利于推进建立扩大国内需求的长效机制，也有利于中国从需求侧发力，进而推动贸易强国发展。

本书在广泛阅读和学习现有研究成果的基础上，综合运用产业组织理论、消费者行为理论和新贸易理论，并采用理论分析与实证分析相结合的方法，系统地探讨本地市场需求对耐用消费品出口质量的影响以及影响机制。本书的研究思路是：在理论分析方面，将本地产品质量市场有效竞争和质量专业化的思想融进 Krugman 本地市场效应框架，借鉴 Latzer 和 Mayneris（2018）并修改消费者质量偏好的假设，分析需求规模和需求结构变化对出口产品质量的影响以及影响机制，提出需要验证的相关命题。在实证分析方面，分别采用 OLS 估计、FGLS 估计、MLE 估计和分位数回归方法验证本地市场需求对耐用消费品出口质量的影响；采用条件过程机制验证方法从跨国和中国两个维度验证本地市场需求影响耐用消费品出口质量的机制。最后根据理论分析和实证检验的结论，提出相关的对策建议。

本书研究的具体内容如下：

导论。主要从全球视野和中国现实阐述了研究背景和研究意义，介绍了本书的研究内容、总体框架与研究方法，指出了本书可能的创新点与不足之处。

第一章是文献述评。在广泛阅读和学习国内外相关文献的基础上，本章对本书紧密相关的文献成果进行了系统梳理与总结。相关的文献主要有三大类：一是对本地市场需求的研究，主要梳理了本地市场需求理论的源起、演变和实证检验。二是市场需求影响出口产品质量的研究，主要从总需求、消费需求、进口需求以及大国视角的本地市场需求等方面来总结现有的研究成果。三是市场需求影响出口质量的机制研究，归纳了现有文献关于本地市场需求影响出口质量机制方面的研究动态。在综述上述文献的基础上，发现这些文献的研究成果为本书奠定了坚实的理论基础，但也尚存在一些可拓展的空间，如需求视角的研究多基于进口需求，创新机制中很少基于需求诱致创新，而创新促出口的文献未拓展至质量，因此，本地市场需求对出口质量的影响以及影响机制有深化研究的必要性。

第二章是本地市场需求与耐用消费品出口质量：理论机制。本章首先融合Krugman（1980）、Flam 和 Helpman（1987）、Fajgelbaum 等（2011a）和 Dingel（2016）的本地市场效应、本地产品质量市场有效竞争和质量专业化的思想，借鉴 Latzer 和 Mayneris（2018）并修改消费者质量偏好的假设，假设消费者具有收入异质性和偏好异质性，构建一个垂直差异化产品的产业内贸易模型，刻画消费者质量异质性偏好随收入增加的不同增长速率，分析本地需求规模和需求结构对出口产品质量的影响。在此基础上，分析本地市场需求引起出口质量提高的传导机制。借鉴 Zweimüller 和 Brunner（2005）并放松其创新市场的研究假设，将基于一国内部创新的分析框架拓展到两国贸易情形中，构建一个包含资源约束和技术创新的一般均衡模型，分析收入异质性消费者诱致企业进行技术创新和企业技术创新促进出口产品质量的影响机制，并推导出本书的三个待验证的理论命题。

第三章是本地市场需求与耐用消费品出口质量的特征性事实。本书采用WTO 货物贸易数据库和世界银行世界发展指标数据库统计分析世界市场规模，并对其按收入水平分组统计 1996~2016 年世界市场和中国本地市场需求规模、需求结构以及各国耐用消费品出口质量特征性事实。本书测算了这些不同收入分组国家 2007~2016 年耐用消费品的质量边际和数量边际，以及中国耐用消费品出口到不同收入水平分组国家的占比，进一步计算中国耐用消费品出口到 218 个国家的质量总边际和增长率，还对本地市场需求与耐用消费品出口质量进行相关性分析，发现本地市场需求规模、结构与耐用消费品出口质量提升具有一定相关关系。

第四章是本地市场需求规模影响耐用消费品出口质量的实证。本章检验了本地市场需求规模对出口质量的影响。采用 BACI 数据库的 HS 标准 6 位产品代码和 BEC 耐用消费品（代码 61）匹配的数据，并计算不同计量单位耐用消费品出口质量。关键自变量除采用经购买力平价调整的 GDP，还采用不同的变量反映本地市场需求，以供稳健性检验；同时控制供给变量如要素禀赋和进口竞争，也采用出口占比以控制目的国进口规模的影响；先进行基准回归，再进行固定效应和随机效应回归，最后采用多重方法进行测算，发现进行稳健性检验。另外，运用 OLS 估计和 FGLS 估计方法所有模型都通过检验，三个不同的本地市场规模变量也显著影响耐用消费品出口质量，且系数符号一致为正，系数都大于 1，符合本地市场效应的规模报酬递增规律。

第五章是本地市场需求结构影响耐用消费品出口质量的实证。本章采用面板模型检验需求结构对出口产品质量的影响，除了分组检验和控制个体效应外，还采用分位数回归，并刻画本地市场需求结构对耐用消费品出口质量不同分位的影响。数据分别源自 BACI 数据库、WDI 数据库、佩恩表、世界不平等数据库。出口数据经多个分类标准匹配，剔除无效值和异常值。计算不同计量单位耐用消费品出口质量，再将世界所有国家耐用消费品出口单价进行归一化处理。同时，采用逐步回归、分类检验以及其他稳健性检验证明模型的拟合度、结果的稳健性；分位数回归便于观察不同质量等级受到本地市场需求结构的不同影响。

第六章是本地市场需求影响耐用消费品出口质量的机制验证。根据 Hayers 条件过程方法，验证本地市场需求和结构对耐用消费品出口质量的影响方向以及内生机制。同时，将理论推导中需求诱致的创新作为中介变量内生纳入，结合前述研究结果发现，当本地市场需求规模和结构同时起作用时就改变了影响的系数符号。另外，当本地市场需求规模符合调节变量的设定时，由此定义为有中介的调节效应，并设立计量模型进行验证，且分别从全球和中国，以及中国相对总体和中国细分产品层层推进。另外，分组检验以避免总量偏误；中国证据相对情况采用中国出口到其他 47 个样本国的耐用消费品出口质量和其他变量的相对值；

产品层面以洗衣机、冰箱、空调和微波炉为代表。通过 OLS 估计、FGLS 估计与 MLE 估计对比，在混合回归、固定效应和随机效应中选择最优方案。验证中国作为中等收入水平国家，本地市场需求影响耐用消费品出口质量，亦即质量本地市场效应及其内在机制的不同表现。

第七章是结论、建议与展望。本书将本地市场需求规模、需求结构诱致创新以及促进产品质量提升纳入同一体系进行研究，在理论假设、推导和验证后，根据结论提出相关建议，并对未来研究进行展望。

本书主要结论如下：

一是本地市场需求规模越大，耐用消费品出口质量越高。通过建立面板数据，采用混合回归、固定效应和随机效应的实证检验发现，一国本地市场需求规模越大，质量偏好越高，能使质量本地市场效应得以发挥，也能提高出口产品质量。这一结论在采用多种稳健性分析后仍然显著。一国本地市场需求规模对出口质量提升的影响系数为正且都大于 1，呈明显的本地市场效应规律。在规模报酬递增和存在贸易成本的情况下，企业在高质量品种的生产和出口方面更加专业化，验证了本书提出的理论命题 1。当分组检验后发现，高收入国家此类质量本地市场规模效应更显著。这进一步证实一国要提高出口产品质量，必须首先扩大本地市场需求规模，重点应提高人均收入水平。

二是本地市场需求结构越平均，耐用消费品出口质量越高。在基准回归中采用逐步回归法，将不同的需求结构变量逐步纳入模型分别回归；稳健性回归采用多重方法：分组、改变关键变量、替换相近的控制变量以及选取不同的方法如分位数回归等。结果发现，无论采用什么方法，本地市场需求结构均正向影响耐用消费品出口质量。这为本书提出的理论命题 2 提供了有力的检验证据。其中，中等 60% 人口的收入占比的影响在所有的模型中都一致为正，且本地市场规模效应最大（0.3703），采用分位数回归观察本地市场需求结构对出口质量的不同分位影响，发现本地市场需求规模和本地市场需求结构对出口质量的影响呈线性变化，跟学者研究的非线性不一致。但是，在采用中等 80% 人口的收入占比的结果系数比 60%略小。也就是说，社会完全平均不利于效率，当然也不利于耐用消费品出口质量。与学者研究的适度收入分配不均可以提高出口质量的结论一致，但总体仍是向着分配越平均，质量本地市场结构效应越大的方向演化。在分组检验后发现，高收入国家具有这种质量本地市场结构效应更显著。在控制其他影响出口质量的供给因素后仍然稳健。本地市场需求结构与本地市场需求规模共同作用显著影响耐用消费品出口质量的符号，但整体较弱，净效应仍然为正。

三是本地市场需求诱致了创新，从而提高了耐用消费品出口的质量，创新起到中介作用。在过程调节机制分析的概念模型中，创新中介效应显著存在。采用跨国面板数据实证显示，企业创新后通过竞争效应促进质量提升，在技术提高并具有竞争优势时出口高质量产品。本地市场需求规模不仅调节本地市场结构影响出口质量的直接效应，还调节本地市场引致创新的投入（R&D）以及创新的产出（Patent），且均为显著。在分组检验中，高收入国家耐用消费品出口的调节效应为负。因为高收入国家耐用消费品出口质量已经较高，本地市场升级或更新对创新投入和产出都显示出惰性。

四是中国耐用消费品出口质量提升经过创新的中介作用，较强程度诱致了创新，从而提高了耐用消费品出口质量。在上述设立的机制验证模型中，通过纳入中国相对数据、中国耐用消费品细分数据验证中国情形发现，中国本地市场需求对创新的诱致作用非常显著，比上述跨国证据的结果显著得多，且符号为正。中国本地市场需求规模对中介的调节作用也显著为正。但需求规模的调节作用因所采用的需求结构变量不同而异：以代表需求不平等程度的变量基尼系数（gini）的模型中，创新的中介作用更显著，而本地市场需求规模对创新产出存在调节作用；但在中等收入水平 mid60 变量的模型中，对创新投入的调节作用更大更显著。在目的国收入水平划分的高低收入国家个体效应检验中，中国耐用消费品出口到高收入国家呈现明显的创新产出调节效应。这验证了本书提出的理论命题3，同时也解释了中国出口到高收入国家质量上升最快的现象。中国耐用消费品引进时间滞后美国多期，需求弹性越小的产品越滞后；不同细分产品本地市场需求诱致创新的强度不同，如中等收入占比越高，对创新产出的调节效应越高，冰箱出口的质量提升越高。

本书在综合研究结论的基础上，提出如下对策建议：

一是继续扩大本地市场需求规模以提高耐用消费品出口质量。注重对本地市场整体规模的培育，归根结底就是提高国民平均收入水平，扩大高端需求与国外高收入水平国家需求的"重叠度"，以这种内生需求诱致创新功能，可助中国摆脱受发达国家利用其市场势力与技术势力所设置的"链主"地位。二是政府应进一步改革有利于出口质量升级的收入分配政策，特别是继续扩大中等收入群体的比重，形成结构更合理的"纺锤形"。但是这一优势如何能形成需求竞争优势，政府应努力提高国民收入，扩大整体收入基数，并继续激励扩大本地市场需求特别是消费需求。三是企业应着力培育自身市场需求识别能力并加大创新投入。在内需驱动出口模式下，本地企业供给"质量需求"和"精致需求"的产品。四是政府应充分发挥调控作用以治理市场失灵，为本地市场需求培育良好的供给和消费环境。

目 录

导　论

第一节　选题背景和研究意义

一、选题背景

自 1996 年以来，世界市场上传统发达国家所占的市场份额逐年减少，新兴国家市场份额增速加快。国际市场结构更加多元化，中国在世界货物贸易市场份额中的相对地位显著提高（见图 0-1）。受 2008 年世界金融危机的影响，发达国家货物出口大幅下滑，中国及金砖国家（俄罗斯除外）受危机影响却不大。印度在 2007~2009 年金融危机期间平均每年增长近 8 个百分点，且中国随后（见图 0-2）。中国和印度之所以经得起金融危机的冲击，归功于两国的共同特征：超大的本地市场规模和中等收入群体占比。在发达国家控制核心技术和高端需求终端的"结构封锁"型贸易格局中，依托巨大国内需求形成内嵌于本土经济的贸易新模式，有助于本地市场需求与本地供给与出口结构间的良性互动。

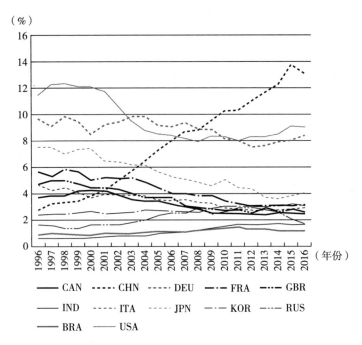

图0-1　世界货物出口市场份额变化

资料来源：世界银行WDI数据库，经作者整理计算所得。

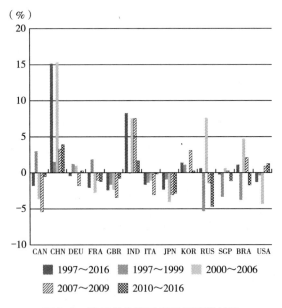

图0-2　世界货物贸易出口平均增长率

资料来源：世界银行WDI数据库，经作者整理计算所得。

消费与民生息息相关，扩大内需有助于化解新时期社会主要矛盾。Garegnani 和 Trezzini（2010）指出，应该将需求因素和供给因素结合起来理解经济增长和变迁。早在 2011 年 3 月全国人大发布的国家"十二五"规划就提出政策要导向建立扩大国内需求的长效机制。深化收入分配制度改革、增强居民消费能力，促进消费结构升级，进一步释放城乡居民消费潜力，逐步使中国本地市场总体规模位居世界前列。2015 年末，政府面对内外部经济的现实状况，客观评估了中国经济发展已经到了新的阶段，增速放缓会成为一个新常态。经济增长从量变转向质变，重点在于提升满足不断变化升级的需求能力，提高有效供给。2016 年 3 月发布的国家"十三五"规划再次强调需求对经济的引领作用，强调激活和释放有效需求，保证消费和投资的良性互动。2017 年的《国务院关于进一步扩大和升级信息消费持续释放内需潜力的指导意见》指出，内需潜力仍未充分释放。2018 年的《中共中央国务院关于完善促进消费体制机制、进一步激发居民消费潜力的若干意见》为促进消费提质升级绘制"蓝图"。基本原则是坚持消费引领，倡导消费者优先。强调完善有利于提高居民消费能力的收入分配制度。自2019 年 1 月 1 日起，修订的《中华人民共和国个人所得税法》正式实施，"减税利好"为扩内需促消费增添活力。2019 年的《政府工作报告》中再次强调，促进形成强大本地市场，持续释放内需潜力；充分发挥消费的基础作用，重点解决消费市场中结构性矛盾问题。2020 年的《政府工作报告》发展主要目标中强调加大"六稳"工作力度，坚定实施扩大内需战略，维护经济发展和社会稳定大局。本地市场需求是拉动高质量经济发展的着力点，中国顶层设计业已建立起扩大本地市场需求的长效机制。

自改革开放以来，中国经济与全球经济深度融合，仅用 40 余年时间就发展成世界经济舞台的主要参与者，成为世界贸易大国，迈入中上等收入国家之列。当第一个"一百年"目标完成，中国人均 GDP 虽已达到世界平均水平，但与发达经济体相比仍有较大差距，意味着中国经济具有巨大的发展空间（宁吉喆，2018）。中国目前和今后将继续坚定推进高水平开放，发展更高层次开放型经济，以开放促改革促发展。同时，对外贸易仍然是扩大总体规模、提升国际地位乃至实现民族复兴的最重要驱动力，有助于中国充分利用"两个市场"和"两种资源"匹配本地与外部的需求与供给。出口对推动中国经济稳定增长仍发挥着重要作用，但中国发展为出口强国任重道远，应进一步发挥市场在资源配置中的决定性作用（毛海涛等，2019）。扩大本地市场需求与出口不仅并行不悖且相互促进。对于本地市场需求增加对出口带来何种影响，学术界进行过多方面研究。这些研究主要集中在本地市场需求对出口规模的影响上，现有共识是本地市场需求增加可以扩大出口规模，即存在本地市场效应。但本地市场需求对出口质量有何影响、影响机制是什么等问题，研究才刚刚起步，极少涉及需求诱致创新机制的刻画与验证。中国提出创新驱动型增长有效避免了"中等收入陷阱"（Eichengreen等，2013；刘运转和宋宇，2017）。美国学者 Abernathy 和 Utterback（1978）的研究显示，60%~80%的重要创新由市场需求驱动。需求诱致的创新可以同时满足社会和产业需求（Edler，2006，2009）。外部环境日益恶化，需求诱致创新更多依赖本地市场，庞大的本地市场需求规模和日益升级的需求结构需要学术界重新审视中国本地市场需求的作用，并深入研究本地市场需求引致创新提升出口质量的机制。

二、研究意义

（一）结合新贸易理论和产业组织理论从出口国本地市场需求视角丰富了垂直本地市场效应理论

在克鲁格曼的本地市场效应研究中，假定消费偏好位似，从供给侧解释贸易发生的原因。外部经济的报酬递增与不完全竞争激励企业产品种类数内生增加以及产品质量阶梯提升有关联。消费者对产品质量的异质性选择行为研究如 Beerli 等（2018）基于非位似偏好的收入分配和 GDP 变化测算了潜在的本地市场规模。马歇尔在有效需求理论中指出："一切需求的最终调节者是消费者的需求。"从消费者行为角度看，随着消费社会的到来，技术创新主体要创造出符合消费者需求的产品，就必须与消费者建立更紧密的联系，并了解消费者的现实需求。实践中很多领域是消费者需求在先，企业创新在后。1903 年福特汽车公司抓住并满足了当时美国交通运输条件亟待改善的需求。海尔能比竞争对手更快更准地满足用户的需求，从消费者的需求角度发现利基市场，如小小神童从问世到推向市场，独享了市场蛋糕，在满足用户需求的同时成功完成了从追随到引领的转换。

产业组织理论认为需求特别是消费需求是企业技术原创（IDEA）源泉，消费需求的更新是技术创新的基本动力，消费需求决定生产。而创新性行为是企业追求市场利润的结果，市场需求引致了企业创新行为，是影响企业创新最主要的因素（David 和 Nathan，1979）。市场需求规模对创新有驱动作用，消费者对产品质量更高的需求激发了企业改进产品品质和性能的过程创新。人们的消费结构和消费方式的变化要求社会产业结构随之改变，创新为人们提供新的或更高质量产品，以适应更高层次的消费结构和不同的消费方式。消费是技术创新的基本动因和最终目的，技术创新必须以消费为基础，消费既是生产的终点也是起点。只从生产者角度来制定技术创新政策，不站在消费者的立场上，就没有促进技术创新生态化目标的实现。人们通过消费满足了需求，又会产生新的需求；新的需求又推动生产不断发展，消费不断增长就使创新动力日益增长。中国正处在罗斯托高额消费阶段转向追求质量阶段，结合本地市场的质量需求研究出口质量提升，并为理论研究提供了更好的现实证据。

（二）中国本地规模扩大和结构升级亟须从质量提升研究本地市场效应

从世界范围来看，最终消费（包含居民消费和政府消费）占本地生产总值（GDP）的比重（见图 0-3），在发展中国家该比重均值为 62%，在部分发达国家该比重甚至超过 90%。消费品在出口中占据重要地位。1970~2018 年，中国最终消费总额不仅低于德国、美国、澳大利亚和加拿大，也低于同为金砖成员的三个发展中国家，但在 2008 年外在冲击影响下，中国最终需求占比有所上升，最终需求受到外在的影响而转入本地市场。本地质量供给与需求错配，出口质量也偏低，此双重困境聚焦了质量提升的重要性。扩内需和促出口不仅不会相互替代，而且是促进高质量发展两条并行不悖的有效途径。

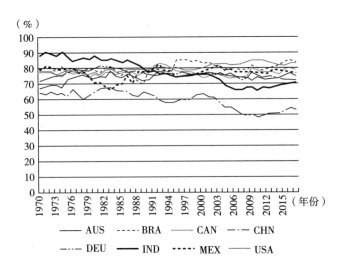

图 0-3 世界主要国家居民最终消费占 GDP 的比重

从消费规模和结构看，仅 2018 年中国农村贫困人口就减少了 1386 万。人民生活持续改善，居民人均可支配收入实际增长 6.5%，2019 年人均可支配收入达 3 万元，需求规模不断上升。随着中国精准脱贫攻坚完成，消费结构正加速升级（国务院发展研究中心，2019）。作为中国经济"王牌"（李稻葵，2020；程丽香，2019）的中等收入群体还会进一步增加。中等收入群体消费中恩格尔系数较低，收入增加时受预算约束消费不可能短时期调整到奢侈品上，即便收入下降，因存在棘轮效应也不会将消费调整到劣质品上。他们偏好产品的实用性和个性化，会对需求收入弹性比较大的耐用消费品质量提升更感兴趣。2019 年中国全国居民恩格尔系数为 28.2%，按发达国家 20% 恩格尔系数来看，需求结构升级空间还很大。这些本地市场需求规模扩大和结构改善会显著促进未来技术创新向质量提升转换，从而成为持续高增长和迈向创新导向经济的重要贡献因素。随着"消费者质量"显著提升，"挑剔"的消费者（Porter，1990）对质量的需求激励企业不断创新，改进产品质量，进而形成竞争优势，提升整体出口质量水平。

（三）本地市场需求诱致创新匹配国内外"两个"市场质量需求纠正结构背离

据中国商务统计，2017年中国货物进出口总额达27.8万亿元，连续第5年位列世界第一。2001~2017年，中国进出口平均每年增长12.2%，是中国坚持改革开放和参与经济全球化的重大成果，是名副其实的贸易大国。然而基于内需驱动出口指数的国际比较表明，中国外贸发展背离了"大国偏向内需驱动出口模式"这一基本国际规律，中国与大国平均水平的偏离程度为21.56%（易先忠和欧阳峣，2018）。由于发达国家不断增强知识产权保护力度，增大了中国通过技术引进提高产品质量的难度，所以中国完全依靠自主研发提升产品质量任重道远。本书的研究目的是促使发展中国家尤其是中国这类发展中大国以本地市场为根基，加快自主创新提高出口产品质量。中国企业逐渐重视产品质量提升，一些优质产品已在国际上享有信誉。但是全球经济瞬息万变，在攀登产品质量阶梯过程中，中国企业要警惕外部逆向收入冲击可能带来的影响。一般而言，高质量产品的收入弹性更大，因此受到负向冲击的影响也更大。中国出口产品质量在金融危机前后并没有经历显著升级，进一步说明在发达国家加强知识产权保护的形势下，中国更需要增强自主创新能力（谢杰等，2018）。中国拥有巨大的潜在的本地市场，这些潜力尚未开发，技术水平和人均收入水平的提升能降低内需和出口结构背离，技术能力的提升和需求条件的改善能更好地发挥本地市场需求对出口竞争优势的影响作用（易先忠等，2017）。

第二节　研究内容、方法与框架

一、研究内容

本书运用新贸易理论、产业组织理论研究本地市场需求对耐用消费品出口质量的影响，融合 Krugman（1980）、Flam 和 Helpman（1987）、Fajgelbaum 等（2011a）和 Dingel（2016）的本地市场效应、本地产品质量市场有效竞争和质量专业化的思想，借鉴 Latzer 和 Mayneris（2018）并修改消费者质量偏好的假设，假设消费者具有收入异质性和偏好异质性，在改进的 CES 效用下，构建一个垂直差异化产品的产业内贸易模型，分析本地市场需求规模和需求结构对耐用消费品出口质量的影响。同时运用条件过程机制分析本地市场需求规模和需求结构引起耐用消费品出口质量提高的传导机制。

重点内容如下：一是建立了本地市场需求规模、结构影响耐用消费品出口质量理论模型，提出三个待验证的命题，并在应用经济学研究范式中融入条件过程模型中介效应和有调节的中介效应。二是分析了世界各国本地市场需求和耐用消费品出口质量现状，刻画了本地市场需求与耐用消费品出口的相关关系。三是从本地市场需求规模和结构两个层面对前两个理论命题进行实证检验。四是通过设定结构管理的条件机制模型验证了本地市场需求规模和结构对耐用消费品出口质量影响的路径机制，此部分从世界和中国两个层面展开，中国层面又分为中国与其他国家相对水平和耐用消费品产品两个层面。

二、研究方法

本书主要采用文献研究法、数理建模方法、实证研究法及机制验证法等，以耐用消费品出口质量为研究对象，通过构建消费者质量异质性偏好的一般均衡模型，刻画消费者质量异质性偏好随收入增加的不同速率，提出并验证了需求规模和需求结构变化影响出口产品质量三个命题。具体研究方法如下：

一是文献研究法。本书通过研读本地市场效应、本地市场需求和出口质量相关的理论、实证的重要文献，比较全面地归纳和总结了需求对出口质量的影响机制和实证检验方法，从而解析文献留给本书的借鉴与思考。

二是数理建模方法。本书结合 Flam 和 Helpman（1987）、Fajgelbaum 等（2011a）和 Dingel（2016）本地产品质量市场有效竞争和质量专业化的思想，并改进 Latzer 和 Mayneris（2018）消费者质量异质性偏好假设。在模型中消费者偏好的非位似性捕捉了收入水平和收入分配对总需求构成的影响，并分析需求规模和需求结构变化对出口产品质量的影响及其影响机制，进而提出三个需要验证的相关命题。

三是实证研究法。本书分别采用 OLS 估计、FGLS 估计和分位数回归方法验证本地市场需求和耐用消费品出口质量，为确保数据质量，筛选出信息比较完整的 48 个国家，包括高收入国家和中低收入国家。首先分别对本地市场需求规模和结构的影响进行基准回归，在混合回归、固定效应和随机效应中选取最适合的方法，然后进行分组回归以避免总量偏误，再进行替换关键变量、控制变量和研究方法等多种稳健性检验以确保结果的科学性。

四是机制验证法。采用条件过程机制验证方法是本书最重要的创新之处。虽然已有学者将条件机制过程用于分析和验证逻辑关系，但极少有人将其用于同时分析中介和带中介的调节效应，在国际贸易领域的研究更是鲜见。本章从两个维度验证本地市场需求影响耐用消费品出口质量机制：跨国和中国，同时也进行了分组回归和稳健性检验。采用条件过程机制分析的最大优势是将以往研究的本地市场需求与出口质量、本地市场结构与出口质量、本地市场需求诱致创新、创新提高出口质量等模块化的研究同时纳入一个系统中，有助于厘清三者之间的逻辑方向和具体的影响大小。

三、研究框架

具体研究内容和框架如下:

导论包括本书的选题背景、研究意义和研究框架以及创新点和不足之处。

第一章是文献述评。梳理了三个方面的研究文献:一是关于本地市场需求理论源起、演变和实证检验;二是关于市场需求影响出口产品质量的研究;三是市场需求影响出口质量的机制研究。以往文献对本地市场效应(HME)的研究已奠定了很丰厚的理论基础和多样的实证方法,但是文献研究也为本书留下了一些思考。

第二章是本地市场需求与耐用消费品出口质量:理论机制。理论机制分为两大部分:理论模型和传导机制。在理论模型部分从消费者收入、效用函数及质量产品支出份额、生产者质量竞争与贸易均衡以及比较静态角度推导出理论命题;传导机制部分分析了消费者选择行为、企业策略性定价、消费需求与技术创新、创新均衡解、技术创新与出口产品质量,层层深入推导出传导机制。

第三章是本地市场需求与耐用消费品出口质量的特征性事实。特征性事实包括三部分内容:本地市场需求现状、耐用消费品出口质量以及本地市场需求与出口质量的相关性。

第四章是本地市场需求规模影响耐用消费品出口质量的实证。从计量模型设定到变量选取与数据处理进行了基准回归、分组回归和其他稳健性检验。先验证本地市场需求规模对出口质量的影响,再验证平均收入和人口对出口质量的影响。

第五章是本地市场需求结构影响耐用消费品出口质量的实证。包括模型设定、变量选取及数据处理、回归分析、稳健性检验、结果与结论。

第六章是本地市场需求影响耐用消费品出口质量的机制验证。本章共分四节内容,包括机制验证的模型设定、跨国证据、中国相对证据及产品证据。

第七章是结论、建议与展望。包括本书研究结论、对策建议并提出未来的研究展望。

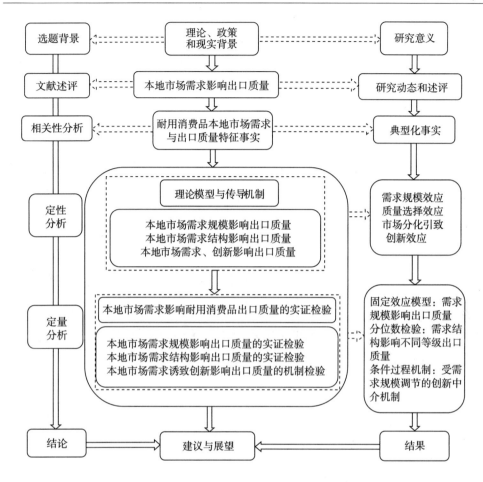

图 0-4　研究框架

第三节　核心概念界定

一、本地市场需求

本地市场需求是指支出法核算中的消费需求，支出法由最终消费需求、资本形成总额、货物和服务进出口三大部分组成，根据支出法核算 GDP 的公式：Y = C+I+G+NX，亦即本地生产总值由消费、投资、政府支出和净出口组成。因此，本地市场相对于世界市场，是本国的市场，本书的本地市场需求是指本国的本地市场需求，包括进口需求、投资需求和消费需求。当研究涉及出口目的国的总需求时为国外需求而非本地市场需求，但是放大到世界市场或站在进口国的立场便是一种进口需求。在易先忠等（2014）论述内需与外需结构度背离时提出"本地市场需求"用本地生产+进口之和表示，也有学者称为本土市场需求或本土需求，如李景睿（2014，2017）等。李洋等（2018）在研究本地市场需求与突破性技术创新时也采用"本地市场需求"，其含义是融合当地的地理特征、文化脉络、话语系统和顾客消费习惯等一系列因素的知识体系。他们选取格力作为案例研究其在中国本地市场的技术突破。众多学者采用本地市场的规模代表本地市场需求，也就是以国家或地区 GDP 或人均 GDP 来衡量。本地市场需求可以从需求规模、需求结构和需求环境等方面加以理解。需求规模中消费需求占比最高，需求规模特别是居民消费规模是大国经济持续稳定增长的必要条件，现实中中国因为需求结构失衡导致资源配置效率降低，出现消费需求作用递减的现象（欧阳峣等，2018）。需求规模和需求结构相互依存，共同营造良好的需求环境。本书定义的本地市场需求是指一国本地的需求，以各国 GDP、人口和人均 GDP 代表需求规模；以各国人口结构和收入结构代表本地市场需求结构；以增长率代表需求潜力。

二、本地市场效应

自林德尔提出需求相似理论以来，对于本地市场需求的影响研究已经深入到多个维度。Krugman（1980）把由本地市场需求引起的贸易增长效应称为"本地市场效应"（Home Market Effects），Coşar 等（2017）把这种效应定义为本地市场优势。本地市场效应以规模报酬递增、垄断竞争和贸易成本为特征，阐释一国一种产品在世界生产的地位以及相同产品在世界市场的需求份额的关系，存在报酬递增和贸易成本的情况下，拥有相对较大本地市场需求的国家会产生大规模生产并提高效率，使本国在满足本地市场需求之外还能增加出口，亦即本地市场需求对出口造成的各种影响，包括出口总量和出口结构。Chung 等（2006）研究相对本地市场效应是各国本地市场需求与世界水平的相对值，同时考虑了需求的重叠性，本质上仍然是本地市场需求产生的总量贸易效应。本书把 Krugman 等（1995b）提出的本地市场需求对贸易出口总额的影响，无论其为正向影响还是负向影响都称作"总量本地市场效应"。它可能是本地市场规模或水平对出口总额的影响，也可能是本地市场结构平等（或不平等）对出口总额的影响。

三、水平与垂直本地市场效应

水平本地市场效应和垂直本地市场效应是一组相对应的概念。水平本地市场效应是指本地市场需求对出口产品种类多样化的影响；垂直本地市场效应是指本地市场需求对出口产品质量差异化的影响。消费者非位似偏好中产品种类的偏好如兰开斯特"理想品种"为产品的水平差异，与垂直差异相对，后者是出口产品质量差异。本书的本地市场需求效应与文献的进口国本地市场需求效应不同，着重强调出口国本地而非进口国本地。循着本地市场效应的研究，Fajgelbaum 等（2011）提出"垂直本地市场效应"（Vertical Home Market Effect），是指总需求对贸易模式的垂直差异化产品的影响。与经济地理学理论研究的水平差异化产品相似，生产被认为存在规模经济和正的贸易成本。本书所指"垂直本地市场效应"是指本地市场需求偏向高质量产品会转化为出口质量的提高，是与"水平本地市场效应"相对应的"垂直本地市场效应"。结合产业组织理论和产品生命周期理论，产品内水平差异化和垂直差异化属于产品内分工的两个分支，但"本地市场"水平多样化（新产品）生产后最终仍要提高质量，无论是哪种多样化，归根结底是要解决质量升级的问题，以保证创新的螺旋式上升。因此本书所指"垂直本地市场效应"是指本地市场需求对出口质量的影响，以下统一称为"质量本地市场效应"。该效应是不同的本地市场需求对垂直差异化产品出口的影响，简单说就是本地市场需求规模和结构对出口质量的影响，因此文中也称出口垂直差异化或出口质量差异化。只要产品的质量、性能或可用性不完全相同，都认为存在质量差异或垂直差异，不包括全新产品的水平差异。本书中所指质量本地市场效应就是垂直本地市场效应，含义相同。在文中进一步细分了质量本地市场效应：当本地市场需求规模影响出口质量时称为质量本地市场的规模效应，当本地市场需求结构对出口质量有影响时称为质量本地市场的结构效应。

四、耐用消费品

按照消费资料的类型分，消费品可分为耐用消费品和非耐用消费品，属于最终消费的范畴。最终消费支出受收入水平的影响呈现不同的结构特征，一般沿着生存型向享受型和发展型的路径升级。非耐用消费品多为解决温饱和生存阶段的必需品，而耐用消费品是能使用时间较长的产品，如住房、汽车、电视机、电冰箱、空调等（陆剑清，2013），可以解决居民发展需求。联合国多维贫困指标（MPI）将耐用消费品列为衡量生活水平的重要指标。在现实中，由于耐用消费品消费能反映居民消费水平和结构变化，已成为衡量居民生活质量的重要标志。根据学者对消费升级的研究，人均 GDP 达到 1 万美元时耐用消费品增长迅速，耐用消费品成为大众消费品。中国正在迈向罗斯托大众消费型社会（Matsuyama，2002），耐用消费品已实现由点到面的普及（林晓姗，2017），随着消费者收入持续上升，对耐用消费品的需求多呈个性化、实用性和功能性等质量需求特征，需求并未减弱。相反，在消费者收入增长和高质量偏好情形下，消费者对高质量耐用消费品需求旺盛，耐用消费品的需求规模不断扩大，消费结构由经济发展较低阶段的大众普及型向品质型转变。例如，智能化的家用电器、高性能的计算机、环保化的家具、绿色低碳的电动汽车以及技术领先的无人驾驶汽车是当今耐用消费品升级的典型代表，家用电器、计算机、家具和汽车等耐用消费品的消费易饱和性不断被打破，且产品生命周期不断缩短。如 5 年期内 2/3 的美国公司会转产，而日本消费者每年都会更换手机

（Brouillat，2011）。

对比发达国家耐用消费品支出在居民总消费支出中所占比重发现，中国与发达国家差距明显缩小，已提前步入以耐用消费品消费为特点的"第三消费时代"（三浦展和马奈，2014），新消费形成增长新动能（陆钟文，2018）。因此，相比接近完全竞争市场的非耐用消费品，耐用消费品更能代表本地市场消费升级的质量需求和结构特征。已有的研究（尹天翔，2018）证明，中国洗衣机和电冰箱等耐用消费品已经成为大众消费品，在进入成熟期之后的拥有量并没有趋于平缓或者衰退，而是每年都以一个较小的增量递增，这些增量主要来自新组建家庭以及因更新换代而重复购买的消费者。随着需求结构升级，耐用消费品还存在巨大增长潜力。Beerli（2010）认为，中国不断上升的收入水平和结构升级会使中国成为研究耐用消费品的典型案例。Zilibotti（2017）在研究中国制造业技术革新的需求作用时，也以耐用消费品作为研究样本。综上，新时期耐用消费品的质量需求更能代表中国需求水平提高和需求结构优化。本书旨在研究本地市场需求和需求引致创新机制，因此选取耐用消费品作为本书的研究对象。

第四节　创新点和不足之处

一、创新点

（一）在 Krugman 模型中融入消费者质量异质性偏好，拓展了本地市场效应基本模型

以往的研究大多强调供给侧在提升产品质量上的重要性，如企业异质性理论认为生产率高的企业生产高质量产品，在"自选择"中出口。在强调需求侧的重要性时，研究进口需求的较多，是直观的供需关联。在本地市场因素的研究

中，学者认为企业需要从消费者处获取信息，解决改进创新中的信息不对称问题，遗憾的是他们不关注出口，而强调本地市场因素对经济增长的贡献。本地市场效应的研究关注本地市场需求总量及其构成如本地人均收入、人口、投资特别是本地进口需求对产品质量提高的影响。本书将在 Krugman 的本地市场效应上融入更符合现实的质量非位似偏好，并完全从本地市场的假设出发，同时又通过本地市场的需求水平、需求结构对出口总额、出口垂直分工的影响（Dixit 和 Stiglitz，1977；Krugman，1980），将研究推进一步。理论分析中由本地市场效应引入创新、理论和模型推导都具有很高难度，但是本书以需求侧非位似偏好、供给侧规模报酬递增和生产可变替代弹性为假设前提，建立一般均衡模型，实现了本地市场效应、产业组织理论和消费者行为理论的新结合。

（1）回答本地市场需求规模和结构是否促进出口质量的提升。当消费者的支出水平随着收入水平变化时，收入的构成影响需求的构成，需求规模和需求结构既取决于收入水平，也取决于收入分配的不平等程度。需求的这种非位似性使一个国家收入分配和垂直差异产品贸易的模式和强度之间建立了联系。在该系统中，收入的构成对市场规模很重要，总需求通过本地市场效应转化为专业化和贸易模式。Mitra 和 Trindade（2003）也将需求方面纳入国际贸易分析框架，重点讨论收入不平等在确定贸易流动和模式方面的作用，在非位似偏好假设下，当各国除了资产不平等以外其他都相似时，发现贸易是由消费的专业化产生而不是由生产诱致的。这就为贸易模式提供了一种基于需求的解释。然而，他们的模型意味着，如果各国之间没有任何供给方面的差异，它们将出口国内需求很少的商品。本书借鉴 Latzer 和 Mayneris（2018）并修改消费者质量偏好的假设，模型中消费者偏好的非位似性捕捉了收入水平和收入分配对总需求构成的影响。Auer 等（2017）的模型也假设企业将质量水平不同的产品销售给收入异质性的消费者，但本书强调质量本地市场效应。

（2）回答本地市场需求规模和结构是否通过引致创新促进质量提升。本地居民在收入上升后，有一个高标准和高质量的支付能力，这个需求首先是面向本地市场的，企业要解决这些本国的大市场就必须创新。根据最优专利理论，以及发达国家的技术封锁，靠获取国外专利要么拥有成熟技术，要么付出高昂费用。提升质量必须是扎根于本国市场的企业在满足本地市场需求升级后"外流"，才是可持续的。如果不创新，则无法从本地竞争中脱颖而出，也不可能提高产品质量首先满足本地"先驱"消费者的升级需求。假设在市场上只有一个创新企业短期垄断某个质量段产品的生产，垄断企业为最高质量生产厂商。在这个假设下经济将以一个短期固定的创新率进入均衡状态（Grossman 和 Helpman，1991）。均衡时创新率的大小与质量创新的质量阶梯长度、人口规模、生产质量产品的单位劳动力需求、低收入者的相对收入位置和创新成本有关。质量创新的阶梯长度越大，则创新率越高，与之对应的产品质量也越高。

（3）基于本地市场需求引致创新相对于导向性技术创新更能切中问题的本质。也就是说更能有针对性地解决中国"爆买"困境。基于本地市场需求的"中国智造"才是解决中国高质量消费过度外溢的良方。基于本地市场需求和适应本地市场需求升级的企业创新，从一开始就能转化成可应用的核心竞争力，这不仅能节约测试成本、推广成本、沉淀成本，还能以较小的不确定性风险获得创新租赁。短期内扭转高端消费外溢，长期内培养自身竞争优势和正的外部规模效应。这正是 Schmookler（1966）在讨论"鸡与蛋"问题时强调的需求优先，与 Bronwer 和 Kleinknecht（1996）不同，他们发现需求增长诱致创新的产出增长，采用企业新产品和新部门产品。本书分别验证了需求诱致创新的出口质量效应，结果证明，采用不同的需求结构代理变量，对创新投入和产出的影响各异。

（二）运用条件机制分析刻画和验证本地市场需求诱致创新促进出口质量的机制

在国际贸易研究中运用条件过程方法分析机制，将创新纳入内生变量，分别将创新作为中介变量和带有调节的中介变量检验需求规模引致创新对出口质量的间接影响。现有研究无法通过国际比较一国本地市场规模对出口质量的直接和间接促进作用。本书将本地市场效应诱致创新，创新促进出口质量提升，或者本地市场需求规模和结构诱致创新、过程创新提升出口质量等通过条件过程形成一个比较系统完整的研究逻辑，且基于机制逻辑图构建的计量模型更科学、更直观。本地市场需求影响出口质量不仅具有直接的规模效应和结构效应，还具有通过诱致创新的间接的中介效应。在验证直接效应后发现此中介效应是一种部分中介效应，中介效应并不能完全替代直接效应起作用。这在高收入国家、需求结构更平等的国家也更显著。这种机制有助于区别本地市场效应（系数大于1）、本地市场需求效应和本地市场需求诱致创新的效应。

（三）实证研究中解决了几个较难处理的代理变量问题

首先借鉴相对本地市场效应概念，探讨除了绝对市场需求规模对贸易的影响外，利用相对变量解决两两出口中遇到的定价问题和统计重复，避免了以往研究的偏误；其次将分位数回归作为稳健性检验的一种方法，可以更为细腻地刻画本地市场需求对出口不同质量水平的异质性影响。由于学者在研究需求规模和结构影响出口质量以及通过创新影响出口质量的实证中，选取的变量各不相同，导致后续研究在变量选择时存在困难。本书则采用最折中的办法，分别纳入常用的变量，再进行对比研究。这样做可以捕捉到中国不同于其他中低收入国家的本地市场需求规模特征。世界银行 WDI 数据库和中国国家统计局数据显示，截止到2016 年，中国虽然 GDP 总量很高，但人均 GDP 相对较低，人口规模大；中国既存在收入分配不均、基尼系数（gini）超过国际警戒线 0.4 的事实，同时又存在中等人口如中等60%的人口收入占比高、增长快的特点。为了明确这些问题，本书将这些代表同一需求类型的变量分别纳入计量模型进行估计，以期更清楚地理解中国本地市场需求与耐用消费品出口质量方面区别于其他相同需求水平国家的不同影响。

（四）提出质量本地市场效应概念对本地市场效应理论有一定深化

在学者提出水平和垂直本地市场效应的基础上，进一步明晰垂直本地市场效应概念。虽然内涵与垂直本地市场效应一致，但外延上有所不同。本书提出的质量本地市场效应用于本地市场需求对出口质量的影响。当本地市场需求规模影响出口质量时，称为质量本地市场规模效应，区别于林德尔的总量本地市场效应（本地市场对出口总量的影响）；当本地市场需求结构影响出口质量时，称为质量本地市场结构效应。质量本地市场效应的提出既溯源于林德尔本地市场总量效应，又是对林德尔本地市场总量效应的发展。

二、不足之处

（一）未考虑企业异质性和家庭消费使本书的微观层面不充分

本书未考虑消费者个体异质性，因此未将消费者创新识别能力、前沿创新型顾客特征纳入本书。由于本书主要研究对象为消费者和企业群体的宏观层面，因为数据缺乏，尤其是危机以后企业层面的数据不可获性，没有深入研究供给角度下中国不同类型企业的个体创新能力。危机以后世界经济与贸易格局发生了前所未有的变化，面对本地国外的形势（有冲击、有机遇），中国企业面临的竞争已然不同。因此，本书认为 2009 年以前的企业数据无法反映中国近年来的发展与战略定位。另外，本地诸如 CHNS 这些微观消费数据库没有涉及贸易的数据，本书退而求其次，从产品间、产品内分工研究创新的创造性破坏特征入手。但如果数据可得，今后研究应加以补充。需要说明的是，反映中国家庭消费的数据库CFPS（中国家庭追踪调查）是适合的数据库，从 2012 年每两年跟踪一次，但2018 年的数据更新比较迟，因此未采用。

（二）在需求创新促进出口质量时未考虑反向因果

正如文中对特征事实的观察结果，低收入国家进口和出口波动性都大，而且通常有两个层次贸易伙伴呈反向变化，如在低收入国家进口中，从高收入国家进口和从中等收入国家进口反向变化。本书没有就质量产品出口影响本地消费市场结构的反向研究，也没有更深入的反向福利效应研究。事实上，由于收入弹性不同，支出份额更多偏向于较高收入国家的高收入弹性部门和产品。经济增长、全球化及国际贸易甚至垂直贸易都可能通过影响工资均等化而影响到本地市场的需求结构及其动态变化，而质量升级也是创新的因素之一（Damijan 和 Kostevc，

2015；Amiti 和 Khandelwal，2013）。创新的消费升级效应也是学者广泛关注的，但是仅服务于本书的研究目的，并未探讨出口质量提升对企业创新的影响以及出口垂直专业化对本地市场工人、消费者和社会带来的福利效应。同时，技术创新也会对消费者决策造成影响，本书只是在模型中加入变量予以控制。

（三）实证研究中个别变量选择尚存在缺陷

在质量测算时并没有过多考虑其他非价格因素，因为本书的重点在于本地消费引起市场分化，从而激励破坏性创新，重点关注过程创新对出口产品质量可能的影响。在稳健性检验时可能存在分类样本大小的问题，如高收入国家有 34 国，但中低收入国家只有 14 国，原因在于选取的现有变量中低收入国家报告的数据缺失严重，无法采用插值法或人为方法加以弥补。书中在分析中国耐用消费品进出市场的时间时采用的是发达国家的产品生命周期数据，却没有采用他国的产品生产数据，因为研究中贸易统计的最早年份为 1962 年，生产必定更早，多数国家的数据不可得，限制了本书沿着新产品质量提升的连续研究。书中的创新仅仅是破坏性创新的创造阶段，而且是本地市场需求中平均收入水平和收入不平等诱致创新的激励。创新过程中的环境培育、创新后的技术扩散以及消费者市场势力等内容有待今后拓展。

第一章　文献述评

从理论演变看，相互需求理论将需求因素引入国际贸易结构理论，开创了从需求角度研究国际贸易的先河。而后偏好相似理论、产业内贸易理论、国内市场的"超常需求放大效应"贸易理论均强调需求因素对贸易的影响，国家竞争优势理论主张国内需求是提高一国竞争优势的重要因素之一。新贸易理论进而明确了一个国家通常出口国内需求较大的产品，国内需求成为"国家特定优势"。相对于小国，内需驱动模式对大国长期发展更加有利。中国作为发展中大国，尽管世界上覆盖人口最多的社会保障体系基本建立，脱贫攻坚全面胜利后由富变强的过程仍需谨慎乐观。如何在外部需求冲击日益加剧背景下立足本地，达到21世纪中叶的现代化目标，是中国迫切需要探索和解决的问题。党中央在2020年7月30日的政治经济局会议上明确提出，要"加快形成国内大循环为主体、国内国际双循环相互促进"的新发展格局，这意味着我国经济政策出现重大的调整和转变（司聪和孔祥利，2020）。2020年10月召开的党的十九届五中全会通过的《中共中央关于制定国民经济和社会发展第十四个五年规划和2035远景目标的建议》中明确把"加快构建以国内大循环为主体、国内国际双循环相互促进的新发展格局"列为重要战略抉择，强调更多地依靠国内大市场。新发展格局下扩大内需，完善促进消费的体制机制是中国国民经济发展的基本立足点，也是推动中国经济高质量发展的最主要动力。中国国内大市场需求规模、需求结构发生深刻变革，进一步释放了城乡居民消费潜力。据统计，2019 年国内最终消费率为 55.4%，离世界平均水平 78.71% 和发展中国家平均水平 73.9%（江小涓和孟丽君，2021），尚有很大的提升空间。在摩根斯坦利 2021 年研究报告中，中国国内消费持续上升，2030 年将达到 130 亿美元，与美国 2021 年的消费规模相当。研究中国本地市场需求对出口质量的影响正是研究如何促进国内国外双循环的机制之一，兼具理论与实践意义。

第一节　本地市场需求理论源起、演变和实证检验

一、本地市场需求理论源起和演变

本地市场需求与出口关系的理论是林德尔（Linder，1961）提出的需求相似理论。最初用以解释产业内贸易，基于位似偏好假设条件，本地市场需求更多的产品出口，两国需求的相似性使一国生产的产品将销售的地理距离从本地延伸至国外。在提出国家间质量生产和消费差异之前，林德尔就提出质量是贸易方向的决定因素。在需求侧方面，人均收入较高的国家花费更多收入购买高质量产品。在供给侧方面，本地市场需求较高的产品为国家发展的比较优势产品，高收入国家生产那些高质量且具有比较优势的产品，这些产品也是本地市场高需求产品。在需求侧方面，人均收入较高的国家花费更多收入购买此类高质量产品。供需两方面研究结果得出：相似人均收入的国家生产和消费重叠会引致他们的彼此贸易更紧密。Krugman（1980）首次将此现象冠以"本地市场效应"。如果某种商品在某个区域具有"超常需求"，那么这种地方市场的特殊需求具有一种"放大效应"，能使该地区的生产增长大于该地区需求增长，从而出口这种产品。市场需求规模对一个国家的产业结构有重要的、决定性的影响，是这个本地市场规模对

出口总量的影响，本书称其为"总量本地市场效应"，以本地市场需求影响出口总量来刻画。他假设存在运输成本、规模报酬递增的产业具有较大的"本地市场效应"，则该产业的本地公司具有竞争优势。后由 Markusen（1986）进一步研究认为资本更富裕的国家生产资本密集型货物，也消费资本密集型货物，因为这些货物收入弹性更高。Krugman 和 Venable（1995）对"本地市场效应"的概念进行了扩展，认为本地市场效应的产生是由于规模经济的存在，且在较大市场需求规模的区域能吸引较多的厂商聚集。厂商定位于大市场，此时本地市场效应强化了大市场的优势。与比较优势不同，规模经济可以促使没有要素禀赋差异的国家之间进行产业内贸易，拥有相对较大本地市场需求的国家因具有此类规模经济成为净出口国。由于消费者具有质量偏好，所消费的产品质量越高，消费者效用越高，此前需求侧的本地市场效应几乎自然而然地过渡到消费者对质量不同偏好与消费者的异质性特征相联系，并拓展为"非位似偏好"。Bils 和 Klenow（2001）进一步强调了家庭收入与产品内平均价格呈较强的正相关关系。此后由 Hallak（2006）提出林德尔假设的"产品质量观"。Fajgelbaum 等（2011a）研究了外部需求（进口国）的本地市场不同需求对出口质量的影响。Hallak（2006）、Feenstra 和 Romalis（2014）假设消费者的同质化产品消费和异质化产品消费之间的互补性，为"高收入者偏好高质量产品"提供微观基础。假设产品数量和质量之间存在互补性，同样可以产生高收入与高质量偏好的正向关系（余淼杰，2018）。可见，本地市场需求层级（高低收入）与出口产品质量（高质量）存在匹配效应。

作为相对"年轻"的理论，本地市场效应理论尚未形成完整的研究体系，仍处于发展中。参考学者的研究思路和节点，我们将本地市场需求影响贸易的研究大致分为以下四个阶段。第一阶段为萌芽期：Krugman（1980，1990）提出若某种商品在某个区域具有"超常需求"，则这种产品会成为净出口产品。第二阶段为形成期：Krugman 和 Venable（1995）扩展"本地市场效应"的概念，规模经济促使产业内贸易发展，且拥有较大本地市场需求的国家成为净出口国，后由

Davis 和 Weinstein（2003）进行实证检验并将 Hanson 和 Xiang（2002，2004）产业层面验证扩展至多个行业。第三阶段为发展前期：以 Hallak（2006）提出本地市场需求规模促进产品质量提升为分界线，上述本地市场优势拓展至"产品质量"本地市场效应。第四阶段为发展中期：自 Fajgelbaum 等（2011）研究了外部需求（进口国）的本地市场需求规模和需求结构对出口质量的影响后，由 Feenstra 和 Romalis（2014）提出消费者质量偏好异质性为"产品质量"本地市场效应提供微观基础。自林德尔提出需求相似理论，需求侧因其对一个国家的产业结构有决定性影响而成为学者关注的重点。若将这些需求影响出口的效应称为需求侧效应，本国国内需求定义为本地市场需求，则林德尔假设可定义为"总量本地市场效应"；Krugman 等（1990）认为，本地市场需求影响出口产品种类多样化的研究是"水平本地市场效应"；Fajgelbaum 等（2011）认为，此后本地需求对出口产品质量的影响为"垂直本地市场效应"。亦即本地市场需求不仅影响贸易的总量和方向，还影响出口产品种类的多样化，包括水平多样化和垂直多样化。前者是指出口产品种类，后者是指出口产品质量。Krugman（1980）对于水平本地市场效应已有较为系统的研究，但对于垂直本地市场效应的研究尚处于发展中，现有研究多从本地进口需求对进口质量的影响入手（Choi，2006，2009；Markusen，2010，2013；Bastos 等，2014）。

二、对总量本地市场效应的实证检验

对总量本地市场效应存在性的实证检验从多个维度和层面展开，但结论各异。Davis 和 Weinstein（1997）与 Helpman 和 Krugman（1985）的假设与报酬递增、贸易成本仅存在于异质性产品，他们允许同质产品有运输成本，发现小国市场不存在该总量本地市场需求效应。但 Arnon 和 Weinblatt（1998）认为，发达国家和不发达国家都存在总量本地市场需求效应。Head 和 Ries（2001）估计了两个异质性产品的国际贸易替代模型，即产品种类与企业估计本地市场效应相关：一个国家产出增加大于需求份额增加，另一个报酬不变模型预测一个国家产出增加小于需求增加。与克鲁格曼预测不同，当产品种类与生产联系时，规模报酬不变，总量本地市场需求效应发生逆转：小国可能是制造品的净出口国（钱学锋和梁琦，2007）。Goh 和 Michalski（2012）建立了一个基于质量保证的产业内贸易模型，发现在生产技术没有报酬递增的情况下也存在这种出口总量效应。进而，贸易自由化为较小本地市场的企业提供接近消费者的机会，小国获得大国市场准入。亦即小国可能存在"逆本地市场需求效应"。这个概念最早由 Feenstra 等（1998）进行了检验，他们采用 Rauch 分类标准，基于引力模型检验了特定年份大样本国家的数据。结果显示，差异性产品为总量本地市场需求效应，同质性产品为"逆本地市场需求效应"。Huang 等（2014）的研究结果显示，若小国具有技术优势也存在逆本地市场需求效应。继 Davis 和 Weinstein（1999）发现了区域层面的 HME 证据后，由 Davis 和 Weinstein（2003）拓展了产业层面验证并将 Hanson 和 Xiang（2002）实证检验扩展至多个行业。他们的贡献在于比较研究 IRS-MC 产品、外部产品和 Armington 弹性产品的总量本地市场效应的存在性。结果证明 IRS-MC 产品存在而 Armington 弹性产品不存在。当 Davis（1997）通过在 CRS-PC 引入贸易成本且将 Helpman 和 Krugman（1985）中的外部产品剔除以后发现，在缺少外部产品的情况下，总量本地市场效应可能消失。当且仅当 CRS-PC 产品的贸易成本足够高，高到能阻止该货物的国际贸易发生时总量贸易效应就会消失。Schumacher 和 Siliverstovs（2006）将本地市场效应与要素禀赋联系起来检验大国与小国贸易自由化带来就业的潜在损失。他们认为，制造业产业不同产品具有本地市场效应，既可能是资本密集型也可能是劳动密集型。中国出口份额上升的技术密集型和资本密集型两大制成品行业，本地市场效应自 1995年从无到有、由弱至强；而在出口份额下降或变化不大的劳动密集型制成品和资源型制成品行业，总量本地市场效应不明显（唐宜红和姚曦，2015）。扩大内需不仅有利于中国本地经济的平衡和可持续增长，通过本地市场效应扩大出口，还能促进出口升级。脱离本土需求融入产品内分工会抑制出口升级，而且脱离本土需求融入产品内分工带动的出口升级难以成为经济持续增长的驱动力（易先忠和高凌云，2018）。Matsuyama（2017）在验证多地区本地市场需求与出口质量后认为本地市场效应是一种地理优势。Kruse（2016）从企业微观层面再次考察了Hallak（2010）关于部门Linder假设，他发现总量本地市场需求效应的结果向下偏误，在部门层面夸大了企业固定（机会）成本。李敬子等（2020）在对服务业分类型检验后还发现本地市场效应的非线性，不同类别收入水平国家之间需求结构和需求规模作用的HME差异显著。

学术界采用的验证方法也多样。与Davis和Weinstein（2003）验证的方法不同，Schumacher和Siliverstovs（2006）采用引力模型细分行业层面的检验，此后有学者采用扩展的引力模型（唐宜红和姚曦，2015）。张帆和潘佐红（2006）利用Davis和Weinstein（1997）模型检验了总量本地市场需求效应是否为决定中国各省主要贸易类型的重要因素。另外，具有强烈的本土市场效应的产业（运输设备、电子及通信设备、纺织）从聚集中心转移出来是很困难的，且成本很高，政府在布局这些产业时应该遵循需求的分布，以取得资源配置的最大效率。Hanson和Xiang（2004）采用倍差引力方法，认为本地市场需求促进出口的效应依赖于行业的运输成本。在变量选取上，Simonovska（2010）将总需求决定变量分解为人均收入和人口。Fajgelbaum、Grossman和Helpman（2011a）研究了垂直本地市场效应，以非位似需求非线性方式修正了引力模型。Fieler（2011）也认为，标准模型的检验忽视了总需求决定变量可分为人均需求和人口总量两个部分的事实。在她开发的一般均衡模型中，纳入贸易弹性、人均收入和人口差异，并将货物按需求收入弹性和生产技术异质性的不同程度归为不同种类。在均衡时，低收入国家消费更多低需求收入弹性的货物类型，高收入国家消费高需求收入弹性的货物类型，同时具有高水平生产技术异质性货物的比较优势。采用162个国家的双边贸易数据，对比研究引力模型的特殊情形。结果证明一般均衡模型在国家规模和人均收入差异性方面比引力模型拟合得更好。Bernasconi（2013）验证需求结构的相似性沿着二元边际影响贸易模式。他认为收入水平重叠和收入分配的重叠是需求相似的代理变量，需求结构相似性是双边贸易和贸易边际的重要决定因素。此后，由 Hendrik（2016）将国家层面的二元边际扩展至企业微观层面。

以上的检验都是从静态视角研究的，Auer（2017）将"本地市场效应"扩展至灵活需求结构，他认为一个消费者对产品特征的评价为异质性，并让企业提供异质性特征产品的模型，以此检验贸易自由化后的"动态总量本地市场效应"。他发现，存在消费者跨国偏好差异的情况下，自由化以后消费是本地偏向的。一旦产业专业化，贸易增长了，贸易收益也就开始增加了。开放市场长期均衡时，只有当国家完全专业化生产，跨国偏好差异存在时，贸易才会下降。Costinot 等（2019）的对比研究发现，预期的本地需求与国外销售的正向关联比本地需求与从国外进口的正向关联更大，亦即国内需求最多的产品是净出口品。

第二节　市场需求影响出口产品质量的研究

一、总需求影响出口质量升级

尽管经典理论从生产要素配置机制或本地市场比较优势研究出口质量升级（Weder，2003），但 Dingel（2016）的研究发现，本地市场需求在影响质量专业化方面至少与要素丰裕度一样。Berry 和 Waldfogel（2010）认为，企业投资固定成本生产高质量产品，会削减对手的价格，提高产品质量；企业以可变成本投资生产时，市场规模扩大会提高不同种类产品的质量。Fajgelbaum 等（2011）强调总需求的构成对出口产品质量差异的影响，研究了在产品内垂直分工下本地市场需求对出口质量的影响。后由 Niem（2016）研究偏好多样化和国家相对规模对产业内贸易的影响，而该产业具有 Fajgelbaum 产品质量异质性，他采用两阶段博弈模型，发现在相似质量偏好的国家之间产业内贸易更高。学者相继从投资需求、进口需求和消费需求角度研究出口质量升级。

（一）投资需求对出口质量的影响

Fajgelbaum 等（2011）假设这些关键的需求驱动对于 FDI 引致的全球贸易模式也具有重要意义。他们将本地市场需求假设与投资选择的邻近集中决策结合起来研究跨国企业服务于外国市场的进入方式选择。他们不仅尝试研究消费者质量选择随收入变化的情况，认为在高收入消费者更多的市场对高质量产品的总需求也高，还发现企业在选择服务于国外市场时遵循邻近集中原则一致，从而找到了 Brainard（1997）的证据。后者的研究显示，美国企业国外分公司的总销售随着目标市场和美国市场的人均收入差距而下降。Fajgelbaum 和 Khandelwal（2014）开发了一个质量非位似偏好的垄断竞争模型。专业化完全由需求驱动，是通过出口还是 FDI 带动取决于集聚邻近性。国家收入分配和收入规模不同，将贸易和 FDI 结合研究国家选择行为，结果显示：相似人均收入水平的国家更有可能选择 FDI。Harding 和 Javorcik（2012）提出关于吸引 FDI 为发展中国家提升潜在出口质量的证据。将出口单价与投资促进局处理过的部门数据相结合，分析 105 个国家的数据发现，FDI 对出口单价（简单的质量测度）有正向效应，但对于高收入国家的证据不明晰。把 FDI 和发展中国家与高收入国家出口结构重叠部分关联起来时，没有找到 FDI 促进两组不同收入国家出口结构相似或重叠的证据。从事 FDI 的跨国公司通过两种机制影响出口质量：一是跨国公司使用国家作为出口平台可以生产相比母国更复杂或质量更高的产品；二是跨国公司可通过知识溢出影响本地同行业企业或当地企业作为供给部门，反过来又促进产品质量升级，同时跨国公司自己也从当地消费者需求获得质量改进。Alessia 和 Marco（2013）研究了细分行业层面 FDI 和进口对非洲出口质量升级的影响。高收入国家和发展中国家在吸收技术正向溢出效应时表现各不相同。垂直型 FDI 培育了低技术产业的多样化，提高了制造业出口的平均质量，从南部国家进口提高了扩大制造业出口种类且在多样化较少的国家中引进更多产品种类的能力。他们的研究出发点是进口需求和投资需求。Choi（2014）将收入水平和收入分配决定总需求和国际贸易模式的理论应用于跨国公司的海外活动，检验这种收入相关的需求驱动要素是否对

MNE（跨国公司）的 FDI 具有重要的影响。旨在研究当收入不平等上升时（独立于收入水平），总支出和海外投资（OFDI）是否同时增长。采用韩国 1999～2010 年 OFDI 数据和动态面板数据的系统 GMM 估计，作为需求侧因素的收入分配对 OFDI 很重要，动态面板模型检验确定 FDI 的林德尔效应，但没有发现本地市场需求对 OFDI 的出口质量效应。也就是说，他们研究对外投资时与 Harding 和 Javorcik（2012）、Alessia 和 Marco（2013）的研究视角不同，且对出口质量的影响各异。

（二）政府支出对出口质量的影响

政府支出具有改善收入差距的功能，转移支付能够改善收入分配结构，研究中通常把政府支出作为影响质量升级的工具变量。Do 和 Levchenko（2017）通过比较贸易限制与本地总量转移支付之间重新分配。偏好为非位似时，本地总量转移支付影响到相对价格即相对质量。在 2000 年后许多发展中国家采用禁止食品出口政策，但是本地总量转移支付并不比扭曲的贸易政策更优。发展中国家的转移支付等财政政策对于收入差距有较好的调节作用。Caminada 和 Goudswaard（2001）等认为，教育、健康、住房和社会福利等方面的公共支出能较好地缩小收入差距，进而影响出口质量（李景睿，2017）。

（三）进口需求对出口质量的影响

一国高质量的进口需求对贸易伙伴的出口产品质量要求更高。高收入国消费高质量产品倾向于从生产高质量产品的国家进口较多，低收入国消费低质量产品倾向于从生产低质量产品的国家进口较多。Choi（2006）将国家间收入分配异质性反映到进口种类和价格分布上，采用卢森堡收入研究的微观数据证实了 Murphy 和 Shleifer（1997）的观点，拥有类似收入分配结构的国家，进口价格分布也类似（Choi 等，2009；张永亮和邹宗森，2018）。可见收入分配通过需求影响一国的进口贸易结构，对于两个有相同平均收入的国家而言，收入分配更加不平等的国家对高质量产品有更高的需求（Markusen，2010）。他们主要聚焦于模型需求侧消费者质量选择行为，消费者使用边际收入购买高质量进口产品而不是更多低质量异质性产品。Dalgin 等（2004）研究发现不平等是进口需求的重要因素，奢侈品进口增长随进口国家不平等而增加，必需品则随之下降；同时从高收入国家的进口增加，从低收入国家的进口减少。Levchenko 等（2010）估计了 2008~2009 年国际贸易崩溃的原因，与低质量进口相比，较高质量产品的进口经历了较大幅度下降。他们研究对不利收入冲击的反应，消费品质量下降是否会引起国际贸易更大幅度下降。如果进口产品比本地产品质量更高，且质量需求是富有弹性的，那么对于最高质量产品的需求下降将会影响进口。基于危机期间中国出口相对减少及经济复苏更快的事实，理论上在质量阶梯下降时会使中国消费者受益。但他的最终结论是，高质量产品进口并不会因为需求质量阶梯下降而下降更多。也没有发现代理商以低质量产品进口代替高质量产品的证据。也就是说，需求规模的冲击不会影响高质量产品进口。Berthou 和 Emlinger（2010）发现，收入缩水对高质量产品种类进口影响更多。他们采用 EU15 国产品层面的月度数据，确定进口价格指数在 2008~2009 年明显下降，其中 24% 归因于需求大幅下降，这些需求下降是欧盟市场上高价出售的高质量产品。高质量产品进口对于 GDP 变化的反应快于低质量产品，高质量产品更高需求收入弹性可以解释危机期间贸易价格指数的骤降。当 Curzi 等（2013）采用法国、意大利和西班牙欧洲三国的细分数据验证时，没有发现高质量产品在衰退期减少更多的计量，但企业为维持市场份额确实减少了价格加成。采用葡萄牙数据，Bastos 和 Silva（2010）的研究显示，在控制了距离和其他目的国特征后，企业对出口到较富裕目的国产品定价更高。Bastos 等（2014）的结果显示，目的国收入增长促使企业提高所生产产品的平均质量，也促使他们购买更高质量的投入品。

世界进口贸易中间品比重最高，因此学术界对中间品进口需求的研究颇为丰富。进口中间品通过生产投入、生产率或技术溢出效应提升出口产品质量，即中间品质量效应。从企业异质性角度看，中间品代表了出口企业更高生产率和产品更高质量水平，对于发展中国家，企业对高质量中间品的需求难以在本地得到满足，进口较高质量的中间品是其获得出口质量升级的重要途径（张杰等，

2015)，中间品进口尤其是高质量的中间品进口确实促进了中国企业的出口产品质量升级（许家云等，2017）。Fan 等（2017）在分析中将企业质量选择和中间品进口联系起来，结果发现，关税减少引致企业提高出口产品质量，同时提升出口价格，内部质量差异较小的产业出口价格反而下降。马述忠和吴国杰（2016）分析了中间品进口以及不同贸易类型的中间品进口是否影响了企业出口产品质量。研究发现：中间品进口具有显著的质量促进作用；一般贸易中间品进口不具有促进作用，与来料加工中间品进口相比，进料加工中间品进口促进作用更加显著和稳健；随着产品质量的提升，一般贸易中间品进口的抑制效应减弱，来料加工中间品进口的促进作用增强，进料加工中间品的影响呈"U"形关系。若贸易方式不同，则中间品进口的出口质量效应也不同。中间品进口通过中间品质量效应和中间品多元化效应机制影响企业出口产品质量（邓国营等，2018）。从微观层面看，中间品进口对中国企业出口产品质量产生促进效应；若区分产品差异化，同质中间品进口促进出口质量提升效应更大（沈国兵和于欢，2019）。

二、需求规模和结构综合影响出口产品质量的研究

如果打破林德尔需求位似的初始假设，则消费组合取决于需求偏好，需求偏好异质性取决于收入水平、收入结构和收入差距。自 Flam 和 Helpman（1987）将收入分配引入国际贸易理论模型之中，学者在研究需求和产品质量时都假设消费者的偏好是非位似的。其主要原因在于在非位似偏好的假设下，人均收入（收入水平）、收入差距和收入分配都对总需求结构有决定作用，这是消费者需求与产品质量选择的核心。同时，非位似偏好的假设在现实生活中更容易实现，并且在大多数实证研究中获得了验证。Hunter 和 Markusen（1988）在位似偏好的假设前提下，利用 34 个国家 11 种产品和服务检验其是否成立，最终在 7 个支出大类中拒绝了零假设，表明偏好是非位似的。Davis 和 Weinstein（1997）、文洋（2012）、刘伟丽和刘正园（2016）等也得到了类似的结论。为了强调贸易质量不同偏好，放松林德尔同质需求偏好假设的还包括 Markusen（1986）、Baier 和

Bergstrand（2001）、Bergstrand（1990）、Fajgelbaum 等（2011）、Foellmi 等（2010）、Hallak（2010）、Matsuyama 等（2015）、Matsuyama（2016）、Khandelwal（2010）以及 Feenstra 和 Romalis（2014）、Comite 等（2014），他们研究的假设起点为消费者非位似需求，且改进质量会提高消费需求升级。

Flam 和 Helpman（1987）在国家层面建立了南北贸易的替代模型，认为收入水平和收入分配是决定出口模式的重要因素。Acharyya 和 Jones（2001）也认为一个小型经济体在对外开放条件下出口产品质量的选择与本地收入分配存在因果关系，任何有利于非熟练工人的收入再分配政策都会通过降低资本回报率来提高出口质量。鉴于收入分配与国际贸易的双向作用，收入分配与产品质量的关系在学术界一直存在分歧：收入分配通过供给和需求两方面影响贸易产品质量，贸易产品的质量升级又会扩大或缩小一国收入分配差距（刘伟丽和刘正园，2016）。众多学者从相反的角度探讨了贸易质量对收入分配的不确定作用，如 Verhoogen（2008）、徐美娜和彭羽（2016）等，因本书的研究重点不聚焦双向影响，所以在此未做深入探讨。

Hummels 和 Klenow（2005）、Hallak（2006）通过实证检验发现，一国产品单位价值或质量与该国人均收入水平成正比，高收入国出口产品单位价值更高，产品质量也更高。因为一个国家内部收入分配反映消费需求结构，收入分配相似性可近似反映需求结构相似性。Bils 和 Klenow（2001）通过耐用消费品贸易中估计价格——收入斜率（质量恩格尔曲线）找到垂直本地市场需求效应的证据：收入分配较高均值（或标准误、偏度和峰度）的国家，产品价格分布也有更高的均值（标准误、偏度和峰度）。当他们沿着总样本数据检验概率分布函数时，发现收入分布更相似的国家组也具有更相似的产品价格分布。Krishna 和 Maloney（2011）采用高度细分的贸易数据，以此探讨出口产品质量的动态特征。国家出口质量和国家内部产品质量存在显著异质性以外，质量增长率也因国而异。在富裕的 OECD 国家出口质量增长最快，区域间产品质量存在差异，初始质量水平较低的产品随时间推移质量增长更快。这种差异由出口产品组合驱动，OECD 国家增长速度更快，与 Hausmann 等（2007）观点一致：一个国家出口多少不重要，最重要的是出口产品如何组合。Mitra 和 Trindade（2003）假设国家除收入分配不平等外其他方面都相同，贸易由需求专业化驱动，他们的假设产生了本地再分配政策的国际溢出效应。但是他们的模型意味着国家会出口那些在本地市场需求极少而且不存在任何供给侧差异的产品。Bohman 和 Nilsson（2006）则发现收入分配越不公平的国家越会出口更多的必需品，而出口更少的奢侈品，收入不平等对改变出口结构使其向出口高需求收入弹性产品转移具有负面影响。在 Foellmi 等（2010）的产品水平异质性贸易模型中，他们假设消费者偏好非位似且对产品具有离散选择。Fieler（2011）在她的基准模型中采用了李嘉图分析框架：两产业和多产品，那些具有高需求收入弹性的产业具有对等的生产率水平，她还发现那些具有较高技术水平的国家在生产奢侈品方面具有比较优势，且出口这些比较优势产品。Simonovska（2010）的非位似消费偏好的异质性企业模型证明更富裕的国家消费更多的不同产品束。国家之间收入分配差异决定了不同国家、企业和消费者需求偏好的异质性，从而影响他们对贸易产品的质量选择。至此，他们已将研究扩展至市场消费结构对质量异质性出口的影响。但是，他们的研究从进口需求视角或关注进出口国的需求相似程度，本质上仍未跳出本地市场效应中需求相似的框架。张亚斌等（2012）认为，需求规模不是影响一国进出口的唯一因素，需求结构随需求规模在不同区间呈现出对本地市场效应的差异化影响。后由冯迪（2013）基于非位似偏好对中国制造业出口质量的研究发现，总需求与需求结构都对本地市场效应存在正向影响，本国的总需求是主导因素。需求结构将随着行业平均质量水平的提高表现出对本地市场效应更明显的边际贡献（张亚斌等，2014）。

Latzer 和 Mayneris（2014）研究了非位似偏好对国家垂直比较优势的影响。虽然平均收入对国家出口质量组合有正向影响，但收入不平等的影响取决于促进高质量产品收入份额的曲线形状。对扩大的欧盟内部双边贸易质量经验研究结果证实：一个国家收入分配对出口质量具有重要的影响，不平等对出口产品质量的影响，在高收入出口国正向影响尤其大。具体的影响程度如何？李景睿（2016）的国际经验数据回答了这个问题，出口产品质量水平与国民收入水平呈一定程度的正相关，与收入差距呈负相关；出口质量明显受到收入差距的影响，在出口产品质量水平指数低于 1 的经济体中基尼系数高于国际警戒水平 0.4 的比例也较高。她认为，出口产品质量水平随着基尼系数的上升呈倒"U"形的演变轨迹，存在一个相对有利于出口产品质量升级的适度收入差距。而适度收入差距因国而异：发达经济体控制收入差距，培育强大的中产阶级更为重要；发展中经济体适当的收入差距有利于激励产品质量升级。李景睿（2017）随后研究收入差距和收入水平对质量的综合作用，结果显示，初始出口产品质量水平较高的经济体，伴随着收入水平提高的本土市场的需求层次升级比伴随人口增加的需求数量扩张更有意义；反之，则控制收入差距比提高收入水平更能促进出口产品质量升级。这表明一个中产阶级是本地市场需求影响出口产品质量升级的决定性力量。Latzer 和 Mayneris（2018）进一步研究了一个国家的收入分配结构与出口单位价值之间的关系，发现出口单位价值随着出口国的平均收入增加而显著增加。他们强调了单价和人均收入不平等之间的异质性关系：控制平均收入，更大的收入差距只与中低收入国的出口质量呈正相关，与高收入国家出口质量呈负相关。这一结果还包括其他决定出口质量的因素，如出口国的人力资本水平、禀赋、贸易开放程度和显示性比较优势，以及出口国和进口国之间的双边距离（以控制潜在的 A-A 效应）。他们还利用收入不平等和质量指数的替代变量进行稳健性检验。

三、大国视角的本地市场需求规模影响出口产品质量的研究

Hummels 和 Klenow（2005）指出大国出口到更多国家或出口更高质量的产品。他们将国家的出口增长分解为二元边际，再把集约边际分解为价格和质量边际，并将各边际与国家规模、工人数和人均 GDP 相结合。扩展边际占 60% 的大国出口，集约边际主要是由各国的每种产品数量而不是更高的单价驱动的，具有更多工人的国家出口集约边际更高但价格并不同。Mody 等（2007）探讨国家出

口的世界市场份额（出口大国）是否为国家产品质量的驱动力。Helble 和 Okubo（2008）的理论贸易模型包含异质性企业框架中的垂直产品差异。模型产生三个需求规模相似国家间的贸易预测结果：一是出口高质量产品，本地市场销售较低质量产品；二是较大国家相对小国具有较高的平均出口质量；三是具有贸易成本的质量产品越多，产业内贸易份额越多。发展中大国因高收入阶层需求开始转向以非标准化的个性产品为主，而中低收入阶层才是标准化产品的主要购买者，控制收入差距比提高收入水平对于利用本土市场培育出口产品竞争优势的经济体更具有意义（李景睿，2016）。中国大规模税改正契合这个结论，中国企业税收营改增、消费者个人所得税结构性调整都有利于出口产品质量升级。

四、本地市场需求与出口质量的福利效应研究

Trionfetti（2001）研究得出一个重要的福利结果，当国家足够相似，所有货物参与贸易，低收入国家受益多于高收入国家。原因是高收入国家消费者承担了生产中较多的固定成本。Foellmi 和 Zweimüller（2006）假设国家间收入不平等将研究扩展至多国。结果显示，贸易自由化的福利偏向于富国。Brambilla 和 Porto（2016）建立目的国收入水平和出口国平均工资的关联。发现出口到高收入目的国的产业出口更高质量的产品（用产业内平均出口单位价值来测算）。因为高收入国家需求高质量产品，质量供给成本高，也要求更密集使用高技能工人。最终，高质量产品生产在产业层面创造了工资溢价从而导致较高行业平均工资。Faber（2012）考虑了质量选择作为一种连接富人和穷人的消费篮子与工厂技术差异的机制。在 NAFTA 协议后，墨西哥贸易自由化背景下，较低的美国投入品进入会减少墨西哥较高产品质量的相对价格。因为富人消费较高质量产品，这种相对价格效应导致墨西哥真实收入差距大大提高。所观察到的质量选择模式同样也对真实收入不平等具有更一般性的影响。相对于富人，穷人的消费组合体现了较高质量调整的价格。Caron、Fally 和 Markusen（2012）强调人均收入与单个代表性消费者福利，并将国家间消费异质性扩展至本地消费者，贸易自由化使制造

业投入相对便宜，且使非贸易品价格下降。因为高收入消费者服务业支出大于食品，他们从自由贸易方面收益相对较多。由消费需求升级引致的技术创新是产业结构演进的技术基础。金毓（2015）将收入分配引入贸易福利计算中，结果证实，预期收入分配均衡度提高，贸易福利所得也上升。现有福利研究将目的国收入水平和出口国工资水平关联时发现出口到高收入目的国的产业质量更高，不仅因为高收入国对高质量产品需求高，而且生产高质量产品要求更高技能的劳动力创造工资升水，引致该产业平均工资更高（Brambilla 和 Porto，2015）。Feenstra（2018）认为，垄断竞争框架下产品种类和加成减少共同作用于贸易的福利效应。至于微观层面，Fan 等（2020）采用企业微观数据证实了贸易壁垒、异质性企业的价格销售比以及企业提供产出的质量差异三种机制都影响了价格分布及企业和市场的营收。

Fieler（2011）反事实研究表明，中国的技术冲击会提高高收入国家的福利而降低中等收入国家的福利，同时对低收入国家不利。但她的假设前提是所有的货物都是同质的。而在 Nigai（2016）开发的多国多产业贸易模型中，应用于多维反事实情景，尝试测算结构性贸易收益差异。结果证明，即使缺少非对称工资效应，贸易福利收益也因特定消费者价格效应而呈高度异质性。他们认为传统代表性消费者假设完全忽视了价格效应的异质性，导致 ARC 下计算的福利收益从数量和质量角度都偏离消费者真实福利收益。

第三节 市场需求影响出口质量的机制研究

一、关于市场需求影响出口质量的竞争机制

市场需求影响出口产品质量，竞争机制通过"企业内"效应，使企业提高

自身出口产品质量以应对竞争所带来的出口压力。同时，"企业间"竞争也有利于出口，国内市场动态改进会引致企业国际竞争力提升（Scherer，2001）；在空间经济学的框架里，Murphy 和 Shleifer（1989）的贸易模型检验东欧和西欧国家质量需求差异：西欧高收入国家生产和消费高质量产品，而低收入的东欧国家生产和消费低质量产品。他将这种机制归结为人力资本：一方面，人力资本丰裕的国家生产高质量产品，也因为人力资本使他们更富裕从而消费高质量产品。另一方面，人力资本缺乏的低收入国家因低技能而生产低质量产品，也偏好低质量产品。因为擅长生产产品的质量不会与他们的需求太远，人力资本相似国家比相异国家之间贸易更多。Baldwin 和 Ito（2008）基于异质性企业和质量异质性企业把产品分为质量竞争型和价格竞争型，发现主要欧盟国家质量竞争型产品贸易占比高。Waugh（2009）的一般均衡模型结果显示，低人力资本国家向高人力资本国家出口相对较少而进口较多，这跟高收入国家和低收入国家双边贸易质量的研究一致，采用 77 国样本发现人力资本解释了双边贸易变化的 90%，也称为质量选择效应。Aghion 和 Howitt（1992）提供了多个模型分析竞争如何影响在位企业与世界技术前沿的关联。在伯纳德竞争（Bernard Competition）下，两个企业能够生产每种中间投入的创新产品，Rosenkranz（2004）进一步研究了创新时机和价格选择，发现两个双寡头企业在伯纳德竞争条件下会考虑价格；在两阶段非合作博弈时，首先决定质量和创新时机。在产品市场竞争使出口企业生产率更高，雇用更高技能的工人，获得更多的 ISO 证书，相对于非出口商生产更高质量产品，并将高质量货物出口到高收入国家，此时为自选择效应。Martin 和 Mejean（2014）认为，低工资国家的激烈竞争引起发达国家出口质量提升，而发达国家专业生产那些产业内具有较高质量的产品，也进口高质量产品。但他们未能发现在企业内产品质量变化随着低收入国家竞争的正向关联的证据。

贸易自由化作为竞争的代理变量，其研究多采用关税作为具体变量，较低的关税阻碍了产品质量向世界前沿升级，贸易自由化是促进产品市场竞争的一种政策手段。而 Amiti 和 Khandelwal（2013）认为，进口关税是影响一国产品质量升级速度的首要证据。降低进口关税增加竞争有利于接近世界技术前沿的产品质量升级。Fan等（2014）强调进口关税减让的效应，进口中间品关税减少会引致企业提高出口质量升级。Fan等（2017）进一步分析了中国加入WTO对中国出口商质量选择效应。基于高度细分企业层面的数据，发现质量升级更有可能由中国的关税减少集中在一些低生产率的出口企业。因他们在关税减让前的生产质量落后，出口质量的持续增长最为明显，且将出口调整到高收入市场是因为目的国对于高质量产品需求更高。同时，企业中间投入的效率特征出现内生质量选择，但他们认为贸易自由化会扭曲质量升级。

二、关于市场需求影响出口质量的创新机制

本地市场需求通过创新机制影响出口质量的研究大多是以出口动态研究为视角的。创新机制主要是对于中国多产品企业而言的，采用产品创新的方式更能促进新产品进入出口市场，工艺创新则对降低在位产品出口退出概率、延长产品出口持续时间具有更显著的作用（胡馨月等，2017）。在不同技术创新类型的框架下，从工艺创新和产品创新两方面分析了技术创新对企业出口动态的影响，揭示出产品创新、工艺创新对企业出口动态的异质性影响机理，即产品创新主要通过"质量提升效应"影响企业出口动态，而工艺创新则主要通过"成本缩减效应"影响企业出口动态。但是他们的研究主要侧重于创新对产品出口持续时间的影响，对于激励创新机制的需求侧未做深入分析。而创新影响到产品出口存续事实上就是完成了产品生命周期中创新的破坏性作用，创新是延长生命周期的重要因素。但是不能排除产品性能无法满足消费者对产品性能需求的概率，因此，仅研究企业进出口市场动态是不全面的。产品创新和工艺（过程）创新能够使企业更接近技术前沿的距离，可以提高企业生产率，而生产率高的企业通过提升产品质量，以及增加加成率的方式提高竞争优势（石良平等，2017）。此外，也有学者研究出口引致企业创新的机制，一方面由于出口使生产率较高的企业产生了市场规模效应，另一方面由于竞争更激烈而削弱了创新努力（Aghion等，2018）。

第四节 现有文献的借鉴与思考

现有关于本地市场需求的文献主要研究需求规模如收入水平（总收入）、需求结构（人口数量、人均收入和中产阶层占比）以及收入差距（gini 系数）对出口产品质量的影响。本书结论都认为本土市场需求可能起到促进出口质量的作用，其理论探讨包括影响机制和路径，为发展中大国如何充分利用本地市场需求走向贸易强国提供了思路。

一、从林德尔效应到垂直林德尔效应为本书奠定丰厚的理论基础

以往的文献研究不仅克服了林德尔最初提出理论时的位似偏好缺陷，而且研究了本地市场结构、竞争机制及福利效应机制等，同时从总需求到投资需求、政府公共支出、进口需求对出口质量的影响已形成研究体系，而从投资方式到贸易模式、从制造业到服务业有形贸易和无形贸易都具有一定价值。将总需求分为需求规模和需求结构，根据消费函数，主要以总收入、人均收入和人口、收入差距和收入分配影响出口质量。这些研究成果将为需求影响出口质量的研究奠定丰厚的理论基础。他们从不同角度放松假设前提，产生的经济效应不一而足，得出的结论各异。

二、经验研究从研究对象到研究方法已比较全面

从高收入国家之间、产业间到产品层面都证明了总量本地市场需求对出口和出口质量具有重要意义。由 Linder 需求规模到 Bils 和 Klenow 家庭收入和平均价格，从 Krugman "产业间效应"、Hallak "部门效应" 到 Fajgelbaum 等 "产品内林德尔质量观" 都证实了，无论是高收入国家之间还是高收入国家内部高收入群

体之间都消费平均质量更高的产品或产品束（相同产品和相异产品、奢侈品和必需品等）。无论是从单一产业扩展到两部门甚至多部门，还是从静态研究扩展到动态研究，实证研究结果都显示存在"本地偏向性"。

三、现有研究局限性为本书提供的思考

（一）理论研究的垂直林德尔效应大多从进口需求出发

理论研究多从进口需求研究垂直林德尔效应，也可从需求变化如需求水平方面提高。Grossman 和 Helpman（2018）在创新驱动内生增长模型中引进企业和工人异质性，研究了收入增长和收入分配的共同作用。学术界对于本地市场需求规模通过竞争途径的研究较多，对于需求内部结构比例变化研究较少涉及，如 Dingel（2016）将供给侧和需求侧同时纳入一般均衡模型研究质量专业化，但他在供给侧变量选择时考虑的是生产要素投入和要素间的替代，仍局限于比较优势研究，难以体现文中强调的需求规模特征。Balance 等（1992）检验了南北贸易中垂直差异化的作用，无论是人力资本还是其他生产要素抑或是企业核心能力机制的研究都是以进口需求为研究视角的。

（二）机制研究中未纳入需求诱致创新

发展中国家由于缺少满足高收入消费者需求的高质量产品，进入发达国家市场的机会是有限的（Murphy 和 Shleifer，1997），消费者的高质量需求产生跨国外溢的前提是本地市场需求达到同时与本地企业生产和国外目的市场需求相似的水平。但发展中大国可以通过自主技术创新和制度创新打破技术锁定进入发达国家市场。需求侧才是激励企业创新的源泉，本地市场需求更是引致企业创新的根基。这种基于本地市场需求的创新激励才是真正的自主创新，能有效扭转中国高技术行业产品质量提升依赖于外国跨国公司的内部贸易（曲如晓和臧睿，2019）。徐康宁和冯伟（2010）强调了本地市场的规模大到足以使任何一种新技术可以内生于这个市场的内部，而不管产生这种新技术的主体是以何种形式存在的，关键在于新技术是本土市场内生化的结果，但是他们的本土市场规模研究与出口和国

际贸易无关。本地市场需求规模具有正的显著的创新弹性（Dubois 等，2015），本地市场上不同的收入水平对产品的更新要求或者消费者市场势力也是企业改进创新（过程创新）的直接来源。来自市场的消费需求知识比技术创新供给领域的知识更重要，企业为了满足消费者需求、占领更多市场、获取更多利润（多样化产品垄断租金）（张伯伦，2014），而不断提高创新动力。

（三）经验研究中等收入群体作为社会福利最大化的目标群体未得到重视

中等收入群体才是产品质量升级创意的源头，中等收入群体对新产品的要求更多的是实用性，因此多激发过程创新。但文献在研究收入水平时极少考虑需求引致过程创新，大多关注收入差距较大的情况下，通过价格效应和规模效应引起产品创新的情况。但自 21 世纪最严重的金融危机冲击后如中国这类发展中大国已然成为世界的一支不可忽视的力量，它们之所以比发达国家更具有发展韧性，也更经得起外部冲击是因为它们巨大的本地市场需求，因而应将研究重点和焦点转向这些国家。对于收入分配与产品质量问题的理论研究受限于产品质量衡量的准确性以及数据的可获得性，对于二者关系的研究还缺乏充分的实证研究来予以证明（刘伟丽和刘正园，2016），现有理论未得到包括更多国家的实证检验。本地市场需求规模显著影响耐用消费品出口质量，主要是由人均收入或人均家庭消费支出决定的。本地市场需求结构、本地市场需求规模和结构同时对耐用消费品出口质量的影响尚不清楚，本章旨在解决这些问题。垂直本地市场效应强调质量边际，高收入国家生产和消费更高质量的产品，也出口更高质量的产品，较少学者针对耐用消费品进行验证。中国的中等收入水平在持续提高中，正在向理想的纺锤形收敛（陈宗胜和康健，2019）。根据 CHFS（西南财经大学中国家庭金融调查）的数据，现阶段我国中产阶层的人口数量和总财富规模居于世界第一（潘红虹，2019）。中等收入阶层不同于低收入阶层和高收入阶层，他们更注重产品的特征，因此中国中等收入阶层对出口的总量和质量的影响具有代表性。

第二章　本地市场需求与耐用消费品出口质量：理论机制

在经济全球化背景下，消费者面对本地市场和国际市场，水平差异化和垂直差异化的产品使消费者的选择范围更大。但无论是封闭市场还是开放市场，消费者进行产品质量选择时，都在收入约束和个体偏好下选择自己的"最优质量"以实现效用最大化，从而达到消费者均衡。

综观发达国家的消费规律，随着经济不断增长，耐用消费品市场呈现以下特点：第一，国民收入增加导致消费能力逐渐增强，总体消费规模逐渐扩大。第二，消费结构由非耐用消费品逐渐向耐用消费品转变，消费者对耐用消费品的需求已经由低质量的普及型向高质量的品质型转变，耐用消费品在消费者总资产中的比重逐渐下降。第三，耐用消费品的消费周期呈缩短趋势。由于存在收入差距，消费者之间存在质量敏感性各异，高收入消费者较之低收入消费者对耐用消费品的质量更为敏感。不断增长的消费需求升级诱致耐用消费品生产企业进行技术创新，技术进步使产品质量升级步伐加快，耐用消费品的折旧率变快，产品生命周期缩短。耐用消费品的消费易饱和性不断被打破，消费升级引致的产品更新置换需求增加。

实践表明，耐用消费品是国际贸易的重要组成部分（Engel 和 Wang，2011；石峰，2019）。产品质量是国际贸易的重要影响因素。若本地耐用消费品生产企业能够敏锐识别本地消费需求升级的市场信息，迎合消费者质量偏好，匹配本地市场需求，不断推陈出新，实施质量专业化，提高耐用消费品质量，就能在国际贸易中具有竞争优势，并拥有较多的市场份额。

本章拟通过数理推导在开放经济环境下构建本地市场需求与耐用消费品出口质量的理论模型，并分析其传导机制，有助于厘清本地市场需求对耐用消费品出口质量之间的直接影响。

第一节　理论模型

本地市场需求如何影响出口产品质量是一个值得研究的问题。当消费者的支出水平随着收入水平变化时，收入的构成影响需求的构成，需求规模和需求结构既取决于收入水平，也取决于收入分配的不平等程度。

关于对出口产品质量的研究，现有文献更多的是从供给侧研究，从需求侧的研究主要聚焦于进口国，而从本地市场需求展开的研究却很少。Fajgelbaum 等（2011）建立了一个需求系统，其中，消费者具有非位似偏好，偏好的分布产生了一种内嵌式 logit 需求结构。需求的非位似性使一个国家收入分配和垂直差异产品贸易的模式和强度之间建立联系。在该系统中，收入的构成对市场规模很重要，总需求模式通过本地市场效应转化为专业化和贸易模式。Mitra 和 Trindade（2003）也将需求方面纳入国际贸易分析框架，重点讨论收入不平等在确定贸易流动和模式方面的作用，在非位似偏好假设下，当各国除了资产不平等以外其他都相似时，发现贸易是由消费专业化产生而不是由生产诱致的。这就为贸易模式提供了一种基于需求的解释。然而，他们的模型意味着，如果各国之间没有任何供给方面的差异，它们将出口国内需求很少的商品。

对于耐用消费品的研究，现有文献更多地聚焦于本地市场需求，主要采用

（S，s）存量调整模型（Grossman 和 Laroque，1990；Caballero，1993；Caballero 和 Engel，1999；樊潇彦等，2007；尹清非，2010；尹天翔，2018）和离散选择模型（Carranza，2006）。其中樊潇彦等（2007）利用（S，s）存量调整模型研究收入风险对居民耐用品消费的影响，基于中国的证据发现永久收入的上升提高耐用品购买概率，收入风险上升抑制耐用品消费。在国际贸易方面，很少有学者将耐用消费品与出口产品质量相结合来展开研究。本书融合 Krugman（1980）、Flam 和 Helpman（1987）、Fajgelbaum 等（2011）和 Dingel（2016）本地市场效应、本地产品质量市场有效竞争和质量专业化的思想，借鉴 Latzer 和 Mayneris（2018）并修改消费者质量偏好的假设，假设消费者具有收入异质性和偏好异质性，构建一个垂直差异化产品的产业内贸易模型，分析本地市场需求规模和需求结构对耐用消费品出口产品质量的影响。在模型中消费者偏好的非位似性捕捉了收入水平和收入分配对总需求构成的影响。Auer 等（2017）在模型中也假设企业将质量水平不同的产品销售给收入异质性的消费者，但本书强调质量本地市场效应。与 Giraldo（2019）的假设条件不同之处在于，他们假设异质性产品是水平多样化的。

一、消费者收入

假设两个国家，本国（D）和外国（F），贸易时冰山贸易成本为正。用 G_r（r=D，F）表示 D 国和 F 国的总人口，每个国家都有至少两个消费群体，可以划分为低收入消费者 P 和高收入消费者 R，其收入分别为 y_P 和 y_R。借鉴 Foellmi 和 zweimüller（2006），假设低收入消费者的比例为 β_r，高收入消费者的比例为（$1-\beta_r$），ω_r 为 r 国低收入消费者的收入相对于人均收入 Y/G_r 的比率，可看作低收入消费者的相对收入位置，即 $\omega_r = \dfrac{y_{Pr}}{Y/G_r}$，$0<\omega_r<1$，$0<\beta_r<1$。给定 ω_r，可以分别计算 r 国低收入消费者 P 和高收入消费者 R 的收入，亦即 $y_{Pr} = \omega_r \dfrac{Y}{G_r}$ 和

$y_{Rr} = \dfrac{1-\beta_r\omega_r}{1-\beta_r}\dfrac{Y}{G_r}$。在这个分析框架中，参数 β_r 和 ω_r 将收入分配特征化。

二、消费者效用函数

假设 r 国消费者 i（i=P，R）具有非位似偏好，消费者购买耐用消费品和非耐用消费品的组合实现效用最大化。假设耐用消费品的质量存在差异化，在同一个品种下可以分为高质量的耐用消费品和低质量的耐用消费品。假设非耐用消费品为差异化程度非常小的普通产品，亦即可看作近似同质产品，采用竞争性定价，自由贸易，生产时需要单位有效劳动力，因此各国工资均等，可标准化为1。假设消费者对产品质量的信息了解是充分的，能够区分产品质量差异。在开放经济下，质量差异化耐用消费品品种总数 m 由本国和外国生产，定义为：$m = m_D + m_F$。

设消费者的效用函数为：

$$U_{ir} = A_{ir}^{\alpha} B_{ir}^{1-\alpha} \tag{2-1}$$

其中，A_{ir} 是质量差异化耐用消费品品种数的消费指数，B_{ir} 是非耐用消费品消费数量指数。借鉴 Hallak（2006）和 Johnson（2012），将产品质量和消费者偏好嵌入效用函数，定义为：

$$A_{ir} = \left[\int_0^m z_{\kappa}^{\delta_i} q_{ir}(k)^{\frac{\sigma-1}{\sigma}} dk \right]^{\frac{\sigma}{\sigma-1}} \tag{2-2}$$

其中，z_k 和 $q_{ir}(k)$ 分别为 r 国消费者 i 购买的差异化耐用消费品品种 k 的质量和数量，任意两种差异化耐用消费品品种的替代弹性为 σ，且 $z_k > 0$，$q_{ir}(k) > 0$，$\sigma > 1$。δ_i 是特定类型的偏好参数，它决定对质量偏好的强度，且 $\delta_i > 0$。Hallak（2006）以及 Latzer 和 Mayneris（2018）都假设消费者质量偏好 δ_i 随着收入 y_i 严格单调凸向递增。由于本书将消费者分为低收入消费者和高收入消费者，不同的收入决定了其质量偏好的异质性。较之非耐用消费品，由于耐用消费品支出金额较大，消费者更加注重产品的质量。为了更好地刻画消费者收入异质性和质量偏好异质性，本书将假设修改为：假设低收入消费者和高收入消费者的质量偏好 δ_i 随着收入 y_i 严格单调凸向递增，但是质量偏好强度不同，低收入消费者的偏好强度 δ_P 随收入上升的速率快于高收入消费者的偏好强度 δ_R，即消费者的质量偏好强度随收入上升的速率逐渐减缓。

三、消费者质量产品支出份额

对于消费者而言，r 国的 i 类消费者将总收入 y_{ir} 的一部分比例 α 购买品种 k 中的差异化耐用消费品表示为：

$$p_r(k)q_{ir}(k) = \frac{(p_r(k)/z_k^{\delta_i})^{1-\sigma}}{\int_0^m (p_r(k)/z_k^{\delta_i})^{1-\sigma}dk} \times \alpha y_{ir} \qquad (2\text{-}3)$$

其中，$p_r(k)$ 是国家 r 耐用消费品品种 k 的价格。假设每个品种 k 可以按照质量高低分为高质量 z_H 和低质量 z_L，且 $z_H > z_L$。为了区别消费的低质量和高质量的品种约束，引入低质量和高质量耐用消费品品种的消费指数 Q_{ir}^L 和 Q_{ir}^H。

$$Q_{ir}^L = \left[m_{DL}(z_L^{\delta_i}q_{iLr}^D)^{\frac{\sigma-1}{\sigma}} + m_{FL}(z_L^{\delta_i}q_{iLr}^F)^{\frac{\sigma-1}{\sigma}} \right]^{\sigma/(\sigma-1)} \qquad (2\text{-}4)$$

$$Q_{ir}^H = \left[m_{DH}(z_H^{\delta_i}q_{iHr}^D)^{\frac{\sigma-1}{\sigma}} + m_{FH}(z_H^{\delta_i}q_{iHr}^F)^{\frac{\sigma-1}{\sigma}} \right]^{\sigma/(\sigma-1)} \qquad (2\text{-}5)$$

购买质量 z_j（$j=H$，L）的耐用消费品品种的支出为 αy_{ir}，所以可设 r 国消费者 i 购买质量为 j 的耐用消费品支出份额函数为 $e_j(y_{ir})$，表示为：

$$e_j(y_{ir}) = \frac{P_{rj}Q_{ir}^j}{\alpha y_{ir}} = \frac{(P_{rj}/z_j^{\delta_i})^{1-\sigma}}{(P_{rL}/z_L^{\delta_i})^{1-\sigma} + (P_{rH}/z_H^{\delta_i})^{1-\sigma}} \qquad (2\text{-}6)$$

其中，$P_{rj} = \left[\int_0^{m_{rj}} p_{rj}(k)^{1-\sigma}dk + \int_0^{m_{sj}} p_{rj}^s(k)^{1-\sigma}dk \right]^{1-\sigma}$，表示与耐用消费品质量有关的国家特定的价格指数，$p_{rj}$ 为 r 国生产的产品质量为 z_j（$j=H$，L）的出厂价格，p_{rj}^s 是指在 s 国生产在 r 国销售的质量为 j 的产品价格，r 表示本国（D），s 表示外国（F），且 r 不等于 s。

以下重点考察 r 国消费者 i 的消费支出用于耐用消费品高质量产品的份额 $e_H(y_{ir})$ 与其收入 y_{ir} 的关系。在一个嵌入产品质量和偏好加以改进的 CES 效用函数下，对于给定的一组高质量产品和低质量产品价格指数（P_{rH}，P_{rL}）。根据式（2-6）以及求导法则，对高质量耐用消费品支出份额函数 $e_H(y_{ir})$ 中的变量 y_{ir} 求一阶偏导，可得：

$$\frac{\partial e_H(y_{ir})}{\partial y_{ir}} = \left(\frac{\partial e_H(y_{ir})}{\partial \delta_i}\right) \times \left(\frac{\partial \delta_i}{\partial y_{ir}}\right)$$

$$\frac{\partial e_H(y_{ir})}{\partial y_{ir}} = \left(\frac{\partial \delta_i}{\partial y_{ir}}\right) \times e_H(y_{ir}) e_L(y_{ir}) \ln(z_H/z_L) \times (\sigma-1) \quad (2-7)$$

在式（2-7）中，因为：

（1）假设消费者质量偏好 δ_i 随收入 y_i 严格单调凸向递增，所以：$\frac{\partial \delta_i}{\partial y_{ir}} > 0$；

（2）消费者对高质量和低质量耐用消费品的支出份额为正，所以：$e_H(y_{ir}) > 0$，$e_L(y_{ir}) > 0$；

（3）差异化耐用消费品质量分为高质量和低质量，$z_H > 0$，$z_L > 0$，$z_H > z_L$，所以：$\ln(z_H/z_L) > 0$；

（4）假设差异化产品品种替代弹性 $\sigma > 1$，所以：$\sigma - 1 > 0$。

由以上分析可得，对任意 $y_{ir} > 0$，有 $\frac{\partial e_H(y_{ir})}{\partial y_{ir}} > 0$。

下面讨论二阶偏导数的符号是否为正，对高质量耐用消费品支出份额函数 $e_H(y_{ir})$ 中的变量 y_{ir} 求二阶偏导有：

$$\partial e_H^2(y_{ir})/\partial y_{ir}^2 = e_H(y_{ir}) e_L(y_{ir}) \ln(z_H/z_L) \times (\sigma-1) \times M \quad (2-8)$$

其中，$M = \partial^2 \delta_i/\partial y_{ir}^2 + (\partial \delta_i/\partial y_{ir})^2 \times [e_L(y_{ir}) - e_H(y_{ir})] \ln(z_H/z_L) \times (\sigma-1)$。

由前面证明可知，式（2-8）的符号主要取决于 $e_L(y_{ir}) - e_H(y_{ir})$ 和 $\partial^2 \delta_i/\partial y_{ir}^2$ 的符号，其他各项均为正。根据前面假设，消费者的质量偏好随收入严格凸向递增，$\frac{\partial^2 \delta_i}{\partial y_{ir}^2} > 0$。如果对于收入水平 y_{ir}，存在 $e_L(y_{ir}) > e_H(y_{ir})$，则有：$\frac{\partial e_H^2(y_{ir})}{\partial y_{ir}^2} > 0$。亦即如果消费者在当前收入水平 y 约束下高质量耐用消费品的支出份额小于低质量耐用消费品的支出份额，在消费者对质量偏好强度下，随着收入水平 y 的增加，用于高质量耐用消费品消费支出份额随收入增加而凸向增加。

四、生产者质量竞争与贸易均衡

本书在开放经济下从世界市场的视角来分析耐用消费品的生产和贸易，假设耐用消费品生产企业所处的市场为垄断竞争市场，国内消费的差异化耐用消费品由本国企业和国外出口企业供给，差异化耐用消费品在规模报酬递增的情况下生产。假设生产中使用劳动唯一生产要素且劳动是同质的。考虑生产的固定成本和可变成本，生产产品质量为 z_j（$j = H$，L）的品种 k 数量 c_j（k）需要 $a_j + b_j c_j$（k）单位劳动，其中，a_j 和 b_j 分别为固定劳动需求和边际劳动需求。一般而言，高质量产品的边际生产成本更高（Baldwin 和 Harrigan，2011；Kugler 和 Verhoogen，2012；Johnson，2012；Antoniades，2015），因此可假设 $b_H > b_L$。假设企业可以自由进入每个产品质量细分市场，但是一个企业不能同时进入两个高质量的市场。同样假设在贸易中存在冰山贸易成本，因此在 s 国生产的产品向 r 国出口一单位质量 j 的产品，企业必须运输 $\tau_j \geqslant 1$ 单位。企业将贸易成本完全转嫁到国外消费者，此产品以 p_{sj}^r（k）$= \tau p_{sj}$ 的价格卖给 r 国的消费者，p_{sj} 为出厂价。

那么，r 国对质量 j 的所有耐用消费品品种（本地和国外生产）的总需求可以表示为：

$$X_{rj} = \beta_r G_r Q_{Pr}^j + (1 - \beta_r) G_r Q_{Rr}^j \tag{2-9}$$

由式（2-3）可得，r 国生产 j 质量耐用消费品的需求为：

$$x_{rj} = p_{rj}^{-\sigma} (P_{rj}^\sigma X_{rj} + \tau^{1-\sigma} P_{sj}^\sigma X_{sj}) \tag{2-10}$$

求解企业在每个国家和产品质量段的利润最大化问题，可以得到标准出厂价格和盈亏均衡时的产量：

$$p_{rj} = \frac{\sigma b_j}{\sigma - 1}, \quad x_{rj} = \frac{(\sigma - 1) a_j}{b_j} \tag{2-11}$$

将上述 r 国与产品质量 j 有关的特定价格指数改写为：

$$P_{rj} = (m_{rj} + \tau^{1-\sigma} m_{sj})^{1/(1-\sigma)} \frac{\sigma}{\sigma - 1} b_j \tag{2-12}$$

借鉴 Flam 和 Helpman（1987）、Fajgelbaum 等（2011）和 Dingel（2016）本地产品质量市场有效竞争和质量专业化的思想，分析质量产品市场的企业之间的有效竞争和质量专业化。在一个开放的市场，消费者的质量偏好随收入递增而递增，消费者偏好国内和国外的高质量耐用消费品。此外，本地企业也面临着国内外企业的激烈竞争。这种高质量的偏好效应和逃避低端竞争效应迫使企业进行产品质量升级。本地企业只有敏锐地捕捉消费者需求的变化，才能不断进行技术创新，提高产品质量，匹配消费者对高质量产品的需求变化，并实施质量专业化，也才能在激烈的国内外竞争中获得市场份额。而出口企业要占领国外市场必须支付的滩头成本，也必须运用技术创新提供高质量的产品，这样才能获得国外消费者的青睐并支付较高的价格（Helble 和 Okubo，2008；Crozet 等，2009）。对消费者选择而言，虽然消费者对品种偏好确保相对应的产品质量，每个国家的消费者都将其部分支出调整到每种可用的本地和国外的产品品种。考虑到国际贸易中的冰山贸易成本，外国产品对本国市场渗透由折现因子 $\tau^{1-\sigma}$ 进行折现。亦即可设：

$$\widetilde{m}_{rj} = m_{rj} + \tau^{1-\sigma} m_{sj} \tag{2-13}$$

将式（2-13）变形后代入式（2-12），有：

$$P_{rj} = (\widetilde{m}_{rj})^{1/(1-\sigma)} \frac{\sigma}{\sigma-1} b_j \tag{2-14}$$

将式（2-14）代入式（2-10）得：

$$x_{rj} = \widetilde{m}_{rj}^{\sigma/(1-\sigma)} X_{rj} + \tau^{1-\sigma} \widetilde{m}_{sj}^{\sigma/(1-\sigma)} X_{sj} \tag{2-15}$$

每个国家的每个生产商在产品质量 z_j（j=H，L）上的市场需求为 $x_{Dj} = x_{Fj} = x_j$，在相同质量段的耐用消费品中生产企业面临的本地市场需求与本地国外需求相等。假设国际贸易时冰山贸易成本 τ 为正且较高，以保证两个国家生产和出口两种不同质量耐用消费品，即当 z_j（j=H，L）和 r=D，F 时，由式（2-6）、式（2-11）、式（2-15）可推导出下列几个均衡条件：

$$\frac{\sigma a_j}{\alpha L} = \frac{[\beta_r \omega_r e_j(y_{Pr}) + (1-\beta_r \omega_r) e_j(y_{Rr})](1+\tau^{1-\sigma})}{\widetilde{m}_{rj}} \tag{2-16}$$

由上式可知，对于给定的低收入消费者比例 β_r、人口数量 G_r、有效劳动力 L_r 和低收入消费者的相对收入位置 ω_r（$r=D$，F）、产品质量 z_j（$j=H$，L），式（2-16）所定义的几个方程在市场出清和零利润情况下必定存在唯一正的贸易均衡解，以确定有效企业在各个国家和部门的分布（$\tilde{m}_{DL}$，$\tilde{m}_{DH}$，$\tilde{m}_{FL}$，$\tilde{m}_{FH}$）。

证明如下：

将式（2-14）变形，有：

$$(P_{rj})^{1-\sigma} = (\tilde{m}_{rj})(b_j)^{1-\sigma} \left(\frac{\sigma}{\sigma-1}\right)^{(1-\sigma)} \tag{2-17}$$

即当 $j=H$，L，有：

$$(P_{rL})^{1-\sigma} = (\tilde{m}_{rL})(b_L)^{1-\sigma} \left(\frac{\sigma}{\sigma-1}\right)^{(1-\sigma)} \tag{2-18}$$

$$(P_{rH})^{1-\sigma} = (\tilde{m}_{rH})(b_H)^{1-\sigma} \left(\frac{\sigma}{\sigma-1}\right)^{(1-\sigma)} \tag{2-19}$$

将式（2-17）、式（2-18）、式（2-19）代入式（2-6），有：

$$e_j(y_{ir}) = \frac{(\tilde{m}_{rj})(b_j)^{1-\sigma}(z_j^{\delta_i})^{\sigma-1}}{(\tilde{m}_{rL})(b_L)^{1-\sigma}(z_L^{\delta_i})^{\sigma-1} + (\tilde{m}_{rH})(b_H)^{1-\sigma}(z_H^{\delta_i})^{\sigma-1}} \tag{2-20}$$

式（2-16）的均衡条件表示面对国内和国外激烈的市场竞争，耐用消费品生产企业在低质量 z_L 和高质量 z_H 产品市场出清和零利润情况下对应的有效企业数量的可能组合。以国家 r 生产低质量 z_L 和高质量 z_H 产品的情形来分析，式（2-16）可以改写成：

$$\frac{\sigma a_L}{\alpha L_r} = \frac{\left[\beta_r \omega_r e_L(y_{Pr}) + (1-\beta_r \omega_r) e_L(y_{Rr})\right](1+\tau^{1-\sigma})}{\tilde{m}_{rL}} \tag{2-21}$$

$$\frac{\sigma a_H}{\alpha L_r} = \frac{\left[\beta_r \omega_r e_H(y_{Pr}) + (1-\beta_r \omega_r) e_H(y_{Rr})\right](1+\tau^{1-\sigma})}{\tilde{m}_{rH}} \tag{2-22}$$

设

$$L(\cdot) = \frac{\beta_r \omega_r e_L(y_{Pr}) + (1-\beta_r \omega_r) e_L(y_{Rr})}{\tilde{m}_{rL}} - \frac{\sigma a_L}{\alpha L_r(1+\tau^{1-\sigma})} \tag{2-23}$$

$$H(\,\cdot\,)=\frac{\beta_r\omega_r e_H(y_{Pr})+(1-\beta_r\omega_r)e_H(y_{Rr})}{\widetilde{m}_{rH}}-\frac{\sigma a_H}{\alpha L_r(1+\tau^{1-\sigma})} \qquad (2-24)$$

式(2-21)和式(2-22)产生两个隐函数 $\widetilde{m}_{rH}=\varphi^L(\widetilde{m}_{rL})$ 和 $\widetilde{m}_{rH}=\varphi^H(\widetilde{m}_{rL})$，当 $L(\widetilde{m}_{rH},\ \widetilde{m}_{rL})=0$，$H(\widetilde{m}_{rH},\ \widetilde{m}_{rL})=0$ 时，φ^L 和 φ^H 被式(2-21)和式(2-22)隐含地定义。φ^H 和 φ^L 可以用平面内的两条向下倾斜的曲线 HH 和 LL 来表示。因为一个质量段的竞争者数量的增加必然会导致另一个质量段的竞争者数量的减少，以此保持盈利能力。正如 Sousa、Mayert 和 Zignago(2011)所言，国内市场和出口市场的激烈竞争提高了企业生产率，促使企业将生产转向核心竞争力的产品，放弃市场绩效不好的产品应对日益激烈的竞争，并在出口市场向更好的产品倾斜。具体而言：在式(2-21)中，在耐用消费品质量为 z_L 的市场，当 $\widetilde{m}_{rH}\to0$ 时，有 $\widetilde{m}_{rL}\to$ $\frac{a_L\sigma}{\alpha L_r(1+\tau^{1-\sigma})}$；当 $\widetilde{m}_{rH}\to\infty$ 时，有 $\widetilde{m}_{rL}\to0$。在式(2-22)中，在耐用消费品质量为 z_H 的市场，当 $\widetilde{m}_{rL}\to0$，有 $\widetilde{m}_{rH}\to\frac{a_H\sigma}{\alpha L_r(1+\tau^{1-\sigma})}$；当 $\widetilde{m}_{rL}\to\infty$ 时，有 $\widetilde{m}_{rH}\to0$。

前文已假设耐用消费品质量有差异，即存在高质量 z_H 和低质量产品 z_L，因而平面内的两条向下倾斜 HH 曲线和 LL 曲线不可能重合。在产品质量为 z_L 的市场，高质量产品生产企业对低质量产品生产企业的替代弹性较低，而在产品质量为 z_H 的市场，高质量产品生产企业对低质量产品生产企业的替代弹性较高，所以 HH 曲线比较平坦，LL 曲线比较陡峭，二者必定在第一象限相交，且曲线的交点即为均衡解。亦即当 $\widetilde{m}_{rH}>0$ 和 $\widetilde{m}_{rL}>0$ 时，必定存在正的均衡解。如果 LL 曲线较之 HH 曲线总是比较陡峭，亦即如果 $\forall\widetilde{m}_{rL}>0$，$\partial\varphi^L/\partial\widetilde{m}_{rL}<\partial\varphi^H/\partial\widetilde{m}_{rL}$，则必定存在唯一的均衡解。

五、比较静态分析

对于给定的 ω_D、G_D、G_F、ω_F、τ，从本国收入水平和本国低收入消费者的相对收入位置 ω_D 进行比较静态分析。

为了便于以下分析，先求出 D 国本地所有质量 z_j（$j=H$，L）的均衡条件，然后讨论 $\tilde{m}_{Dj}$ 和 m_{Dj} 的关系。由式（2-16）可以得到：

$$\sigma a_L \tilde{m}_{DL} = \alpha L_D \left[\beta_D \omega_D e_L(y_{PD}) + (1-\beta_D \omega_D) e_L(y_{RD}) \right] (1+\tau^{1-\sigma}) \tag{2-25}$$

$$\sigma a_H \tilde{m}_{DH} = \alpha L_D \left[\beta_D \omega_D e_H(y_{PD}) + (1-\beta_D \omega_D) e_H(y_{RD}) \right] (1+\tau^{1-\sigma}) \tag{2-26}$$

因为，$e_L(y_{PD}) + e_H(y_{PD}) = 1$，$e_L(y_{RD}) + e_H(y_{RD}) = 1$

所以，式（2-25）和式（2-26）两式相加变形有：

$$a_L \tilde{m}_{DL} + a_H \tilde{m}_{DH} = \alpha L_D (1+\tau^{1-\sigma}) / \sigma \tag{2-27}$$

假设 D 国本地的总有效劳动供给 L_D 不变，在均衡条件下，$\tilde{m}_{DL}$ 和 $\tilde{m}_{DH}$ 必然反方向变动，生产者在本地耐用消费品质量市场有效竞争下，理性生产者会选择一个特定的质量段生产以获得最大利润。如果消费者收入增加，对高质量产品需求增加，$\tilde{m}_{DH}$ 增加的同时 $\tilde{m}_{DL}$ 减少。由式（2-13）可知，由于存在较高的正的冰山贸易成本，$\tilde{m}_{DH}$ 的增加引起 m_{DH} 的增加，这种变动关系可以表示为 $\frac{\partial m_{DH}}{\partial \tilde{m}_{DH}} > 0$，与之对应的有 $\frac{\partial m_{DL}}{\partial \tilde{m}_{DL}} > 0$，可以将这个结论推广到 F 国。因此，在一个部分贸易专业化的均衡（较高 τ 值）时，国家 r 某个产品质量段 z_j 有效生产者数量 $\tilde{m}_{rj}$ 的增长将引起对应的产品质量段的生产者数量 m_{rj} 的增长。对于本地高质量耐用消费品而言，可以将 $\tilde{m}_{DH}$ 的增加看作 m_{DH} 的增加，$\tilde{m}_{DL}$ 的减少看作 m_{DL} 的减少。

（1）以下讨论 D 国本地总收入变化带来的需求规模变化对耐用消费品出口质量的影响。由贸易均衡条件式（2-22）变形后，当 $r=D$ 时有：

$$\frac{\sigma a_H \tilde{m}_{DH}}{\alpha (1+\tau^{1-\sigma}) L_D} = \beta_D \omega_D e_H(y_{PD}) + (1-\beta_D \omega_D) e_H(y_{RD}) \tag{2-28}$$

假设其他条件不变，当 D 国本地总收入增加，则本地市场需求规模增加，与之对应的是 $e_H(y_{PD})$ 和 $e_H(y_{RD})$ 增加。式（2-28）的右边增加，其左边可以看作与 $\tilde{m}_{DH}$ 线性相关，等式右边增加导致等式左边 $\tilde{m}_{DH}$ 增加。考虑到 $\tilde{m}_{DH}$ 增加，导致 m_{DH} 随之增加，同时 m_{DL} 减少，从事高质量耐用消费品的国内外企业之间的激烈竞争使出口产品平均质量提高。换言之，本地耐用消费品出口产品束的平均质量随本地消费者的收入水平增加，其原因在于：前面假设消费者质量偏好随收入水平递增，用于高质量产品的消费支出份额随着收入水平的增加而增加。本地收入水平的增加将引起消费需求结构升级，低质量产品的市场需求萎缩，高质量产品的市场需求旺盛，从而导致高质量品种的市场需求规模扩大。根据 Krugman（1980），当出现冰山运输成本时，差异化产业总是趋于集中在较大的市场。本地市场需求规模的扩大，保证了为更多的消费者服务的可能性，且不承担冰山贸易成本，消费需求向高质量品种的转变提高了优质品种的相对盈利能力，吸引更多企业进入高质量品种市场，退出低质量品种市场。在高质量产品市场上，挑剔的客户在面对高质量产品的较高需求、高利润的激励和激烈的市场竞争时，迫使企业进行技术创新，不断提高产品质量以获得更多市场势力，这种竞争效应推动耐用消费品出口质量的总体提升。因此，高质量产品在出口中将占有更大的市场份额（Khandelwal，2010）。

基于以上分析提出以下命题：

命题 1：一个国家的需求规模越大，消费者的质量偏好和企业之间的激烈竞争推动了产品质量的专业化，提高了耐用消费品出口组合平均质量。

（2）再讨论 D 国本地收入分配变化带来的需求结构变化对本地耐用消费品出口质量的影响。假设对所有 i=P，R，假设存在收入 y_{PD} 和 y_{RD} 低于某个阈值（y^*），$e_H(y^*) < e_L(y^*)$，超过阈值就有 $e_H(y^*) > e_L(y^*)$。对于低收入消费者和高收入消费者，必定存在 $y_{PD} < y_{RD}$，所以有 $e_H(y_{PD}) < e_H(y_{RD})$ 和 $e_L(y_{PD}) > e_L(y_{RD})$。根据隐函数求导法则有，由式（2-23）得：$\dfrac{\partial \widetilde{m}_{DL}}{\partial \omega_D} = \dfrac{-\partial L/\partial \omega_D}{\partial L/\partial \widetilde{m}_{DL}} > 0$；同理，由式（2-24）可得 $\dfrac{\partial \widetilde{m}_{DH}}{\partial \omega_D} = \dfrac{-\partial H/\partial \omega_D}{\partial H/\partial \widetilde{m}_{DH}} < 0$。根据前面的分析，可以将 $\widetilde{m}_{DH}$ 的增加看作 m_{DH} 的增加，$\widetilde{m}_{DL}$ 的减少看作 m_{DL} 的减少，所以：

$$\frac{\partial m_{DL}}{\partial \omega_D}>0, \quad \frac{\partial m_{DH}}{\partial \omega_D}<0 \tag{2-29}$$

消费者对差异化耐用消费品的质量需求结构与收入分配紧密相关，收入分配的变化导致需求结构随之变化，与之对应的是国内外企业的进入或者退出某一产品质量段市场。由于此时涉及异质性消费者（低收入消费者和高收入消费者），收入分配变化对其需求结构的变化具有异质性影响。收入不平等对高质量产品品种消费的影响，以一种相反的方式影响高收入消费者和低收入消费者。假设高质量产品和低质量产品之间存在一个次优质量，即可设：$z_H>z_M>z_L$，消费者的质量加权偏好 $\delta^*=\beta_P\delta_P+(1-\beta_P)\delta_R$。根据前文假设，消费者质量偏好随着收入严格递增，且低收入者的质量偏好 δ_P 随收入增加的速度比高收入消费者快，假定 β_P 不变，则当假设本国低收入消费者的相对收入位置（ω_D）大幅提高，消费者的质量加权偏好变大，将引起对较高质量 z_M 产品的需求增加。需求层次理论认为，随着更多质量产品进入消费集，消费者对必需质量产品的支付意愿增加（Bekkers 等，2012）。高收入消费者收入的大幅减少将引起高质量 z_H 商品的需求减少，对较低质量 z_M 产品的需求增加。高质量生产者面临的抉择有：进入次优质量 z_M 产品市场或者将一部分高质量 z_H 产品出口到国外。若高质量生产者进入较低质量产品的生产，将引起这个质量段的激烈竞争，"丛林法则"将驱逐低质量生产者，激烈的竞争效应将使产品的质量提高。此外，高收入消费者的质量需求下降和低收入消费者的质量需求上升，这相当于在某一个产品质量段的本地市场需求规模的扩大，有利于企业产品质量专业化，发挥规模经济效应并促进出口产品质量的提高。总之，若提高低收入者的相对收入位置，低收入消费者对较高质量产品需求的边际增长速度大于高收入消费者需求的边际下降速度，所以对出口产品质量组合具有积极的影响。

基于以上分析提出以下命题：

命题 2：一个国家的需求结构的变化与收入分配紧密相关，收入分配越平均，中等收入群体越多，耐用消费品出口组合平均质量就越高。

第二节　传导机制

本节主要分析本地市场需求规模和需求结构引起耐用消费品出口质量提高的传导机制，这些分析有助于厘清本地市场需求通过什么中介影响耐用消费品出口质量，也有助于厘清企业技术创新动力来源。借鉴 Zweimüller 和 Brunner（2005）放松其创新市场的研究假设，将基于一国内部创新的分析框架拓展到两国贸易情形，构建一个包含资源约束和技术创新的一般均衡模型，分析收入差异的异质性消费者如何诱致耐用消费品生产企业进行技术创新，以匹配消费者不断升级的产品质量需求，在此基础上进行国际比较。研究发现，本地市场需求诱致耐用消费品企业进行技术创新，且技术创新率较高的国家，其耐用消费品出口质量较高。

一、消费者选择

为了更好地刻画消费者对质量差异化耐用消费品的选择以及企业匹配消费者选择进行创新活动和策略性定价，与前文分析一致，将消费者 i 分为低收入消费者 P 和高收入消费者 R。消费者收入 y 包括劳动收入 w 和非劳动收入 $\theta\xi$，即 $y = w+\theta\xi$，θ 为利率，ξ 为资产，假设工资率相同但是资产不同。设低收入消费者在总人口中的比例为 β_P，则高收入消费者在总人口中的比例为（$1-\beta_P$）。设 ω_i 为消费者 i（i=P，R）的相对收入位置。假设耐用消费品的质量存在差异化，在同一个品种下可以分为高质量的耐用消费品和低质量的耐用消费品，将非耐用消费品看作差异化程度非常小的普通产品，亦即可看作近似同质产品。借鉴 Fajgelbaum 等（2011），假设消费者购买 n 单位非耐用消费品和 1 单位不可分割的质量差异化耐用消费品 z_j，非耐用消费品价格为 1，差异化质量产品价格为 p_j，其中，j=0，-1，-2，…。假设消费者对耐用消费品的偏好主要取决于其收入水平，且质量偏好随收入递增而凸向递增。同时假设消费者对数量的偏好可以通过购买非耐用消费品来满足。为了简化分析，设消费者的效用函数为：

$$u_i(n_i, z_j) = \ln n_i + \ln z_j \qquad (2-30)$$

消费者的预算约束条件为：

$$y_i = n_i + p_j \qquad (2-31)$$

在这个模型中，消费者具有非位似偏好，消费者的效用在跨产品上是可区分的。消费者在其收入约束条件下将其收入中的一部分去购买质量差异化的耐用消费品，其余部分用于购买非耐用消费品，并通过消费组合实现效用最大化。

二、企业策略性定价

假设劳动为唯一生产要素，非耐用消费品部门不存在技术进步，工资率 w 不随时间变化，所有企业的单位劳动投入为 $1/w$。差异化耐用消费品部门非完全竞争，每个企业生产一种质量产品，产品质量谱类似于一个连续的阶梯且消费者可识别其质量高低。产品质量的高低关系表示为：$z_0(t) > z_{-1}(t) > z_{-2}(t) > \cdots$ 且 $z_j(t) = \lambda z_{j-1}(t)$，$\lambda > 1$。生产耐用消费品的边际成本为 bw，单位劳动需求为 b，且 $b < 1$。

假设企业对不同质量耐用消费品和消费者偏好采取策略性定价，企业在制定差异化耐用消费品价格时，必须考虑以下两个方面：第一，潜在的消费者面对"时间承诺问题"可能采取延迟购买的行为。Coase（1972）指出，一个耐用消费品生产企业可能利用消费者在支付意愿上的异质性，在初始阶段对需求价格弹性较小的高收入者收取较高价格，在随后的阶段面对需求价格弹性较大的低收入者收取较低价格，这就面临"时间承诺问题"。若理性的消费者预期企业将在不同阶段采取价格歧视策略，就不愿意支付高昂的初始价格，可能会延迟购买耐用消费品，这就要求耐用消费品生产商制定适宜的价格来吸引更多消费者购买正利润。第二，根据质量偏好型消费者的最高支付意愿来定价，但也要考虑到最毗邻的次优质量的竞争，以防止潜在的客户流失。综上所述，企业需要综合考虑消费者质量偏好、产品差异程度、竞争程度以及"时间承诺问题"带来的延迟购买等因素，制定最优定价以实现利润最大化。

对于消费者而言，如果其预期耐用消费品生产企业不存在"时间承诺问题"，就会积极参与购买，否则会延迟购买。但是厂商可以通过不断提高产品质量来解决消费延迟问题。假设消费者具有收入约束和质量偏好，在信息充分的情况下是否进行购买产品；假设在相同价格下，消费者选择最高质量的产品（林恩·佩波尔，2014）；在相同质量下，其选择价格较低的产品。如果给定两组不同质量和价格的组合（p_j，z_j）与（p_{j-m}，z_{j-m}）导致相同的效用水平，假设消费者就选择质量更高的产品 z_j，这里 $m=1$，2，$\cdots$，由此可得：

$$\ln(y_i-\bar{p}_j)+\ln z_j=\ln(y_i-p_{j-m})+\ln z_{j-m} \tag{2-32}$$

解得最高价格为：

$$\bar{p}_j=y_i\left(1-\frac{1}{\lambda^m}\right)+\frac{p_{j-m}}{\lambda^m} \tag{2-33}$$

式（2-33）意味着消费者对高质量耐用消费品的支付意愿价格取决于其收入水平 y_i 和 p_{j-m} 的加权平均值，所以可以得出：

（1）如果对于价格 p_j，p_{j-m}，部分消费者偏好质量品 z_j 而不是 z_{j-m}，则所有消费者都如此。亦即消费者在购买耐用消费品时关注产品质量和价格并比较产品的性价比，当性价比相同时更偏好高质量产品。

（2）如果对于一些质量产品 z_j，$j=-1$，-2，$\cdots$，其价格 $p_j \geqslant bw$，企业生产存在正利润，那么任何高质量产品 z_{j+m}，$-j \geqslant m \geqslant 1$，都存在价格 $p_{j+m} > bw$，这样任何消费者都偏好 z_{j+m} 而不是 z_j。亦即在质量差异化耐用消费品市场上，企业之间存在竞争效应，高质量产品的生产者总是可以淘汰低质量产品的生产者。

假设国家存在高收入消费者 R 和低收入消费者 P，分为以下两种情况进行讨论：

（1）假设在短期市场上只有一个耐用消费品生产企业完全垄断某个品种某个质量段的生产，垄断企业为最高产品质量 z_0 的生产厂商，市场均衡价格为：

$$p_0 = y_P\left(1 - \frac{1}{\lambda}\right) + \frac{bw}{\lambda} \tag{2-34}$$

（2）假设在短期市场上有两个耐用消费品生产企业，每个企业在同一品种下有某个特定质量段生产，其生产的产品具有差异化的质量，生产最优产品质量 z_0 的企业销售给高收入消费者 R，生产次优产品质量 z_{-1} 的企业销售给低收入消费者 P，此时市场完全分离，市场均衡价格为：

$$p_0 = y_R\left(1 - \frac{1}{\lambda}\right) + y_P\left(\frac{1}{\lambda} - \frac{1}{\lambda^2}\right) + \frac{bw}{\lambda^2} \tag{2-35}$$

$$p_{-1} = y_P\left(1 - \frac{1}{\lambda}\right) + \frac{bw}{\lambda} \tag{2-36}$$

三、消费需求与技术创新

（一）消费需求诱致技术创新

"需求诱致创新"的重要性在于需求决定创新活动的方向与数量方面，且需求起了决定性作用。[①] 在技术创新的动力方面，来自市场的消费需求激励比新供给领域知识更重要（Schmookler，1966）。同时，市场规模和需求结构，以及消费者复杂度促使企业不断创新（Fontana 和 Guerzoni，2008；Guerzoni，2010）。Caron 等（2012）认为，富国发明更多产品，并生产富有收入弹性产品。富国改进技术偏向于国内需求较高的奢侈品，技术创新具有本地偏向性。消费者对高质量产品的偏好随收入递增而凸向递增，发达国家高收入群体产生对高质量产品的消费需求，高质量产品的整体市场规模较大。发展中国家随着经济发展，中等收入阶层的壮大会减少对低质量产品的消费规模，同时刺激对高质量产品的需求。

一国内部消费者的收入来源取决于国家收入水平的高低和收入分配的不平等程度。收入水平越高，整体需求规模越大，较大的市场需求规模可以分摊较大的

---

① 我们的研究限于本地市场最终需求，未考虑政府的公共采购（Aschhoff 和 Sofka，2009）或公立学校的技术溢出。

创新成本，此"成本效应"诱致耐用消费品生产企业进行技术创新，不断提高产品质量匹配消费者的高质量需求，以获得创新后的垄断利润。来自中国耐用消费品消费的证据表明创新活动由企业对未来市场规模的预期驱动（Beerli 等，2018）。收入分配不平等首先表现为，市场分化为高端市场、大众市场和低端市场，呈质量异质性需求特征。市场上质量需求形成的利基市场或边缘市场（Malerba 等，2007）为企业提供创新机会，激励企业创新投入。企业创新对监管政策的响应取决于收入不平等形成的内生市场结构，当市场上产品质量差距较大时，收入不平等对创新具有负向影响（Lin 等，2015）。收入分配越趋于合理，需求结构升级越快，中等收入大众需求越多。中等收入的个性化和实用性需求增加，"从众需求"减少，需求遇到冲击（Garcia，2014）时在位企业因为过度供给"主流产品"被新的更高质量产品替代。在位生产企业面对新企业竞争，要么积极创新改进产品质量，要么被新企业取代。耐用消费品生产企业必须进行研发活动，以便抢占市场主导地位获得市场势力。

耐用消费品的购买可能因为企业在不同阶段实施价格歧视导致购买延迟，生产企业通过提高产品质量以保持较高价格来消除"时间承诺问题"。产品质量水平越高，技术优势的重要性就越重要（Johansson，2007）。而要获得技术优势，企业就必须积极迎合消费者需求升级变化，并进行有针对性的研发活动。在消费者收入增长和高质量偏好情形下，对高质量耐用消费品需求旺盛，初次购买需求与产品更新置换需求叠加，需求规模不断扩大，消费结构由大众普及型向品质型转变。由于质量需求引致创新加快，产品生命周期缩短使家用电器、计算机、家具和汽车等耐用消费品的消费易饱和性不断被打破。需求升级诱致耐用消费品生产企业积极进行研发活动。

由于创新具有不确定性，投入的创新成本较高且存在创新失败的风险，强大的市场需求和政府专利保护可减少技术创新的不确定性。实践表明，世界各国均对创新采取最优专利保护制度，确保企业获得创新利润，以激励企业创新。但是这个新兴市场竞争激烈，参与创新的企业都在争夺创新优先权。当企业之间的技术水平相似时，实施创新的企业就能超越竞争对手（Aghion 和 Howitt，2005）。因此，欲抢夺创新优先权的耐用消费品生产企业必须敏锐识别消费者需求升级的变化，适时进行技术创新，以抢占高质量产品的市场份额，获得创新的潜在租金。即使代表性企业创新成功，若在专利保护期产生创新惰性，由于消费者需求升级的日益变化，竞争效应的存在也将使这个企业在某个时点被竞争对手超越，最终从市场消失。这就意味着，创新会使资源从效率低下的企业重新配置到效率较高的企业。

（二）企业技术创新

假设耐用消费品某个品种 k 的生产只有唯一质量领导者，在市场上也有许多潜在竞争者。一般而言，创新成功发生的概率服从泊松过程（Aghion 和 Howitt，1992），假设代表性企业的创新通过参数为 φ 的泊松过程来实现，φ 反映了经济中的研发强度。假设一项成功的创新使其质量提高为当前最高质量的 λ 倍（λ>1）。设 η 为劳动系数，其为正的常数且与研发技术效率成反比，企业进行研发的成本为 wφη，预期利润流为 φζ。

实践表明，在创新市场世界各国均对创新知识产权进行最优专利保护，以确保创新的政策激励。当代表性企业实施某个创新成功后，在短期内为完全垄断市场，但是有可能在下一次创新后继续垄断这个市场，也有可能被潜在的竞争对手"追随者"超越。为了得到一个短期的创新均衡的显式解，本书放松 Zweimüller 和 Brunner（2005）创新市场的假设条件，与 Grossman 和 Helpman（1991）一致，假设耐用消费品生产企业在高质量产品创新市场短期内为完全垄断市场，且在第一次创新和第二次创新之间（第 0 阶段），代表性企业完全垄断高质量产品的生产，而在第二次创新发生后（第 1 阶段），企业被创新性竞争对手超越，从高质量产品市场退出，只能生产普通产品，这意味着企业在第 1 阶段在高质量产品市场利润为零。设 φ_e 为预期的研发强度，π_0 和 π_1 分别表示在阶段 0 和阶段 1 中的利润，则一个成功的创新企业的利润现值 ζ 可以计算为：

$$\zeta = \pi_0 / (\varphi_e + \theta) + \pi_1 \varphi_e / (\varphi_e + \theta)^2 \tag{2-37}$$

设代表性创新企业的利润函数为 $\varphi\zeta-\varphi w\eta$，在稳态时有 $\varphi=\varphi_e$（$\varphi>0$），创新均衡条件 $w\eta=\zeta$ 可写为：

$$w\eta=\pi_0/(\varphi+\theta)+\pi_1\varphi/(\varphi+\theta)^2 \tag{2-38}$$

假设创新利润 v 构成总资产的唯一来源，创新利润 v 的分配由低收入和高收入人口比例 β_P 和（$1-\beta_P$）以及相对收入位置（ω_P 和 ω_R）来决定，低收入消费者和高收入消费者在总资产中的份额可以分别表示为 $\beta_P\omega_P$ 和（$1-\beta_P\omega_P$）。设总人口为 G，销售给高收入消费者和低收入消费者的利润可以表示为：

$$\pi_R=(1-\beta_P)G(p_0-bw) \tag{2-39}$$

$$\pi_P=\beta_PG(p_P-bw) \tag{2-40}$$

当高质量市场上只有质量领导者，次优质量生产商无利润，即：$\pi_0=\pi_R+\pi_P$，$\pi_1=0$，$p_P=p_0$，则有：

$$\pi_0+\pi_1=\pi_R+\pi_P \tag{2-41}$$

所有的劳动力在产品研发部门和产品生产部门进行配置。劳动力市场的分配取决于投入研发的劳动力需求 $\varphi\eta$；生产耐用消费品的劳动力需求 bG，b 为单位劳动力需求（b<1）；生产非耐用消费品的劳动力需求 $[\beta_PGn_P+(1-\beta_P)Gn_R]/w$，所以劳动市场均衡条件为：

$$wG=\varphi w\eta+bwG+G[\beta_Pn_P+(1-\beta_P)n_R] \tag{2-42}$$

此时低收入消费者和高收入消费者的人均资产分别为：

$$\xi_P=v\omega_P/G,\ \xi_R=(1-\beta_P\omega_P)v/(1-\beta_P)G \tag{2-43}$$

根据前文的等式 $n=w+\theta\xi-p$ 可得：

$$n_P=w+\theta v\omega_P/G-p_P \tag{2-44}$$

$$n_R=w+\theta v(1-\beta_P\omega_P)/(1-\beta_P)G-p_0 \tag{2-45}$$

将式（2-44）、式（2-45）代入式（2-42）后利用式（2-41）可推导出劳动市场均衡条件的另一种表达式：

$$w\varphi\eta=\pi_0-\theta v \tag{2-46}$$

由式（2-41）和式（2-34）可将总利润 π_0 的表达式重新表述为：

$$\pi_0 = \left(1 - \frac{1}{\lambda}\right)\left[(1-b)wG + v\theta\omega_P\right] \tag{2-47}$$

四、创新均衡解

前文已假设在市场上只有一个创新企业短期垄断某个质量段耐用消费品的生产，垄断企业为最高质量生产厂商。在这个假设下经济将以一个短期固定的创新率进入均衡状态（Grossman 和 Helpman，1991）。

当市场上只有高质量的领导者时，资产价值通常由最近创新者的价值决定。如前文所述，创新企业的利润现值等于其成本，因此，$v^* = w\eta$。假设利率 θ 足够小，以确保存在一个正的均衡创新率。将 $v^* = w\eta$ 代入劳动市场均衡条件式（2-46）、式（2-47）可以得到正的创新率均衡解：

$$\varphi^* = \left(1 - \frac{1}{\lambda}\right)\left[\frac{(1-b)G}{\eta} + \theta\omega_P\right] - \theta \tag{2-48}$$

均衡时创新率 φ^* 的大小与质量创新的阶梯长度 λ、人口规模 G、生产耐用消费品的单位劳动力需求 b、利率 θ、低收入者的相对收入位置 ω_P 和劳动系数 η 有关。当质量创新的阶梯长度 λ 越长、人口规模 G 越大、生产耐用消费品的单位劳动需求 b 越小、利率 θ 越低、低收入者的相对收入位置 ω_P 越高、劳动系数 η 越小，均衡时创新率越高。

质量创新的阶梯长度 λ 越大，意味着一项新的创新将原来的产品质量提高越多，消费者对高质量产品的偏好将使其支付更高价格（Grossman 和 Helpman，1991；Foellmi 等，2018）。人口规模 G 越大，意味着市场规模越大，如果创新成功，将有助于摊薄创新投入的固定成本和可变成本并取得更多创新利润。较小的 b 意味着生产耐用消费品的企业具有较高的生产率。较低的利率 θ、较小的劳动系数 η 均激励企业进行更多的创新活动。

下面讨论 ω_P 变化对均衡创新率 φ^* 的影响，因为 $\lambda > 1$，由式（2-48）可得：

$$\frac{\partial \varphi^*}{\partial \omega_P} = \left(1 - \frac{1}{\lambda}\right)\theta > 0 \tag{2-49}$$

均衡创新率 φ^* 与低收入消费者的相对收入位置 ω_P 正相关，ω_P 增加，表示收入分配从高收入消费者向低收入消费者转移的增加，低收入者的相对收入位置提高，对高质量耐用消费品的需求随之增加，他们愿意为高质量支付更高的价格。根据前文分析，企业根据消费者的最高支付意愿来定价，此时创新者可以收取更高价格并获得更多创新利润，从而激励企业开展更多的创新活动。

五、技术创新与出口产品质量

前述分析仅针对一个国家的情况，以下将其推广到两个国家，并对耐用消费品的技术创新率进行比较分析。根据上节内容，仍假设两个国家，本国（D）和外国（F），式（2-48）的所有字母添加下标加以区别，则本国（D）和外国（F）的技术创新率均衡解可以表示为：

$$\varphi_D^* = \left(1 - \frac{1}{\lambda_D}\right)\left[\frac{(1-b_D)G_D}{\eta_D} + \theta_D\omega_{PD}\right] - \theta_D \tag{2-50}$$

$$\varphi_F^* = \left(1 - \frac{1}{\lambda_F}\right)\left[\frac{(1-b_F)G_F}{\eta_F} + \theta_F\omega_{PF}\right] - \theta_F \tag{2-51}$$

由以上等式可知，影响一国技术创新率大小的因素有：质量创新的阶梯长度 λ、人口规模 G、生产耐用消费品的单位劳动需求（生产率）b、利率 θ、低收入者的相对收入位置 ω_P 和劳动系数 η。由式（2-50）和式（2-51）可得：

$$\frac{\partial\varphi_D^*}{\partial\omega_{PD}} = \left(1 - \frac{1}{\lambda_D}\right)\theta_D > 0 \tag{2-52}$$

$$\frac{\partial\varphi_F^*}{\partial\omega_{PF}} = \left(1 - \frac{1}{\lambda_F}\right)\theta_F > 0 \tag{2-53}$$

假设两个国家的利率 θ_D 和 θ_F 充分小且相等，当 $\lambda_D > \lambda_F$ 时，有 $\dfrac{\partial\varphi_D^*}{\partial\omega_{PD}} > \dfrac{\partial\varphi_F^*}{\partial\omega_{PF}}$。这意味着两个国家假定其他不变，当本国企业选择创新的质量阶梯长度高于外国时，低收入消费者的相对收入位置的提高将引起更高的创新率。综合其他因素的影响，可以发现：假定其他条件相同，如果本国（D）比外国（F）的人口规模更大，低收入者的相对收入位置越高，耐用消费品的生产率更高，质量创新的阶梯长度 λ 越大，则创新率越高，与之对应的产品质量也越高。

技术创新的生产企业会出口吗？在开放经济下，企业是否会进行出口的选择，是因为出口不但需要支付开拓国际市场的固定成本，还要支付较高的冰山运输成本，能否出口最终取决于企业所获得的收益和支出成本的比较，如果利润为正则出口，否则不出口。Melitz（2003）研究发现，企业的出口出现"自我选择效应"，高生产率企业选择出口会获得正利润，低生产率企业出口利润为负，被迫退出出口市场。一般而言，采用高技术的出口企业都拥有较高生产率，有能力支付较高的出口固定成本并获得较高利润（Bustos，2011）。因此，较高的技术创新是出口的主要驱动力，创新越多，出口就越多（黄静波和孙晓琴，2007）。

以提高产品质量为导向的技术创新，有助于在激烈的竞争中制造出最先进的产品（Flam 和 Helpman，1987；Melitz 和 Ottaviano，2008），使产品质量沿着质量阶梯向上攀升，拥有技术领先地位的国家将主导该产品的世界市场（Grossman 和 Helpman，1991）。Caldera（2010）拓展了 Melitz（2003）模型，认为创新企业的生产率高于非创新企业，如果企业服务国内市场和国外市场的利润大于服务国内市场，理性的企业就会选择出口。相对于降低成本的创新，提高产品质量的创新是进入国外市场的较优策略（Imbriani 等，2015）。耐用消费品由于其支出金额较大，消费者对产品质量非常敏感，且进行技术创新有助于提高产品质量，同时满足国内外消费者的高质量偏好，增加其支付意愿，进而获得较高的市场份额。总之，耐用消费品生产企业开展技术创新促进了出口产品质量的提高，技术创新率较高的国家在国际贸易中具有竞争优势，将出口更多高质量产品。

基于以上分析提出以下命题：

命题 3：技术创新在本地市场需求促进出口质量中起到中介作用。本地市场需求规模调节了创新的中介作用，一方面对创新投入起到调节作用，另一方面也调节创新率亦即创新产出。一个国家的收入分配越平均，本地市场需求越大，企业技术创新率越高，耐用消费品出口质量越高。

本章小结

市场需求如何影响产品结构和出口篮子是国际贸易研究中一个值得研究的重要问题。与众多聚焦于外部需求的研究视角不同，本书研究的重点集中于本地市场需求。本章主要是从本地市场的需求规模和需求结构如何影响耐用消费品出口质量建立一般均衡模型展开分析的。在此基础上，对本地市场需求通过何种传导机制影响出口产品质量进行了探讨。

第一节融合 Krugman（1980）、Flam 和 Helpman（1987）、Fajgelbaum 等（2011a）和 Dingel（2016）的本地市场效应、本地产品质量市场有效竞争和质量专业化的思想，借鉴 Latzer 和 Mayneris（2018）并修改消费者质量偏好的假设，假设消费者具有收入异质性和偏好异质性，构建一个垂直差异化产品的产业内贸易模型，分析本地市场需求规模和需求结构对耐用消费品出口产品质量的影响。本节在开放条件下将消费者的质量需求与生产者的质量供给模型化后得到本国和外国生产高（低）质量产品企业的贸易均衡解。由于这里得到的贸易均衡解为隐式解，通过构建两个隐函数并利用隐函数的性质来进行比较静态分析，重点分析因收入水平和收入分配带来的本地市场需求规模和需求结构变化对出口产品质量的影响。研究发现：一个国家的消费需求规模、需求结构变化与国家的总体收入和收入分配紧密相关，国家的总体收入高低和收入分配平等程度直接决定了消费者的支出水平。总体收入的高低影响需求规模的大小，收入分配不平等程度的高低决定消费者的需求产品结构，从而对生产结构乃至贸易结构产生影响。当存在规模经济和正贸易成本的情况下，耐用消费品随本地市场需求规模和需求结构而变化。当消费者偏好具有非位似性时，收入分配影响高质量耐用消费品和低质量耐用消费品的国内需求的相对规模，从而影响国家在质量方面的专业化。一个国家的需求规模越大，收入分配越平均，消费者的质量偏好和企业之间的激烈竞争推动了耐用消费品质量专业化，提高了出口产品组合平均质量。

第二节主要分析了本地市场需求规模和需求结构引起耐用消费品出口质量提高的传导机制，这些分析有助于厘清本地市场需求如何引致技术创新，技术创新后如何促进出口产品质量的提高。借鉴 Zweimüller 和 Brunner（2005）并假设消费者具有非位似偏好，放松其创新市场的研究假设，与 Grossman 和 Helpman（1991）一致，假设高质量耐用消费品创新市场在短期内为完全垄断市场，将基于一国内部创新的分析框架拓展到两国贸易情形，构建一个包含资源约束和技术创新的一般均衡模型。分析收入差异的异质性消费者如何诱致耐用消费品生产企业进行技术创新以及技术创新后如何提高出口质量。研究发现，本地市场需求诱致企业进行技术创新投入，技术创新推动了耐用消费品出口质量的提高，技术创新在其中起到中介作用。具体而言：

第一，耐用消费品企业技术创新的动力源来自本地消费需求升级带来的潜在利润激励。消费需求产生的根源在于消费者的收入水平和消费者质量偏好，二者在差异化质量产品选择中发挥关键作用。消费者对高质量产品的偏好随收入递增而凸向递增，消费者的收入来源取决于国家收入水平的高低和收入分配的不平等程度。这种由质量偏好和收入增加形成的需求力量诱致耐用消费品生产企业进行技术创新，不断提高产品质量匹配高收入消费者的高质量需求。在差异化产品质量市场上，耐用消费品生产企业的创新行为受到异质性消费者对高质量产品的需求诱致，高利润的创新价值刺激企业进行技术创新。但是这个高质量产品的创新市场有许多潜在的竞争者，高利润的刺激会吸引更多的企业进入这个市场，企业之间的激烈竞争迫使企业进行更多的研发活动，以便能够以更大的概率实现创新成功。假定其他条件相同，当一个国家的收入分配越平均，本地市场需求大幅增加，将激励耐用消费品企业开展更多的技术创新活动，并形成创新的质量升级效应，产品质量也随之提高。

第二，企业的技术创新促进了耐用消费品出口质量的提高。在一个开放经济中，本地消费者面向国内市场和国际市场购买符合自己收入水平和质量偏好的差异化产品。本国企业面临更加激烈的国内竞争和国际竞争以及较高的冰山贸易成本，消费者选择的需求力量和竞争者的市场力量，迫使企业由低利润的价格竞争转向高利润的质量竞争，不断进行技术创新提高出口产品质量。假定其他条件相同，收入分配越平均的国家技术创新率越高，耐用消费品出口质量也越高。总之，当一国总体收入水平较高、收入差距较小时，就会形成本地需求强大的市场，推动企业进行技术创新，并形成高质量产品专业化生产和规模化经营，还将出口更多高质量产品，争取在国际贸易中具有竞争优势。

第三章　本地市场需求与耐用消费品出口质量的特征性事实

第一节　本地市场需求

一、世界市场需求规模

学术界研究需求一般包括两个维度：需求规模和需求结构。从支出法的需求方程来看，本地市场需求总规模为 GDP，分解为人均 GDP 和人口。需求结构由消费需求、资本形成总额和进出口贸易盈余三部分组成。现实中由于非位似偏好的存在，通常以收入水平和收入分配作为需求的两个维度的替代变量。

（一）总需求规模

世界高收入国家人均 GDP 比中低收入国家更高。虽然 2009 年经历了较大跌幅，至 2016 年仍高达 40000 美元。同期其他收入水平的国家人均 GDP 仍然没有超过 5000 美元。根据消费经济理论，收入水平 10000 美元是一个明显的分水岭，消费者在收入 3000~10000 美元时需求升级明显，对耐用消费品需求增加。超过

10000 美元时向个性化、质量型过渡，然后再过渡至理性消费。从图 3-1 可见，全世界只有 70 多个高收入国家处于理性消费阶段，仍有 100 多个国家正在经历或将要经历需求升级，这些国家耐用消费品潜在需求巨大，它们以质量消费为特征，从模仿型向个性化过渡。

1. 不同收入水平的人均 GDP

图 3-1 为按收入水平划分的人均 GDP。

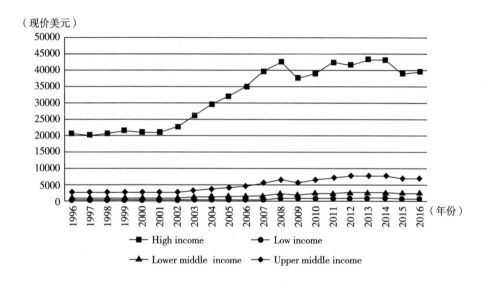

图 3-1 按收入水平划分的人均 GDP

资料来源：世界银行 WDI 数据库。

2. 经购买平价调整的人均最终消费

以往研究直接采用 GDP 总额代表本地总需求，在此以支出法中的家庭最终需求近似代表需求规模，原因在于支出法计算的 GDP 中，最终消费占比最高，每年世界平均水平高达 80%，2016 年超过 81%，最终消费对经济的贡献最大，最终需求中家庭消费支出占比最高。数据来源于世界银行 WDI 数据库，先删除一体化和地区合并统计的数据和未被分组的国家，最终计算 201 个国家。将中下等收入和中上等收入水平合并再取均值定义为中等收入水平。中等收入群体的最终消费规模最高，增长趋势也最明显（见图 3-2）。这进一步说明中等收入国家的需求潜力还能得到进一步释放。

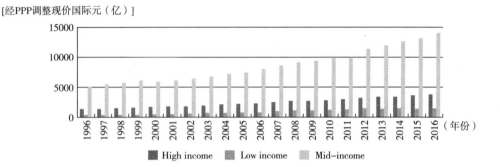

图 3-2　不同收入水平国家的家庭最终消费支出

资料来源：世界银行 WDI 数据库。

（二）人均需求规模

以收入近似代表需求规模。为了避免总量偏误，将消费规模分解为人均最终消费需求和人口后发现，中等收入国家人均最终消费表现出跟最低收入国家的人均最终消费需求近似水平。1996 年比最低收入国的最终消费额还低，此后持平，2000 年超过低收入群体；高收入国家人均最终家庭消费支出是中等收入水平的两倍，也大大高出世界平均水平。这从侧面反映了中等收入和低收入国家在未来的消费需求潜力巨大。从人均收入水平来看，中等收入和低收入群体的需求潜力较大。以最终消费年均增长代表世界不同收入群体国家的需求增长，高收入国家增长速度最慢，无论是高收入国家还是低收入国家都易受世界经济外部环境的影响，低收入国家难逃 20 世纪末的危机厄运，而高收入国家深受 21 世纪初的金融危机之害。中等收入国家增长速度最快，受外部环境的影响较小，也相对较稳定（见图 3-3、图 3-4）。

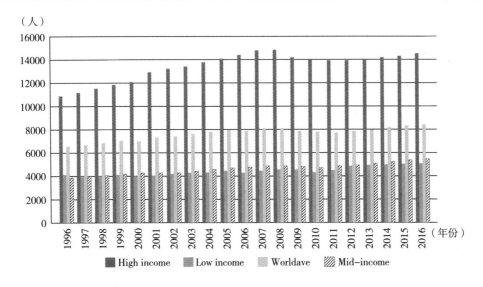

图3-3 人均家庭最终消费支出

资料来源：世界银行 WDI 数据库。

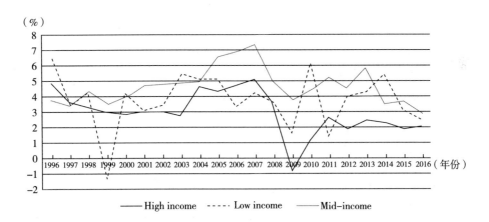

图3-4 不同收入水平最终消费年均增长率统计

资料来源：世界银行 WDI 数据库。

（三）人口规模

从人口总量看，中等收入国家人口总量平均而言大大高出高收入国家和低收入国家的人口总量，中等收入国家是需求大国。2003 年以来，只有高收入国家人口增长缓慢。低收入国家的人口规模在 2004 年超过高收入国家，随后增长加快。截至 2016 年，中等收入国家人口仍然是世界人口的重要部分。结合上图发现，不同收入水平的国家总人口与总需求支出不一致。以人口计和以总需求计呈现出相反的趋势（见图 3-5）。

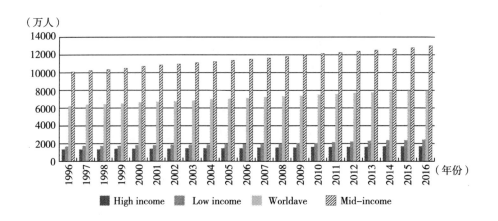

图 3-5　不同收入水平国家的平均人口数

资料来源：世界银行 WDI 数据库。

二、中国本地市场需求

（一）中国需求规模

（1）2017 年中国人口数、进出口额、出口额都位居世界第一，但人均 GDP 在 186 个国家中居于第 70 位，是名副其实的发展中大国、需求规模小国。中国人均 GDP（见图 3-6），不仅低于新加坡、德国、美国、日本、韩国等发达国家，还低于墨西哥、土耳其、马来西亚、泰国等发展中国家，也低于俄罗斯。2016 年中国超过巴西，2017 年与世界平均水平持平。

（经PPP调整现价国际元）

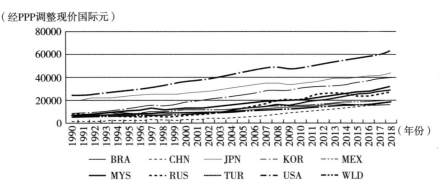

图3-6　中国与世界主要国家人均GDP统计

资料来源：世界银行WDI数据库。

（2）由于中国人口总量大，将中国最终需求与主要国家与世界平均水平对比的差异体现出来（见附表1）。中国相对家庭消费支出从1997年的0.12（略高于印度）上升至2016年的0.46。荷兰和美国1997年分别为4.48、5.86至2016年的3.85、6.09。这意味着截至2016年中国家庭消费支出只相当于世界平均水平的0.46，而美国则是6.09，比中国的13倍还多。但中国的增长率较高，这说明中国的最终消费需求有很大的增长潜力。总需求除了人均需求，还取决于人口，从这一角度看，中国人口占世界人口的近1/5，随着二孩政策落实，中国人口规模还会更大，需求也会相应地增加。

（二）中国需求结构

需求结构采用学术研究中通常做法，直接将总需求GDP分解为人口与人均GDP，本地市场需求结构分为收入结构、消费结构与人口结构，其中收入结构主要考察城乡收入差距、gini系数、高收入群体、中等收入群体和低收入群体；消费结构主要分为食品和必需品，享受型消费和发展型消费；而人口结构分为15~64岁人口占比、少儿抚养占比和老年抚养占比，还包括城乡人口比。因为上述各类结构可能影响到新产品与质量改进型产品的需求。

1. 收入结构

尽管需求不完全取决于收入水平和结构，但是收入作为影响需求最重要的因素，其结构能近似代表需求结构。由于数据不可得，将中国居民人均收入分层统计的第二个20%、第三个20%和第四个20%合计为中等收入群体占比，总体分为三个层级，高收入（20%）、中等收入（60%）、低收入（20%）。2013年起中等收入群体超过高收入群体，且有继续扩大的趋势。中等收入群体是大众市场的需求主体和目标群体，他们对产品的反馈是企业过程的创新来源，不仅能大大节约创新的固定成本，还能提高创新效率和创新强度（见图3-7）。[①]

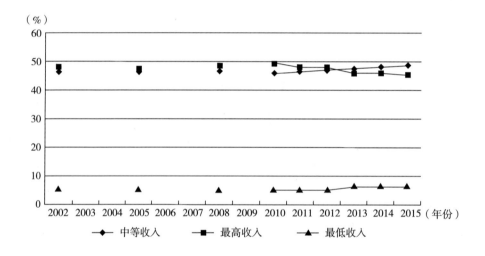

图3-7　中国收入结构变化

资料来源：各年度《中国统计年鉴》，下同。

随着中国近年来城镇化水平加快，本地对高质量商品的需求上升。城镇人均收入扩大保证企业质量产品的销售数量，由不确定性减少带来的期望利润更高，企业参与创新的概率也越大。由于贫困人口大部分为农村居民，脱贫攻坚助力脱

---

① 创新强度是指创新成功产出和创新投入的比重，因本书的创新为需求诱致，是创新行为发生前的诱致，以下分析不重点关注创新强度。

贫的7亿人口步入中等收入阶层和大众消费市场，也会进一步巩固产品创新的本地市场基础（见图3-8）。

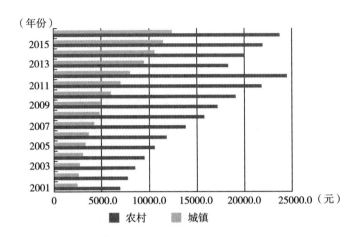

图3-8　中国农村与城镇收入水平

资料来源：各年度《中国统计年鉴》。

虽然基尼系数通常用来近似表示一国收入结构，但是数据并不完整（特别是低收入国家）。为了避免低收入国家的数据缺陷，本书改用最高收入10%（b3）、最低收入10%（b1），最高收入20%（a3）、最低收入20%（a1）来表示收入差距，选取中等收入60%（a2）和中等收入80%（b2）的占比来表示中等收入群体。将数据比较完整的高收入国家法国与中国对比发现，无论是最高收入10%还是最高收入20%，中国在选定年份的占比都高于法国，说明中国的需求结构更不合理，贫富差距分化严重；而最低收入10%和最低收入20%占比又比法国低，显然中国的贫富差距很大，未走出葫芦型的市场需求结构陷阱；但总体来看，中国本地市场需求结构有改善趋势，中等收入自2009年以来增长明显；最高10%和最高20%占比自2009年以来逐年降低，结构渐趋合理，中国高质量发展下本地市场尤其是消费市场在发挥基础性作用方面的潜力还很大（见图3-9）。

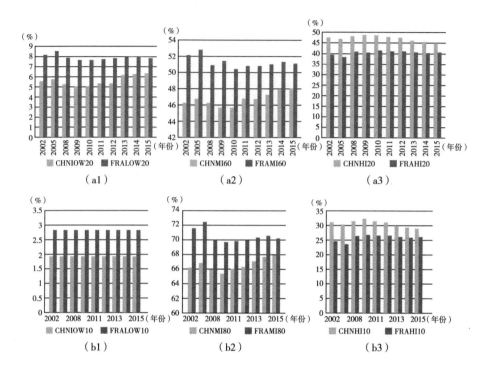

图3-9　中国与法国本地市场需求结构对比

2. 消费需求结构

（1）居民消费结构。随着中国中等收入阶层扩大，居民消费结构升级加速，同时还出现了激励过程创新和产品创新。从生存型消费向交通通信、医疗保健和文教娱乐等发展型和旅游享受型消费转变；由实物型消费逐渐转变为服务型与实物型消费并重。如1990年，只有不到17%的中国家庭属于高收入和中高收入家庭，到2015年（WDI最近统计年份），已增加到83%（中高收入38%和高收入45%）。同期，中低收入家庭比重下降到17%，而低收入家庭比重由46%下降到6.4%。这些变化导致不同消费品行业的需求发生可预测的变化。2016年，在中国城镇居民的消费支出中，食品和衣着必需品支出占比约为36.84%，比2000年下降了 12.35 个百分点；交通通信和教育文化娱乐支出占比为 25.18%，比 2000 年提高了 4.72 个百分点。此间伴随着消费品各类市场创新行为，如适应旅游便利性消费品（利基产品）、适应大众教育的各种网络培训都是由消费者需求改进诱致的创新。收入的持续增加扩大了最终产品的市场规模，提升了最终产品的需求层次。一方面中等收入群体扩大，消费规模和利基市场激励过程创新；另一方面收入差距较大，基尼系数、最高收入群体与最低收入群体比例较大，最高收入群体的高端消费激励突破性创新的同时还实现了过程创新和产品创新；最低收入群体的实用型消费会为企业大幅度节约创新成本（甚至可能大于30%，产生熊彼特重大创新）。虽然弗农生命周期理论指出：产品首先只在北部高收入国家生产并消费，由北部高收入国家出口到南部低收入国家，然后才由南部国家依次模仿、生产、出口到北部国家。Hausmann 等（2007）也认为，依据差异性产品的贸易因素，发展中国家想要在创新市场上获取市场势力是很难的。但是本书的证据表明，当本地市场扩大到足以激起自主创新而不是模仿创新时，可以获取市场势力。如何满足消费者目前对产品质量的需求，研发更加符合消费者需求的产品、不断提高产品的质量水平显得尤为重要。产品质量升级需要生产力、生产工艺的提高和优化，也是社会经济发展的必要前提。

（2）耐用品消费的需求结构变化。熊彼特（1992）认为，创新就是一种破坏式的创造过程，当新的产品在酝酿上市时，原有的产品已经显示某些不适用特点。如摩托车市场的繁荣早于汽车市场，达到某个点时，前者会变得饱和，未来市场扩张的潜力也会消失。2013 年开始本地消费汽车超过摩托车；随着绿色出行，人们更多选择电动摩托车，而传统摩托车生产急剧下降；由于手机具备越来越强的照相性能，照相机的数量也随之大幅减少。当手机其他增值技术越发先进时，彩色电视机与手机消费呈反向变化，手机自 2013 年后大幅反弹，彩色电视机需求急速下滑；随着计算机家庭普及，彩色电视机与家用计算机消费趋势也呈反向变化，同时，不仅计算机生产增长迅速，笔记本式计算机的生产和消费量大幅上升。这种结构变化确定了本地市场需求对中国制造业技术变化的影响。随着收入水平上升，本地市场需求的产品结构随着技术改进而变化，甚至出现了一些产品的淘汰，反映了"破坏性"创新在耐用消费品升级过程中的重要作用（见图 3-10）。

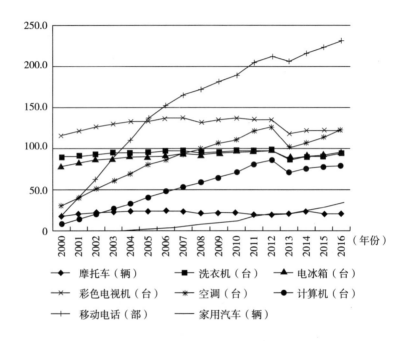

图 3-10 2000~2016 年中国每百户城镇居民主要消费品存量

（3）人口结构。其中 15~64 岁代表工薪阶层，是家庭收入和消费的中坚力量，事实上中国的中等收入群体在逐年扩大。中等收入群体是大众消费层，大众消费群体对产品的需求存在"求实不求新"的心理。由于他们要求产品的实用性和合意性，主要为质量偏好，为厂商过程创新提供了市场基础。中国 2016 年才达到中上等收入国家平均水平，正在由大众消费向品质消费过渡，因此这部分群体对中国消费市场的结构升级起着重要作用。从表 3-1 可知，中国人口结构中等收入群体结构渐趋合理，如 15~64 岁劳动人口和城乡人口占比逐年增长，少儿抚养占比从 1982 年的 54.62%下降为 2016 年的 22.9%。

表 3-1　中国人口结构

单位:%

年份	总人口（万人）	15~64 岁人口占比	少儿抚养占比	老年抚养占比	城乡人口占比
1982	101654	61.50	54.62	7.98	26.79
1987	109300	65.86	43.55	8.29	33.90
1990	114333	66.74	41.49	8.35	35.89
1991	115823	66.30	41.79	9.03	36.87
1992	117171	66.24	41.67	9.30	37.85
1993	118517	66.70	40.70	9.22	38.87
1994	119850	66.64	40.52	9.54	39.88
1995	121121	67.20	39.58	9.23	40.92
1996	122389	67.20	39.27	9.54	43.84
1997	123626	67.50	38.46	9.69	46.86
1998	124761	67.60	38.02	9.91	50.04
1999	125786	67.70	37.52	10.20	53.33
2000	126743	70.10	32.64	9.92	56.79
2001	127627	70.40	31.96	10.09	60.41
2002	128453	70.30	31.86	10.38	64.18
2003	129227	70.40	31.39	10.65	68.15
2004	129988	70.90	30.32	10.69	71.70
2005	130756	72.00	28.14	10.67	75.41
2006	131448	72.30	27.31	10.96	79.67
2007	132129	72.50	26.78	11.10	84.81
2008	132802	72.70	26.03	11.33	88.64
2009	133450	73.00	25.30	11.60	93.58
2010	134091	74.50	22.30	11.90	99.80
2011	134735	74.40	22.10	12.25	105.21
2012	135404	74.10	22.20	12.66	110.84
2013	136072	73.90	22.20	13.08	116.12
2014	136782	73.40	22.45	13.69	121.09
2015	137462	73.01	22.63	14.33	127.79
2016	138271	72.50	22.90	15.00	134.47

资料来源:《中国统计年鉴》。

第二节　消费品出口

一、世界消费品出口

根据 BEC 标准分类：112 主要用于家庭消费的初级食品和饮料，122 主要用于家庭消费的加工食品和饮料，522 主要用于消费的非工业用其他交通设备和零部件，61 耐用消费品，62 半耐用消费品，63 非耐用消费品。将世界出口货物按 BEC 分类与 HS96 匹配后，按出口国收入水平分为高收入出口国、中等收入出口国和低收入出口国，统计 1996~2016 年这些不同收入水平国家出口到不同收入水平的目的国分布。

统计发现，除高收入国家出口到高收入国家比较稳定以外，其他两组收入水平的国家都有"攀高"趋势，即中等收入国家的出口中，出口到高收入国家的份额最高，低收入国家的出口中，出口到中等收入国家的份额最高（见图 3-11）。各组都是出口到低收入国家的份额最少，无论是高收入国家、中等收入国家还是低收入国家之间都一样。由于本书研究中国情况属于中等收入水平国家，将中等收入国家所有的消费品分类统计后发现：中等收入国家的耐用消费品（61）出口到高收入国家占比最高，比其他各组收入水平出口到各组目的国的份额都高。根据经典林德尔理论，中等收入水平的国家并不具有出口到高收入国家的比较优势，是否具有特定的竞争优势？是中等收入国家本身的特点造成的还是消费品产品质量阶梯特点的原因？抑或由本国消费水平引致创新而导致了本地市场逆转？这符合"部门林德尔效应"（Hallak，2006），但他们的研究强调高收入国家的进口需求，本书的目的在于尝试找出本国需求的作用。也就是说，中等收入国家不出口（进口）到其他相同收入水平目的国（来源国）的原因是否可以从本国需求中找到答案。[①]

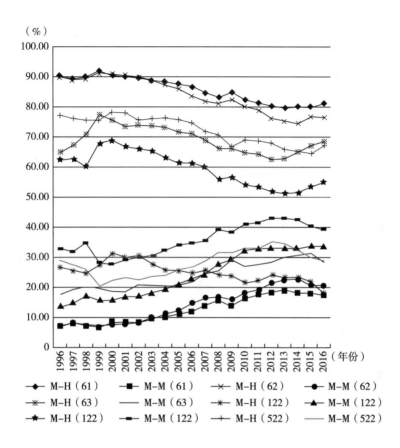

图3-11　世界中等收入国家消费品出口到不同收入水平目的国占比

Amiti 和 Freund（2016）研究显示，发展中国家不仅在劳动密集型部门具有竞争力，而且在资本密集型部门也越发有竞争力。对中国耐用消费品出口目的地统计发现，中国出口到高收入地区占比最高，但是相比中等收入国家，中国出口

[①]　小国出口到高收入国家和中等收入国家波动都很大，但超出本书的研究重点，未列出。三类不同收入国家出口到低收入国家因其份额过小几乎不超过1%，亦省略。事实上，Arnon 和 Weinblatt（1998）已经对低收入国家的收入相似效应做了具体的研究，低收入国家和低收入国家之间可能因相同质量工业化产品相互出口而存在本地市场效应，此省略叙述。

到高收入国家或地区的比重还是偏低的，2010 年以后有所上升，至 2016 年末达到 40%。而对中等收入国家出口自 2010 年开始下降，2016 年降到 10%以下。

在所有六大类消费品出口中（见附表 4），中国与中等收入国家相比，平均而言劳动密集型和低技术密集型产品如 112、122、62、63 出口到高收入国家份额高于中等收入国家平均水平，开放市场中更具有竞争力。特别是 112，大大高出中等收入国家，这看上去符合 Hallak（2006）的结论：出口国总是将它们的高价格产品大量地出口到高收入国家。但是，资本密集型和技术密集型产品出口份额低于中等收入国家平均线。如何提高中国这两类产品出口到高收入国家的份额是值得研究的主题。而本书的研究信心在于，2008 年以来，中国耐用消费品对高收入国家出口呈稳步上升趋势，是否意味着中国耐用消费品质量是提高了还是技术升级了？而对中等收入国家下降是否又意味着是技术下降了还是另有缘由？中国要持续且稳定地提高消费品出口到高收入国家的具体驱动因素什么？都是本书需要讨论的。①

二、中国消费品出口

1995 年以来，中国出口产品中消费品占比都高于资本品和中间品。均值为 55.62%。中间品出口占总出口的 31.17%，资本品最少，仅为 10.26%。可见，消费品出口中存在的问题研究应是中国学术界的研究重点。

（一）规模上过度入超

消费作为保持经济增长第一拉动力也是"供给侧"改革的重要牵引力，从消费需求看，随着收入水平提升和"世界扁平化"，当一国商品生产无法满足本地市场需求时，持币待购的消费需求将跨国跨地域选择消费，通过国际贸易拓展本地已饱和的需求边界（周密和刘秉镰，2017）。至 2016 年，越来越多的中国消费者选择进口消费品，中国从美国、日本、韩国进口都大于出口（见图 3-12）。

---

① 质量和收入水平的关系在 Bilkey 和 Nes（1982）、Verlegh 和 Steenkamp（1999）的研究中能找到营销学的证据：当质量信息不完全时，消费者把原产国家的发展水平作为产品质量的内在线索。

中国消费品出口至美国、日本和韩国发生两次震荡正好与金融危机吻合，此间美国实施再工业化，中国消费品出口受来自美国等外部需求的冲击较大。无论是中日还是中韩消费品出口增速都低于进口，中韩进口、中日进口在 2012 年以后迅速回升，证实了中国消费者对国外消费品的青睐。尽管中韩消费品出口贸易在20 世纪末受亚洲金融危机的重创，中国进口消费品并没有大幅下降，从美国进口消费品在 2009 年甚至有小幅上涨。虽然美国是中国最大的消费品贸易伙伴国，但中国消费品出口相对美国处于竞争劣势，贸易条件改善甚微。

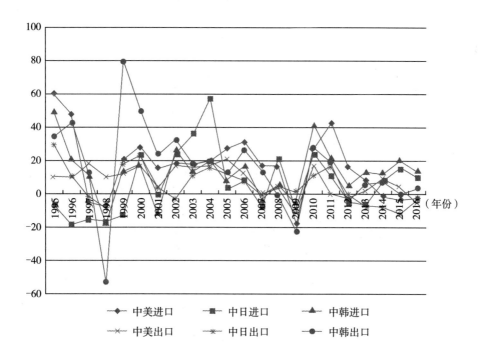

图 3-12 1995~2016 年中国与美国、日本和韩国消费品贸易增长率统计

资料来源：BACI 数据库。

（二）结构上高端需求外流

从跨境要素流动的境外消费亦可管窥中国消费品供给之殇，中国出境游规模相当于入境游的两倍。到 2016 年，中国居民 77% 的奢侈品消费发生在国外，境外奢侈品消费是境内的 3 倍之多。在收入差距较大时，高端"消费饱和"而失去本地消费冲动。当本地市场的消费品不能满足上层阶层之需时，海外旅游与海外购物（包括网络邮购）成为这一阶层的选择偏好，如果国内供给不足，他们就在国外市场释放满足感，形成"高端消费外流"。这种将内需转化为外需的行为对全球市场的刺激很明显，但对本地市场则带来负面影响。

（三）新产品少与质量偏低共存

从中国消费品出口增长动态看，自 2009 年进出口均跌为负增长，创历史新低，甚至低于 1997 年。从出口市场看，中国消费品出口到高收入国家受金融危机冲击较大，2009 年各类消费品（除用于家庭消费的初级食品和饮料 112 外）出口到发达国家都下降了 8% 以上，此后小有增幅，2016 年耐用消费品（61）、半耐用消费品和非耐用消费品（62、63）出口到高收入国家分别下降 6.24%、7.19%、7.13%。截至 2016 年，消费品出口增长为 -6.82%，进口增长为 13.83%。从增长的二元边际看（见附表 3），1996~2016 年，各类消费品出口增长基本由集约边际贡献，最高的非耐用消费品（63）扩展边际也仅贡献了出口增长的 3.11%，亦即新产品进入国际市场少。既然中国消费品有 100 多种产品产量居世界首位，家电、纺织服装和鞋类产品甚至占世界产能的 50% 以上，那么以质量和创新为核心的出口综合竞争优势并不强。而表 3-2 旧产品淘汰率最高的是耐用消费品类（61），也就是说，中国耐用消费平均而言创新率不及非耐用消费品类（63）。因此，以下研究会集中在耐用消费品类（61）。

表 3-2　1996~2016 年各类消费品出口增长二元边际占总边际的份额

单位:%

产品代码	进入占比	退出占比（淘汰）	净扩展占比（新产品）	集约占比
112	0.92	0.04	0.88	99.12
122	1.70	0.09	1.61	98.39
522	1.40	0.09	1.31	98.69
61	1.51	0.27	1.24	98.76

续表

产品代码	进入占比	退出占比（淘汰）	净扩展占比（新产品）	集约占比
62	1.48	0.08	1.40	98.60
63	3.11	0.01	3.09	96.91

在产业组织过程中，即使产品多样化后仍要考虑这些新产品的质量提升以延长产品的生命周期。从消费品出口质量分析，中国消费品出口相对质量低于美国，除了主要用于家庭消费的加工食品和饮料（122）出口与美国基本持平或略高于美国外。[①] 1994~2016 年，主要用于家庭消费的初级食品和饮料（112）相对质量均值低于美国44.8%，同期美国非耐用消费品出口质量是中国的 7.8 倍，美国耐用消费品出口质量是中国的 12 倍多，而美国半耐用消费品出口质量是中国的 25.8 倍；同期美国非工业用运输设备（汽车）及其零配件（522）出口质量是中国的 74 倍多，为剔除极端值的影响，采用中位数调整后，美国此类消费品出口质量仍然是中国的 54 倍，居六大类差距之首。由于加工食品和饮料（122）具有劳动和土地要素密集特征，使中国这类"大众消费品"出口具有比较优势，而其他五类消费品出口亟待"品质革命"。

（四）消费供给质量和创新效率有待提高

如果以技术市场成交额与经费支出比来衡量创新投入效率，中国该比率自2010 年的 0.55 上升至 2016 年的 0.73，创新效率大幅提高。创新活动中，2016年全国 30798 家高技术制造业企业主营业务收入高达 153796 亿元，比 2000 年增长了 14 倍有余，其中出口交货值占34%。但是规模以上工业企业创新经费支出占主营业务收入较低，2016 年仅为 0.94%，不及国家创新投入的一半。新产品出口收入占新产品销售收入的比重逐年递减。按创新主体分，相对于港澳台企业，外商投资企业和内地企业的新产品销售收入减少，其中出口收入占比更低。

---

① 此处采用相对质量，即出口总额除以数量后得出单价与世界平均单价的比值。下文在计算出口质量时改进了这种简化的方法。

这可能意味着中国的自主创新还没有形成质量的推动力，"需求拉动"创新潜力还有待挖掘。中国经济高速发展过程中收入分配不平衡问题日趋突出。一些研究认为，收入不平等程度的扩大有利于新产品的创新（Foellmi 和 Zweimuller，2006）和产品质量的提升（Tselios，2011），因为高收入的人群才对高质量的产品有需求。但是，这与中国的现实相悖，收入差距的拉大并没有促进本地产品质量提高。中国高收入人群对高质量产品的需求大多都是通过国外市场来满足的，并没有有效带动本地制造业产品质量与层次的提升。

第三节　耐用消费品出口质量

一、世界主要国家耐用消费品出口质量

与 Hummels 等（2005）和 Hallak（2006）的研究一样，本书以单价作为质量。因为根据学者的研究，即使将单价和质量调整价格分开，单位价值仍有意义，但作为质量的代理变量仍然有用（Khandelwal，2009；Feenstra 和 Romalis，2014）。Harding 和 Javorcik（2012）在研究关于吸引 FDI 为发展中国家提升潜在出口质量的证据时，将出口单价与投资促进局处理过的部门数据相结合，分析105 个国家的数据发现，FDI 对出口质量（以单价测度）有正向效应；Dingel（2016）在研究预期需求变化与质量的关系时同样采用单位价值。Brambilla 和 Porto（2016）建立目的国收入水平和出口国平均工资的关联，质量同样以单价测度。因此，本书中所有出口质量变量（包括后续各章）均为标准化处理过的单价测度，具体处理方法如下：

出口数据来源于 BACI 数据库，该库有包括产品分类、产品名称、出口国、进口国、数量和单价在内的 19 项数据。时间跨度为 1996~2016 年，为了保证计

算单价的数据可靠性，删除 BEC 分类下 61 大类的出口数据中 QtyUnit 项下的 "N. Q." "Area SM" "Item" "Meter" 四种单位，采用以 "kg" 统计的记录 [见图 3-13（a）]，再删除真实零贸易，总计 191 个国家，187084 条有效记录 [见图 3-13（a）]。考虑到耐用消费品的计量单位选择困难，同时将 PERITEM 的单价计算用于对比，但是以 "件" 为计量单位时，波动太大，尤其是低收入水平国家 [见图 3-13（c）]；由于零贸易更多，删除后观察值比 kg 为单位的少。但是两种计量单位的统计存在共同之处：只有高收入水平国家的出口单价（例如质量）高于世界水平，其他类收入水平都低于世界平均水平。

世界耐用消费品出口质量如图 3-13 所示。为了将两种不同计量单位纳入分析，将两种单位分别以世界均值为基准进行标准化处理。在标准化之前对数据清

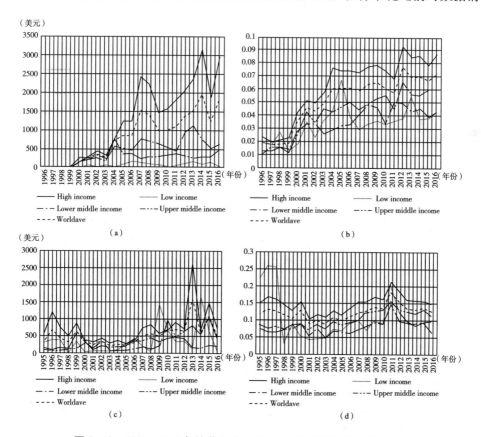

图 3-13　1996~2016 年按收入水平分组世界耐用消费品出口质量

理，剔除负值、零值。再进行 5%~95% 剔除极大值和极小值（缩尾）。本书分别对两种计量单位采用归一法将产品质量标准化处理〔见图 3-13（b）和图 3-13（d）〕。无论是否标准化，两种计量单位高收入国家耐用消费品出口质量最高，Hallak 和 Schott（2011）、Feenstra 和 Romalis（2014）发现高收入国家倾向于消费高质量的产品是从进口需求的角度来研究的，本书关注是否因为高收入国家消费高质量产品也出口高质量产品，但有待于进一步检验。

二、不同收入水平国家耐用消费品出口质量

从图 3-14 看，在世界耐用消费品出口中，高收入国家出口到高收入国家、高

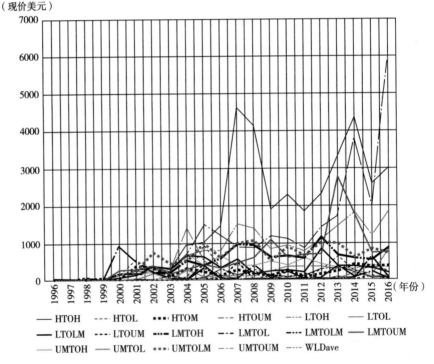

图 3-14　1996~2016 年世界不同收入水平国家耐用消费品出口质量统计①

---

① HTOH、HTOL、HTOLM、HTOUM、WLDave 分别表示耐用消费品高收入国家出口到高收入国家、高收入国家出口到低收入国家、高收入国家出口到中低收入国家、高收入国家出口到中高收入国家及世界均值。

收入国家出口到中高收入国家的平均质量高于世界平均值。其他各收入组出口质量都低于世界平均质量。如果净世界均值看作质量阶梯前沿，那么离世界收入阶梯最近的有 HTOH、LMTOUM、LMTOH 这几类。

从世界高收入消费品出口质量边际增长率来看（见附表3），不同国家质量水平和总额的上升幅度都不相同，这说明同为高收入国家，国家特征可能也是进口不同增长幅度不同的原因之一。高收入国家之间出口质量最高，但波动也最大，最小值比出口到中等收入国家和低收入国家都小。自2013年出口到中等收入国家的质量逐渐上升，由于高收入国家间变化与此相反，可以初步认为高收入国家的质量向中等收入国家转向。无论出口到哪类收入水平目的国，低收入国家确实出口质量最低。而中等收入国家出口到中等收入国家的质量高于另外两类，出口到高收入国家质量低于平均水平，但是出口到高收入国家质量比较稳定。

作为中等收入水平国家的中国，虽然出口质量比较稳定，但质量与中等收入国家平均水平不匹配，差距较大。耐用消费品平均质量低于中等收入国家平均质量，且出口到高收入国家和中等收入国家的质量略高于均值。结合上文出口份额分析，发现中国耐用消费品出口赢在"量"而非"质"上。这与经典本地市场效应理论不符，亦即高收入国家出口高质量产品，但相比中等收入国家，中国出口到高收入国家的质量并不高。

三、中国耐用消费品出口质量

（一）质量边际总体特征

具体考察一下中国耐用消费品的增长情况，选取上述分析中的耐用消费品考察出口的质量边际。2007~2016年，中国耐用消费品出口质量增长的居多，在有效的201个目的国中，有63个国家表现为出口质量下降，出口到其他目的国的质量上升。将中国耐用消费品到高收入水平国家增长集约边际分解为质量边际和数量边际后发现：中国耐用消费品出口增长质量边际集中在高收入水平目的国上，且中国耐用消费品出口到不同收入群体的质量边际差异性特别明显，出口到高收入国家平均质量增长了145.58%，中国耐用消费品出口具有明显的"富国效应"（余淼杰等，2019）。但出口到低收入、中等收入水平的平均质量均下降了47%，分别按年度考察发现，2010~2016年质量边际下降最多也最明显（见表3-3）。

表3-3　1995~2016年中国耐用消费品出口到不同收入水平国家边际增长率

单位:%

目的国	总边际	数量边际	质量边际
高收入国家	79.12519	71.82785	145.5833
低收入国家	0.843139	1.341128	-46.2981
中低收入国家	8.180389	11.75524	-47.4634
其他	0.88575	0.657056	81.57128
中高收入国家	10.96553	14.41873	-47.4724

（二）细分产品特征

为了进一步分清上述异常现象，本书将耐用消费品BEC标准与HS2标准匹配，分别选取不同收入水平代表性国家再分解后有如下发现（由于代码匹配量大，此处选取2007年/2016年作为计算的基期和现期）（见附表6）：一是中国在基年出口到世界市场的高质量产品除了少数几个国家如新加坡以外，几乎全部是非高收入国家，也就是说，本书初步的数据发现发展中国家的高质量产品并不是出口到高收入国家，但出口到高收入国家的占比却又最高，如前所述中国出口都是以量取胜。二是从基期到现期计算的质量下降最严重的30国也全部是非高收入国家。如果用价格贸易条件表示，这意味着中国出口到同等收入水平国家的贸易条件是恶化的。单从组内看，2017年高低质量离差非常大，差距高达720倍，2016年组间差距更是高达1550倍。如果高收入国家进口高质量产品，那么中国耐用消费品出口的高质量产品和质量增长最高的产品都不是源自高收入国家。但是出口高质量产品在现期有更多高收入国家。意味着受2008~2009年金融危机的影响，发达国家消费品需求更具有"口红效应"特征，而它们发现从中等收入国家进口高质量产品更"合意",从而增加了从中等或中上等收入国家的进口。

（三）中国耐用消费品出口质量的相对水平

按世界银行的收入等级划分,中国为中高收入国家。但当我们把中国耐用消费品质量按目的国的收入水平统计后发现,中国耐用消费品出口质量非常稳定。相比中高收入水平报告国的平均水平,中国出口到各层级收入水平目的国的质量都低很多,这显然与相似需求理论不符。换句话说,中国耐用消费品出口到同等收入水平或者高收入水平国家是靠数量拉动,而不是靠质量。可见中国"质量革命"迫在眉睫,特别是耐用消费品。

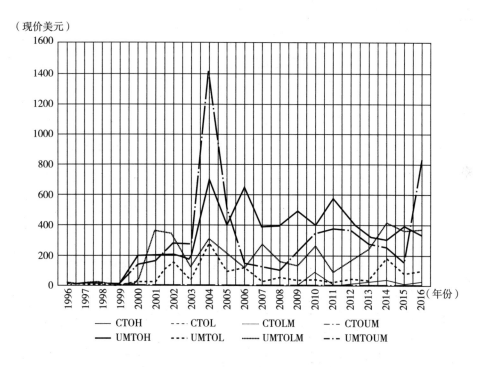

图 3-15 中国与中上等收入水平耐用消费品（61）出口平均质量对比①

---

① CTOH 代表中国向高收入水平国家耐用消费品出口平均质量,UMTOH 代表中高收入国家向高收入国家耐用消费品出口的平均质量。

第四节　本地市场需求与耐用消费品出口质量的相关性

一、本地市场需求趋势和潜力

(一) 本地市场需求对经济的贡献越发重要

2017 年中国最终消费率占 GDP 的比率为 58.80%。按支出法统计的最终消费部分，居民消费贡献一直处于稳定的绝对多数，1978~2017 年 40 年间，居民消费只是小幅波动，2017 年占最终消费的比重为 73%，其中城镇居民消费占比高达 78.5%，因此本书所指的本地消费，在统计上未包括政府支出部分，指的是居民消费，以城镇居民消费为代表。从需求潜力看，消费拉动经济的贡献不断上升。自 2014 年超过资本形成以来，稳步增长，消费需求的贡献潜力巨大（见表 3-4）。

表 3-4　中国改革开放以来各类需求增长和对 GDP 总值增长的贡献

单位:%

年份	最终消费贡献率	拉动增长	资本形成贡献率	拉动增长	货物和服务净出口贡献率	拉动增长
1978	38.32	4.47	67.01	7.82	−5.30	−0.63
1980	77.34	6.06	20.88	1.64	1.80	0.13
1985	71.09	9.55	79.83	10.72	−50.90	−6.77
1990	91.65	3.59	−74.61	−2.92	82.90	3.22
1995	46.20	5.06	46.60	5.10	7.20	0.75
2000	78.10	6.63	22.40	1.90	−0.50	−0.01
2001	49.00	4.08	64.00	5.33	−13.00	−1.06

续表

年份	最终消费贡献率	拉动增长	资本形成贡献率	拉动增长	货物和服务净出口贡献率	拉动增长
2002	55.60	5.08	39.80	3.64	4.60	0.43
2003	35.40	3.55	70.00	7.03	−5.40	−0.56
2004	42.60	4.31	61.60	6.23	−4.20	−0.39
2005	54.40	6.20	33.10	3.77	12.50	1.39
2006	42.00	5.34	42.90	5.46	15.10	1.92
2007	45.30	6.45	44.10	6.28	10.60	1.53
2008	44.20	4.27	53.20	5.13	2.60	0.25
2009	56.10	5.27	86.50	8.13	−42.60	−4.00
2010	44.90	4.78	66.30	7.05	−11.20	−1.26
2011	61.90	5.90	46.20	4.41	−8.10	−0.76
2012	54.90	4.31	43.40	3.41	1.70	0.16
2013	47.00	3.65	55.30	4.29	−2.30	−0.14
2014	48.80	3.56	46.90	3.42	4.30	0.29
2015	59.70	4.10	41.60	2.90	−1.30	−0.10
2016	66.50	4.50	43.10	2.90	−9.60	−0.70
2017	58.80	4.10	32.10	2.20	9.10	0.60

（二）贫困人口减少，农村消费预期越来越高

即使 2010 年将标准提高到 2300 元，中国的贫困发生率逐年下降，从 2010 年的 17.2% 下降到 2018 年的 1.7%。仅精准扶贫以来已减少近 9000 万贫困人口。全年贫困地区农村居民人均可支配收入 10371 元，比上年增长 10.6%，扣除价格因素后实际增长 8.3%。这部分人口脱贫后随即会向中等收入迈进，进一步扩大中国的中等收入群体。城乡消费率结构如图 3-16 所示。

（三）本地市场收入结构渐趋合理

表 3-5 可以很直观地看到中国国内收入群体变化趋势，相比最高收入 10% 和最高收入 20% 的群体的总体下降，中等收入规模总体呈上升趋势，可以理解为大众市场和耐用消费品市场消费潜力。

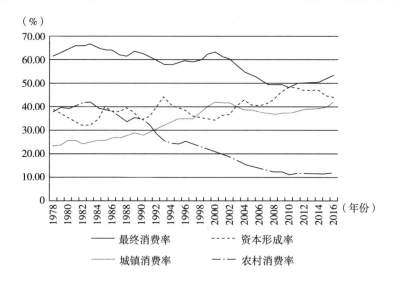

图3-16 城乡消费率结构

表3-5 中国本地收入群体结构的变化

单位:%

年份	mid80	mid60	high10	high20
2008	1.538462	0.652174	−0.3125	0.833333
2009	0	−2.80778	0.31348	−0.82645
2010	−0.90909	2	1.875	2.083333
2011	1.070336	1.30719	−2.45399	−1.83673
2012	0.453858	0.645161	−0.9434	−0.6237
2013	1.204819	1.495726	−3.80952	−3.13808
2014	0.892857	0.842105	−1.9802	−1.07991
2015	0.294985	0.626305	−1.0101	−0.87336
2016	−0.44118	−0.41494	1.360544	0.954479

二、本地市场需求规模与耐用消费品出口质量的相关关系

无论是以哪种出口单位且标准化过的出口质量都受一国本地市场需求规模的

影响（见图 3-17）。其中，图 3-17 中（a1）、（a2）、（a3）和（a4）的纵轴是以 kg 为单位的质量，而图 3-17 中（b1）、（b2）、（b3）和（b4）的纵轴是以 ITEM 为单位的质量。除了采用不变价，两个变量都经过必要的数据预处理，包括插值 法补齐了缺失值和世界全样本标准化等。无论哪种单位计算的出口质量都受到家 庭最终消费、调整后的 GDP、总人口数以及人均家庭最终消费额都有显著的相关 关系。其中与家庭最终消费、调整后的 GDP 和总人口数负相关。与人均家庭最 终消费额正相关，这与 Schott（2004）、Hummels 和 Klenow（2005）及 Hallak 和 Schott（2011）的研究结论相符：更富裕的国家出口较高单位价值的产品。 Fajgelbaum 等（2011）也认为，在人均收入和出口质量之间存在一种正向关 联。此处的相关关系意味着一国耐用消费品出口质量随人均家庭最终消费上升 而上升。

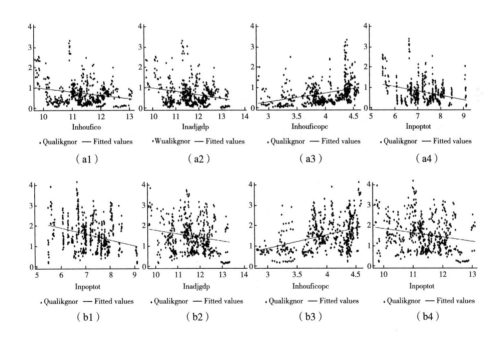

图 3-17　本地市场需求规模与耐用消费品出口质量的相关关系

三、本地市场需求结构与耐用消费品出口质量的相关关系

如前文所述，一国内部收入结构不同，出口质量也不同。为了验证其是否具有相关关系，将标准化过的耐用消费品出口质量与中等收入水平、最高 10% 占比、最低 10% 占比分别做相关分析。由图 3-18 可知，本地市场需求结构中基尼系数、最高收入 10% 占比、最高收入群体 20% 收入占比都与出口质量有负向关联。在未控制其他条件的情况下，收入分配越不平等程度越高，耐用消费品出口质量越低〔见图 3-18 中（a1）、（a2）和（a3）〕。中等收入水平无论是以中等收入水平群体 60% 占比还是城市人口占比都与耐用消费品出口质量正相关〔见图 3-18 中（b1）、（b2）和（b3）〕。要提高出口产品质量，大力培育国内中等收入水平是明智之举。一个国家中等收入水平群体占比越高，收入结构越合理、所得福利越多。

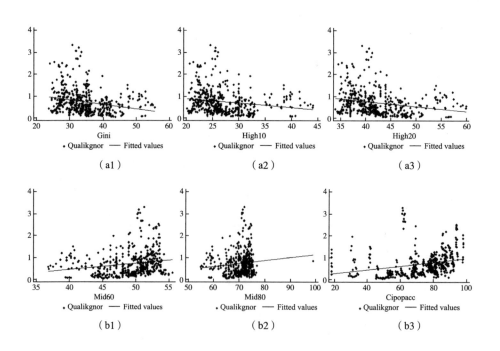

图 3-18 本地市场需求结构与耐用消费品出口质量的相关关系

本章小结

本章主要分析本地市场需求和耐用消费品出口质量的现状和特征性事实。首先从世界市场需求和中国本地市场需求分析市场需求规模和需求结构；其次分析了耐用消费品出口质量，分别测算了按不同收入水平分组的国家耐用消费品出口质量；最后初步估计了本地市场需求与耐用消费品出口的相关性。结果显示，相比高收入国家，中低收入国家本地市场需求普遍偏低；中等收入国家平均家庭最终消费支出最高；将消费规模分解为人均消费需求和人口后统计发现，高收入国家支出仍然最高，但人口最低，中等收入水平国家人口却最高；与世界主要国家相比，中国人均 GDP 最低，2018 年才达到世界平均水平；在世界耐用消费品出口质量中，高收入国家总体出口质量最高；将出口国与出口目的国按收入水平分类统计后发现：高收入国家耐用消费品出口到高收入国家和中高收入国家的质量都高于世界平均水平，标准化处理后只是平滑了波动幅度，并未改变这些质量的变化趋势。从本地市场需求和耐用消费品出口质量的相关关系看，无论以哪种计量单位测算，需求规模中家庭最终消费支出都与耐用消费品出口质量正相关；与调整后的 GDP 和总人口数负相关，与人均家庭最终消费额正相关。本地市场需求结构中基尼系数、最高收入 10% 占比、最高收入 20% 占比都与出口质量有负向关联。在未控制其他条件的情况下，收入分配越不平等程度越高，耐用消费品出口质量越低。中等收入水平无论是以中等收入 60% 占比、80% 占比还是城市人口占比都与耐用消费品出口质量正相关。也就是说，收入分配不平等代理变量都与出口质量负相关，而代表收入分配更平等的变量与耐用消费品出口质量正相关。韩会朝和徐康宁（2014）检验中国制造品出口"质量门槛"假说时发现，目的国需求规模对中国出口质量具有"门槛效应"，本书相关性分析没有发现中国本地市场规模对耐用消费品的类似效应。中国本地市场需求规模和需求结构都与耐用消费品出口质量存在一定的相关关系。但此相关性的变化方向因所取的变量不同而异。

由此可见,中国需大力培育国内中等收入群体,同时进一步改善需求结构。因为,巨大的本地市场规模可以诱致企业技术创新。随着中国本地市场需求升级进入新阶段,呈现个性化、高端化特征,本地市场需求结构不断升级,为产品质量升级提供了本地市场需求基础和保障。

第四章 本地市场需求规模影响耐用消费品出口质量的实证

第一节 模型设定、变量选取与数据处理

一、模型设定

根据前述理论命题，假设定面板数据回归模型的一般形式为：

$$y_{it} = \beta_0 + \sum_{k=1}^{K} \beta_{kit} x_{kit} + u_{it}, \quad u_{it} = \lambda_i + \gamma_t + \varepsilon_{it} \tag{4-1}$$

其中，$i=1, 2, \cdots, N$ 表示 N 个个体；$t=1, 2, \cdots, T$ 表示 T 个时期；y_{it} 是因变量，表示第 i 个个体在 t 时期的观测值，在此表示一国在观察时期耐用消费品出口质量；x_{kit} 为自变量，表示第 k 个自变量对于个体 i 在时期 t 的观测值。在此是所有影响一国耐用消费品出口质量的本地市场因素，此处核心变量为收入水平（规模），β_{kit} 是待估计参数。u_{it} 是随机干扰项；λ_i 称为个体效应，反映个体不随时间变化的差异性，如距离；γ_t 称为时间个体效应，反映不随个体变化的

时间上的差异性，如危机冲击。

二、变量选取

（一）被解释变量：出口质量

Hallak（2006）研究 HS10 位标准代码水平的单位价值，再标准化为两位标准代码水平的行业质量指数，测度出口到美国的产品质量。Khandelwal（2009）则采用了市场份额法，同时利用单位价值和数量信息来推断质量，认为在一定的价格条件下，较高的进口市场份额意味着更高的质量。但当存在多个出口目的国的时候，上述方法也存在一定的局限性。而 Hallak 和 Schott（2011）则依靠贸易平衡来确定质量，他们将一个国家的出口价格分解为质量和质量调整价格，认为在一定的价格条件下，贸易顺差的国家提供的产品质量要高于贸易逆差的国家。Feenstra 和 Romalis（2014）、Khandelwal 等（2013）、Hallak 和 Schott（2011）在基于需求方面来识别产品质量的基础上，建立企业内生质量 β_{kit} 模型，同时从需求和供给两个方面，建立了质量与距离的关系，以出口的 FOB 价格和 CIF 价格为基础来识别产品质量。Schott（2004）、Hummels 和 Klenow（2005）研究出口到美国的跨国出口单价差异。以上都说明一个国际贸易专业化的重要模式：高收入国家生产和出口质量更高的产品。即使将单价和质量调整价格分开，单位价格仍然有意义，作为质量的代理变量仍然有用，如 Dingel（2016）发现预期需求变化与单位价值相关，高收入消费者对价格变化不敏感，高收入者更会支付更高的价格（Simonovska，2010）。综合参考以上文献，本书仍以单位价值代理产品质量，但经过了标准化处理及上一章所述的计量单位筛选，下同。

（二）关键解释变量：需求规模

市场规模则直接影响企业产品质量（牛勇平和肖红，2018）。Schott（2004）采用人均 GDP 作为需求规模。Krishna 和 Maloney（2011）发现人均 GDP 变化和出口到美国的产品单位价值变化具有统计意义的显著性。Hummels 和 Klenow（2005）研究出口到美国的单位产品价值的跨国差异发现，出口产品的单位价值与人均国民收入正相关。余淼杰（2018）也采用调整后的人均 GNI 作为本地市场规模。Flam 和 Helpman（1987）研究消费和具有垂直差异化的南北贸易模式，其中家庭收入反映了产品质量选择。Schott（2004）企业出口高质量产品到高收入国家，因此有人将高人均 GDP 的目的国作为出口高质量产品的代理变量，生产高质量产品通常要求高质量投入。李怀建和沈坤荣（2015）使用 58 个国家1996~2009 年的面板数据进行检验，发现对于人均收入水平不同的国家，出口质量的影响因素也呈现差异化的特征。因本书的研究对象是消费品出口质量，选择家庭最终消费支出作为替代变量进行稳健性检验。

（三）其他控制变量

为了控制除消费需求以外的影响，纳入进口变量，以控制进口国需求特征（钟腾龙，2020），可能用正向（负向）外部需求提升（降低）出口产品质量。外部需求变动在短期内会改变企业面临的市场规模，以正向外部需求冲击为例进行分析，在短期内不存在企业进入和退出的情形下，企业面临的出口目的地的市场规模增大，预期收益增大，从而会增加投资并提升企业出口产品质量；进口不仅增加国内生产厂商的竞争压力，而且造成国外供应商之间的竞争，迫使生产者提高出口产品质量（Fernandes 和 Paunov，2009，2013）。根据要素禀赋/生产效率表明，高收入国家具有更强的质量偏好（Hallak，2006；Fajgelbaum 等，2011），因而出口到生产率更高且更加富裕的国家要求企业具备更高的生产效率和产品质量（Castellani 等，2010）（见表4-1）。

表4-1　变量选取和来源

变量名称	变量选择	经济含义	期望符号
被解释变量	出口质量	耐用消费品出口质量，将不同的计量单位分别统计（qualikg）	
关键解释变量	生产总值	经购买力调整的国 GDP（gdp）	+
	消费支出	家庭最终消费支出（houfico）	+
	国民收入	经购买力平价调整的国民收入（gni）	+

续表

变量名称	变量选择	经济含义	期望符号
其他观察变量	总人口	各国每年人口总数（poptot）	+/-*[①]
供给控制变量出口规模	要素禀赋	各国资本劳动比（klratio）	+
	进口竞争	与质量计量单位相同的耐用消费品进口总额（imkg）	-
	出口占比	耐用消费品出口占货物出口的比重（experc）	+/-

三、数据来源及处理

跟国际贸易相关的数据来源于 COMTRADE 的 BACI 数据库，这个数据库的优越性体现在：既包括各种国际贸易产品国际分类标准的数据，也包括分类标准、进出口国家、年份、产品名称、国家收入水平、产品计量单位、产品贸易数量及贸易总额。其他国家层面的数据来源于 WORLD BANK 的世界发展指数，这些指数不仅全面、连续而且更新比较快。本章中所有除了贸易数据外全部来源于此。所有数据均取对数。国家层面的需求数据均采用经过购买力平价处理后的数据，这样更具有可比性[②]。

四、描述性统计

从变量描述性统计表可知（见表 4-2），各变量的标准差较小，不需要进行离群值处理。总样本观察值达 480，可认为符合大样本要求，时间跨度为 10 年，计 48 个国家，以短面板数据进行回归检验。

---

① 前一章的相关性分析显示，低收入国分组回归结果可能为负。

② 鉴于数据的可获得性，选取了 48 个样本国，其中高收入国家有 AUS、AUT、BEL、CAN、CHL、DEU、DNK、ESP、EST、FIN、FRA、GBR、GRC、HUN、IRL、ISL、ISR、ITA、JPN、KOR、LTU、LUX、LVA、MLT、NLD、NOR、PAN、POL、PRT、SAU、SVK、SVN、SWE、USA；中等收入国家有 HN、COL、IDN、IND、JOR、LKA、MEX、MUS、MYS、PHL、RUS、TUR、UKR、VNM。

表 4-2 变量描述性统计

变量	均值	标准差	最小值	最大值	观察值
lnquali	5.1217	1.5966	1.2030	9.6372	480
lngdp	11.6345	0.3671	9.7205	9.1395	480
lnhoufico	11.3651	0.7424	9.7205	13.1055	480
lnpoptot	7.2609	0.8080	5.4936	9.1395	480
lnimkg	14.8316	1.5057	11.4708	18.6729	480
lngnippp	4.3892	0.2895	3.5478	4.8615	480
lnklratio	9.0565	0.9947	6.3341	10.8465	480
experc	1.4724	1.0797	0.0452	4.4286	480

第二节 实证分析

一、混合效应

为了明确本地市场需求变量的作用，我们采用三个关键因变量：经购买力平价调整后的 GDP、家庭最终消费支出和经购买力平价调整的国民收入，选择最优变量以进行下一步回归。在三个关键自变量中，除调整后 GDP 对质量的相反方向的影响外，最终家庭消费支出和经购买力平价调整的人均国民收入都正向影响出口质量提升，但作用各异，最终家庭消费支出具有明显的乘数效应，而人均国民收入的影响甚微。在其他情况相同时，结合前一章相关分析，人口变量对出口质量呈相反方向变化，符合经济学意义，因为人口众多的国家往往是国内需求规模较小的国家（无论是绝对规模还是相对规模）；其进口都呈负向影响，因为进口部分替代了本地市场需求，也就是说进口因为有替代效应而呈反向变化，进口对产品质量提升的溢出效应很小。综合分析，无论是模型整体拟合还是变量的经济和计量意义，家庭最终消费变量都最优（见表4-3）。

表4-3　混合回归结果统计

lnqualikg	（1）	（2）	（3）
lngdp	−1.1871** (0.5022)		
lnhoufico		3.0044*** (0.7812)	
lngnippp			0.0076 (0.8256)
lnpoptot	1.2285** (0.5363)	−2.3022*** (0.6546)	0.0730 (0.2413)
lnklratio	1.0601*** (0.2292)	0.3772** (0.1871)	0.6938*** (0.2358)
lnimkg	−0.1419*** (0.1214)	−0.4921*** (0.1477)	−0.1611 (0.1318)
experc	−0.3712*** (0.0875)	−0.3682*** (0.0865)	−0.3533*** (0.0879)
Prob>F	0.0000	0.0000	0.0000
AdjR	0.0963	0.1134	0.0856

注：***表示p<0.01，**表示p<0.05，*表示p<0.10；小括号内的值为标准误。

二、固定效应和随机效应

混合回归并不代表能区分各国的国别特征，因此采用进行固定效应和随机效应回归，从HAUSMAN检验结果看，固定效应回归中关键变量本地市场需求和人口的符号与经济意义一致，且模型各项检验值更优，因此跟混合回归模型相比，均应采用固定效应。检验中发现（见表4-4），无论是OLS估计还是FGLS估计，有两个比较明显的特点：一是关键自变量都为正。二是控制变量中资本劳动比和进口变量的符号均表现出一致性，即资本劳动比显著促进出口质量，而进口却显著为负，说明进口越多，出口中质量反而越低，出现明显的替代效应。亦即进口部分替代了本地消费需求，而进口最终产品对本地产品的技术溢出效应不明显，这与预期符号相一致。从回归结果还可以看出，耐用消费品出口质量具有本地偏向性的本地市场效应（如系数都大于1）。

表4-4　固定效应和随机效应回归结果

	固定效应模型			随机效应模型		
	（4a）	（5a）	（6a）	（4b）	（5b）	（6b）
lngdp	2.5041 ** (0.9955)			1.1053 (0.7201)		
lnhoufico		2.8618 *** (1.0912)			3.3829 *** (0.8979)	
lngnippp			1.9912 ** (0.9914)			1.9160 ** (0.4329)
lnpoptot	3.4851 (3.4586)	2.5663 (3.6170)	6.5095 ** (3.0118)	-0.3221 (0.7142)	-1.9933 ** (0.7910)	0.9559 ** (0.4329)
lnklratio	1.2102 *** (0.2903)	1.2248 *** (0.2896)	1.1994 *** (0.2922)	0.8898 *** (0.2554)	0.8491 *** (0.2429)	0.8486 *** (0.2531)
lnimkg	-0.8307 *** (0.2827)	-0.9323 *** (0.2946)	-0.7826 *** (0.2824)	-0.5150 ** (0.2176)	-0.8333 *** (0.2336)	-0.5991 *** (0.2229)
experc	0.3218 (0.2521)	0.2913 (0.2536)	0.3235 (0.2542)	-0.1420 (0.1652)	-0.2199 (0.1629)	-0.1812 (0.1673)
Prob>F	0.0000	0.0000	0.0000	0.0001	0.0000	0.0000
corr	-0.9465	-0.9248	-0.9568			
Wald chi2				25.32	37.73	28.26
obs	480	480	480	480	480	480

注：***表示 $p<0.01$，**表示 $p<0.05$，*表示 $p<0.10$；小括号内的值为标准误。

三、稳健性检验

（一）分组回归

为了识别组间差异，按收入水平不同分组检验，结果报告体现在表4-5中。

本地市场需求三个变量显著促进高收入国家耐用消费品出口质量，其中最终家庭消费影响系数最高。而总人口变量的影响方向不确定。在其他控制变量中，生产率对高收入国家的影响显著大于低收入国家，且系数均大于1；最关键的三个需求变量在低收入国家都不如高收入国家显著，这从另一角度说明低收入国家还需大力提高国民收入水平，本地市场需求过小或者结构不合理都无法起到质量促进效应。①

表4-5　按需求规模（收入水平）分组回归结果

	高收入组			中等收入组		
	（a1）	（b1）	（c1）	（a2）	（b2）	（c2）
lngdp	3.1538 ** (1.3115)			1.0254 (1.1616)		
lnhoufico		3.3087 *** (1.2074)			3.0185 ** (1.4629)	
lngni			2.6596 ** (1.2227)			1.3029 (1.5165)
lnpoptot	2.0236 (3.8268)	−1.5955 (1.2731)	5.5685 ** (3.2693)	−0.9661 (1.2267)	−2.2535 * (1.2832)	0.1174 (0.8746)
lnklratio	1.2569 *** (0.3617)	1.0242 *** (0.2989)	1.3093 *** (0.3593)	0.9023 * (0.4910)	0.8238 * (0.4824)	0.8705 * (0.4927)
lnimkg	−0.9065 ** (0.3884)	−0.9816 *** (0.3095)	−0.9344 ** (0.3899)	−0.1969 (0.3929)	−0.5392 (0.4751)	−0.2175 (0.4051)
experc	0.3790 (0.2828)	−0.1617 (0.1779)	0.4016 (0.2824)	−0.4893 (0.4913)	−0.5476 (0.4751)	−0.5403 (0.4913)
Prob>F	0.0000	0.0001	0.0000	0.0898	0.0000	0.0904
corr	−0.9465		−0.9281			
Wald chi2		25.30		9.53	37.73	9.51
obs	340	340	340	140	140	140

注：＊＊＊表示p<0.01，＊＊表示p<0.05，＊表示p<0.10；小括号内的值为标准误。

---

① 因国与国之间收入差距较大，先将国家按收入分为高收入国家和其他国家，后者包括了中上等收入和中下等收入，但不含低收入。这是本书从最初分析就关注的，低收入国家的出口波动最大，且占比小，因此未做分析。

为了识别不随个体变化的时间固定效应，我们将 2009 年记为特征年进行回归，以观察金融危机对出口质量是否有冲击，以及冲击有多大。从表 4-6 的报告结果看，模型通过检验，尽管变量本身未能通过检验，但金融危机冲击对总体样本和高收入群体的出口质量都具有正向影响。这可能符合学者研究的倒逼效应，金融危机引起大量的贸易摩擦带给出口质量"意外之喜"（高新月和鲍晓会，2020）。从表中还会捕捉到一些细微的差别，相对于全样本，危机冲击下高收入组的本地市场需求中 GDP 对出口质量的影响系数最大，在表 4-5 中中等收入国家的家庭最终消费影响系数最大。这意味着中等收入国家在以内需促进出口质量，更多应该鼓励家庭最终消费。另一个特别的结果，高收入组中在以最终消费为需求变量的模型中，人口的影响系数为负，且绝对值大于1，但危机冲击下负向影响变小了。本地消费结构也可以解释此现象：高收入组自 2002 年以来在家庭消费支出中耐用消费品占比最低，企业质量创新激励不高。危机冲击下，进口在所有模型中符号均为负，进口占比系数为-0.9739，负向影响最大。可能的原因是危机冲击下对耐用消费品低质量进口替代效应比未受冲击时更多抑制了出口质量的提升而呈现出"口红效应"。这与钟腾龙（2020）的研究正好相反，其认为，外部需求引致的市场规模效应和市场竞争效应是外部需求影响企业出口产品质量的有效渠道。原因在于我们所取的变量不同，他们采用企业层面；时间区间也不同，他们采用的是 2000~2011 年的数据。

表 4-6　金融危机冲击影响的统计结果

变量	总样本			高收入组		
	（d1）	（e1）	（f1）	（d2）	（e2）	（f2）
lngdp	2.6183[a] （1.0155）			3.4638[a] （1.3680）		
lnhoufico		2.9601[a] （1.1077）			3.3757[a] （1.2342）	

续表

变量	总样本			高收入组		
	（d1）	（e1）	（f1）	（d2）	（e2）	（f2）
lngni			2.0983[b] (1.0142)			2.9917[b] (1.2741)
lnpoptot	3.3927 (3.4649)	2.4854 (3.6232)	6.5241[a] (3.0146)	1.7947 (3.8397)	−1.6786 (1.3110)	5.6644[c] (0.2746)
lnklratio	1.1998[a] (0.2910)	1.2162[a] (0.2903)	1.1889[a] (0.2932)	1.2258[a] (0.3639)	1.0185[a] (0.3001)	1.2848[a] (0.3611)
lnimkg	−0.8004[a] (0.2877)	−0.9069[a] (0.2987)	−0.7561[a] (0.2874)	−0.8352[b] (0.3987)	−0.9739[a] (0.3111)	−0.8730[b] (0.3993)
experc	0.3119 (0.2528)	0.2821 (0.2545)	0.3137 (0.2552)	0.3617 (0.2837)	−0.1661 (0.1786)	0.3870 (0.2834)
shock	0.0876 (0.1505)	0.0795 (0.1497)	0.0773 (0.1514)	0.1501 (0.1871)	0.0489 (0.1795)	0.1356 (0.1872)
Prob>F	0.0000	0.0000	0.0000	0.0000	0.0003	0.0001
corr	−0.9476	−0.9261	−0.9574	−0.9287		−0.9344
Wald chi2					25.30	
obs	480	480	480	340	340	340

注：a 表示 p<0.01，b 表示 p<0.05，c 表示 p<0.1；小括号内的值为标准误，下同。

（二）改变关键变量

Kim 和 Niem（2015）在检验国家规模对产业内垂直差异化产品的影响时采用了将 GDP 分解为人均水平和人口作为需求规模的代理变量。为了检验前述总量变量是否存在数据质量影响结果的准确性，同时进一步明确总人口的影响（前面的检验人口的影响方向不确定），将 GDP 和最终消费换成人均 GDP 和人均最终消费后回归（结果见表 4-7）。将需求变量替换为人均水平后，模型拟合更优，显著通过检验的变量更多。人均 GDP 和人均最终消费不仅纠正了前述本地市场需求各变量对低收入的不同影响，这两个变量对总样本和分组样本的影响都为正，且人口变量的系数比前述所有模型更大。从上一章可知，高收入国家平均人口都比中、低收入国家少，增加人口就能增加本地市场需求，从而大大提高出口产品质量。分组的结果与表 4-5 对比后还发现，以人均计算的变量比总量更理想，无论是高收入组还是其他组都显著提高了人口对出口质量的作用，但高收入组影响大大高于中收入组。也就是说，虽然人口是需求的重要因素，但中等收入国家人口增加对出口质量的作用有限，进口的负向影响整体减小，且符号更一致。

表 4-7　改变关键自变量回归结果

变量	总样本		高收入组		中等收入组	
	（g1）	（g2）	（h1）	（h2）	（k1）	（k2）
lngdppc	1.3991 （1.7294）		2.5468[b] （1.2632）		1.2999 （1.573）	
lnhouficopc		1.9407[c] （1.0272）		2.7132 （2.7185）		0.6939 （1.7724）
lnpoptot	8.1040[a] （2.8954）	6.3674[b] （3.0581）	5.3426[a] （3.3137）	7.0992[b] （3.2096）	0.0929 （0.8596）	0.0616 （1.0109）
lnklratio	1.1967[a] （0.3053）	1.1873[a] （0.2935）	1.2958[a] （0.3617）	1.2791[a] （0.3911）	0.8525[c] （0.4940）	0.9073[c] （0.5047）
lnimkg	-0.7288[b] （0.2996）	-0.7617[a] （0.2809）	-0.9015[b] （0.3895）	-0.9801[b] （0.4065）	-0.2097 （0.4052）	-0.1322 （0.4000）
experc	0.3937 （0.2526）	0.3268 （0.2546）	0.4055 （0.2832）	0.4938[c] （0.2801）	-0.5392 （0.4823）	-0.5253 （0.5530）
Prob>F	0.0000	0.0000	0.0000	0.0000		
corr	-0.9741	-0.9548	-0.9215	-0.9596		
Wald chi2					9.47	8.86
obs	480	480	340	340	140	140

四、结论与经济含义

本章旨在对第三章本地市场需求规模对出口质量的影响进行检验。除国内生产总值在混合回归中系数为负以外，其他所有模型中都显著为正。将国内生产总值和最终消费支出以人均水平变量进行检验时结果仍然稳健，并将这三个变量的系数统计在表4-8中，可以很清楚地看到本地市场需求规模对出口质量的正向影响。这都为第三章的相关性分析提供了因果证据。也同样验证了学者的研究结论，如牛蕊和郭凯頔（2016）认为，相对富裕国家出口更多高质量产品，产品质量与出口国收入呈正相关。

表4-8　本地市场需求规模变量回归系数统计

变量名　　　　　模型	混合回归总样本	个体固定效应模型			时间固定效应		
		总样本	高收入	中等收入	总样本	高收入	中等收入
调整 GDP	−1.1871	2.5041	3.1538	1.0254	2.6183	3.4638	1.0254
最终消费	3.0044	2.8618	3.3087	3.0185	2.9601	3.3757	3.0185
调整 GNI	0.0076	1.9912	2.6596	1.3029	2.0983	2.9917	1.3029
其他改变变量稳健性检验							
人均 GDP		1.3991	2.5468	1.2999	—	—	—
人均最终消费		1.9407	2.7132	0.6939	—	—	—

注：表中所有中等收入水平的结果都仅供参考，并不代表与前述表格相悖。在前述表格中未报告出来说明模型整体未通过检验，虽然前述模型已通过检验但大部分变量未能通过检验。

本章小结

本章采用面板数据检验了本地市场需求规模对耐用消费品出口质量的影响。贸易数据来源于 BACI 数据库，所有的变量取对数处理，而耐用消费品出口质量的处理相对比较细致。首先进行基准回归，其次进行固定效应和随机效应回归，最后采用多重方法进行稳健性检验。采用 OLS 估计和 FGLS 估计方法，关键自变量采用经购买力平价调整的 GDP，除此以外，还采用另外两个不同的变量反映本地市场需求，以供稳健性检验。同时控制供给侧的变量如要素禀赋和进口竞争，也采用出口占比以控制出口规模。由于本研究为短面板（t = 10，n = 48），根据陈强等主流计量学者的研究，可不考虑单位根检验，但此处做了比较全面的稳健性检验。

所有模型都通过检验，三个本地市场规模变量显著影响耐用消费品出口质量，并且系数符号一致为正，系数都大于 1，符合本地市场效应的规模报酬递增特征。在采用分组回归、改变变量检验中也均显著，说明模型设定科学合理、结果稳健。证实了第二章提出的命题 1：一国需求规模越高，耐用消费品出口质量越高。一国本地市场需求规模越大，质量偏好越高，越有利于企业调整生产结构，质量本地市场规模效应得以发挥，提高出口产品质量。需要说明的是，此结果与第三章并不相悖，原因在于第三章只是采用原始数据分析，未经无纲量化，也未与其他控制变量同时作用。外在冲击如金融危机对出口质量是否可能存在一定正向影响，本书研究结果显示不显著，尚需要今后的针对性研究。总体来看，本地市场需求规模显著影响出口质量，且呈正向关系。耐用消费品出口质量提升存在质量本地市场规模效应。但是控制个体效应的回归结果显示收入水平高低对出口质量的影响存在差异，显著提高高收入国家的出口质量，对于低收入国家的影响并不一致，本地市场需求影响出口质量因收入水平而异。也需要更进一步地从需求结构分析找到更深层次的原因，这是本书下一章将要研究的内容。

第五章　本地市场需求结构影响耐用消费品出口质量的实证

第一节　模型设定、变量选取及数据处理

一、模型设定

根据第二章数理分析，当收入分配相同但收入水平不同时，较高收入的国家会将更多收入份额用于消费高质量产品。当收入水平相同但收入分配不同时，收入分配平等程度更高的国家会将更多收入份额用于高质量产品消费。收入增长或收入分配程度减少都意味着需求会偏向高质量产品。设定面板数据估计模型为：

$$y_{it} = \beta_0 + \sum_{k=1}^{K} \beta_{kit} x_{kit} + u_{it}, \quad u_{it} = \lambda_i + \gamma_t + \varepsilon_{it} \tag{5-1}$$

其中，y_{it} 是因变量，表示第 i 个个体在 t 时期的观测值，在此表示一国在观察时期耐用消费品出口质量。x_{kit} 为自变量，表示第 k 个自变量对于个体 i 在 t 时

期的观测值。此前研究影响一国耐用消费品出口质量的本地市场因素中，在解释垂直产品异质性时最重要的因素就是收入不平等（Carranza，2006），此处核心变量为收入水平（规模）和收入分配情况，以不平等代理变量基尼系数（gini）、10%人口收入占比、20%人口收入占比，以平等水平代理变量60%人口收入占比或80%人口收入占比。β_{kit} 是待估计参数；u_{it} 是随机干扰项；λ_i 称为个体效应，反映个体不随时间变化的差异性，如距离；γ_t 称为时间个体效应，反映不随个体变化的时间差异性，如危机冲击。

二、变量选取

除需求规模和结构外，Fajgelbaum 等（2011）表明，人口增长与水平差异与产品种类数不成比例地增加。大多数具有垂直差异的贸易模式通常假设，受教育的劳动力和/或生产效率更高的企业能够更高效地生产，从而生产更高质量和更昂贵的品种（Verhoogen，2008；Hallak 和 Sivadasan，2013；Eckel，2015）。引入出口总额加进口总额占本地生产总值的比率，作为衡量贸易开放程度的指标。此控制变量有两个主要用途：贸易开放可能直接影响出口产品的质量含量。异质性企业贸易模型强调了这种选择机制，即高生产率/高质量企业最有可能出口。其他主要变量见表5-1。

表5-1　主要变量名称及数据来源

变量		经济含义	数据来源	预期符号
被解释变量	出口质量	耐用消费品出口质量，将不同的计量单位分别统计（quali），取 kg。再将世界所有国家耐用消费品出口单价进行归一化处理	COMTRADE 数据库 BACI 数据库	
关键解释变量 本地市场需求变量	需求水平	国内生产总值 国民收入 家庭最终消费	世界银行 WDI 数据库，取经购买力平价调整的值	+
	人口	一国的总人口数	WDI 数据库	不确定

续表

变量		经济含义	数据来源	预期符号
关键解释变量本地市场需求变量	需求结构	中等收入代表收入平等分布情况：60%中等收入占比、80%中等收入占比收入法极化程度采用绝对份额法，包括最高10%人口收入占比、最高20%人口收入占比基尼系数	WDI 数据库	不确定，可能因不同的变量而异
外部需求变量	需求结构	一国出口到高收入目的国占一国货物总出口的比重	WDI 数据库	不确定
其他控制变量	人力资本	基于上学年数和继续教育的人均人力资本指数教育投资占比	PWT9.1 表WDI 数据库	+
	资源禀赋	一国资本劳动比，资本形成总额与劳动力总数的比值	WDI 数据库	不确定
	出口份额	耐用消费品出口占一国货物总出口的比重	WDI 数据库BACI 数据库	+
	生产率	现价全要素生产率	PWT9.1 表	+

三、数据处理

为了本书的实证分析，需要在产品名称的详细层面上，了解各国的出口、平均收入和收入不平等，以及可能与其收入分配和收入分配相关的各种其他国家层面特征以及它们出口的质量信息。关于贸易，本书使用 2007~2016 年的数据，源自 BACI 数据库。该数据记录了所有双边贸易流量，其值（美元）和体积（吨）均为 6 分位。与文献中的常见做法一样，本书对数据进行处理，将无单位（N. Q.）、0 值或缺失的观察值剔除。为了保证数据质量，还剔除了异常值。但为服务以下分位数检验，没有剔除低于 1 美元的记录，保留这些低价格的产品以保证分位数结果的信度。最后得到 BEC 标准耐用消费品与 HS6 分位对照的出口（48 个国家两两相对）150407 个出口值，回归前采用归并法归入每个国家的平均出口单价。出口国的收入分配使用世界银行世界发展指标的数据，并用不平等数据库的数据对缺失值加以填补。本书用三个衡量收入不平等的指标来补充这一信息：城市人口占比、中等收入水平80%和中等收入水平60%。这本质上是一国本地收入水平的测算，用来表示相对不平等。这样处理避免基尼系数的特殊敏感性造成的回归结果不准确。国家层面的要素禀赋用资本劳动比（K/L）、人口平均人力资本表示（以受教育年限和教育回报率为基础的指数衡量）。所有观察值的遗漏项采用插值法，移动平均数补齐信息。保留各项信息全面的国家48个，其中高收入国家34个，其余为中低收入国家，所有数据取对数以确保数据质量。为了服务本书，同时构造中等收入群体以检验本地市场中等市场规模的重要性。为了检验中国的相对情况，选取中国出口到前述47个国家的出口质量变化，删除不可计算的值，剩余有效值67916个。其中高于均值的为高质量出口，高质量出口至高收入国家，低质量产品出口目的国中既有高收入国家也有中低收入国家。

四、描述性统计

从各主要变量的描述性统计可以看出：所有变量标准差不大，数据质量比较可靠（见表5-2）。

表5-2　主要变量描述性统计

变量	观察值	均值	标准差	最小值	最大值
lnquali	480	0.0714	0.0577	0.0023	0.3308
lngdp	480	11.634	0.7631	9.7205	13.331
lnpoptot	480	7.2609	0.8080	5.4936	9.1395
gini	480	34.689	6.5493	23.700	55.500
hc	480	3.0733	0.4404	1.8998	3.7668
lnklratio	480	9.0565	0.9947	6.3341	10.847
humancapi	480	4.6285	1.3973	1.2998	8.4277
ctfp	470	0.7519	0.1908	0.3796	1.3670
lnopen	480	1.8733	0.2276	1.3401	2.4213
experc	480	3.3351	2.8039	0.0032	17.289

第二节　实证分析

一、基准回归

表 5-3 结果显示，在第（1）列中，本书仅将出口国的收入和收入分配纳入固定效应；代表本地市场需求规模的总收入与出口质量正相关且显著，而代表需求结构的不平等变量包括基尼系数和最高收入 10% 所占比重与出口质量呈弱负向因果关联。在模型（2）、模型（3）中显示最高收入 20%、中等收入 60% 需求结构与出口质量显著相关，但 20% 系数符号为负。所有控制变量（人口、人力资本、现价全要素生产率、开放度和出口占比）符号都一致，无论是在基尼系数、最高收入 10%、最高收入 20%、中等收入 60% 和中等收入 80% 的模型中均显著通过检验。表示需求规模效应和结构效应的关键变量结果都显著且符号一致。但有趣的是此五个变量与需求规模的交互项也都显著，符号均为负。但所有的交互效应都比主效应小，本地市场需求无论是规模还是结构都对出口质量有显著正向净效应。模型设定和实证结果是稳健的。与 Desmet 和 Parente（2010）所言相反，他们认为受教育程度越高的国家则出口价格越高，因此产品质量更高。但本书结果显示，以受教育年限为基础的统计量对出口质量的影响为负。代表要素禀赋的全要素生产率也有负向影响，可能由于本地市场人力资本和禀赋都不足以促进耐有消费品出口质量的提高。本书贸易开放度与出口质量负相关，因为更大的贸易开放允许本地更多的企业参与出口，包括低质量企业。与低价格/低质量生产商进入出口市场的观点（Crozet 等，2012；Johnson，2012；Feenstra 和 Romalis，2014）一致。人口、要素禀赋和开放度三个变量在控制收入分布更平等程度的中等收入 60% 占比后，系数最高，说明收入分配更平等的国家的这些要素更重要。

表5-3 回归结果统计

变量	模型（因变量：lnquali）							
	（1）	（2）	（3）	（4）	（5）	（6）	（7）	（8）
lngdp	0.0517^a (0.0194)	0.0489^a (0.0192)	0.0466^b (0.0194)	0.2513^a (0.0658)	0.2841^a (0.0672)	0.3615^a (0.0922)	0.3703^a (0.0911)	0.3615^a (0.1018)
gini	−0.0006 (0.0007)			0.0190^a (0.0069)				
gini * lngdp				$−0.0046^b$ (0.0016)				
high10	−0.0006① (0.0009)				0.0288^a (0.0091)			
high10 * lngdp					$−0.0070^a$ (0.0021)			
high20		$−0.0035^b$ (0.0014)				0.0226^b (0.0091)		
high20 * lngdp						$−0.0062^c$ (0.0020)		
lnpoptot				−0.1818 (0.1204)	$−0.2071^c$ (0.1204)	$−0.2625^b$ (0.1335)	$−0.2782^b$ (0.1343)	$−0.2869^b$ (0.1410)
humancapi				−0.0350 (0.0414)	−0.0399 (0.0414)	−0.0515 (0.0416)	−0.0469 (0.0424)	−0.0276 (0.0417)
ctfp				−0.0404 (0.0319)	−0.0363 (0.0318)	−0.0392 (0.0316)	−0.0434 (0.0315)	−0.0419 (0.0320)
lnopen				0.0190 (0.0332)	0.0197 (0.0329)	0.0295 (0.0332)	0.0457 (0.0329)	0.0353 (0.0338)
experc				0.0052^a (0.0016)	0.0054^a (0.0016)	0.0052^a (0.0016)	0.0043^a (0.0016)	0.0046^a (0.0016)
mid60			0.0038^b (0.0017)				0.0298^a (0.0081)	
mid60 * lngdp							$−0.0060^a$ (0.0019)	

① 由于基尼系数做自变量和最高10%收入占比做自变量的系数非常接近，尽管是在两个模型中进行回归，为了节约篇幅，写在同一列。

续表

变量	模型（因变量：lnquali）							
	（1）	（2）	（3）	（4）	（5）	（6）	（7）	（8）
mid80								0.0187[a] (0.0186)
mid80 * lngdp								−0.0043[a] (0.0015)
F	36.80	36.72	36.98	27.86	28.61	28.49	27.95	27.08
Prob	0.0000	0.0000	0.0000	0.0000	0.0000	0.0000	0.0000	0.0000

注：a 表示 $p<0.01$，b 表示 $p<0.05$，c 表示 $p<0.10$，下同。

Atkinson 等（2011）指出，总收入增长和不平等基尼系数对于是否排除最高收入群体非常敏感。同时为了避免寻找工具变量的不可靠性，我们采用最高 10%和最高 20%人口的收入占比作为分配不平等的替代变量。结合前述内容发现，最高 20%人口收入占比以及中等收入占比等变量比较显著。表 5-3 中第（3）列中的结果证实，在该列中引入了基尼系数与人均收入之间交互作用项。基尼系数呈正向影响，而它与收入的相互作用是负向的：收入不平等与低收入国家的耐用消费品出口质量呈正相关。

在逐步回归的结果中，模型（1）和模型（2）的需求结构与出口质量都呈反向变化关系。由模型（3）可知，需求结构中中等收入占比会促进出口质量的提高，中等 60%人口收入占比平均每上升 1%，拉动出口质量上升 0.38%（中等收入达 80%收入占比时未通过检验）。当模型（4）~模型（8）中纳入需求结构与需求水平的交互项时，结果仍然显著。特别是需求规模不仅显著为正，而且作用更强，大大高于未纳入需求结构模型（系数分别为 0.2513、0.2814、0.3615、0.3703、0.3615），其中以中等收入 60%占比作用最显著。但交互项与需求结构变化方向和幅度完全不同。需求结构均为正，而交互项均为负，间接效应小于直接效应。在其他替代结构的变量中，直接结构效应最大的仍然是中等收入 60%所占份额，其平均变化 1 个百分点，带动出口质量净增长 0.0298 个百分点。在其他控制变量中，各模型的符号一致。

其他供给因素中，人口、人力资本和全要素生产率作用系数符号都为负，亦即这些因素并不能促进耐用消费品出口质量升级。而一国开放程度越高，出口质量越高。开放度一定程度上代表一国的贸易政策，说明国家自由贸易政策促进了出口质量的提高。该产品出口占一国货物贸易出口总额比重越高，出口质量也越高。影响的方向与学者的研究一致：出口份额越高，质量也越高。

二、稳健性检验

（一）分组回归

为了进一步区分高收入组（H）和其他收入组（O）出口国本地市场规模和结构对出口质量的不同影响，将样本分组后再回归。高收入组需求规模效应明显比低收入组高。高收入组基尼系数的影响更大，但是高收入国国内收入分配越接近平等（亦即中等收入 80% 占比越多），反而抑制了出口质量的提升。事实上，作为需求结构的变量之一，收入 80% 占比在模型中并不显著。其他供给侧因素中，人口、人力资本和全要素生产率回归系数都为负值，与表 5-3 一致。但由于两组回归基于不同的需求规模，供给侧变量系数的大小也表现较大的异质性人力资本因素都呈负向因果关联，但是高收入国家的负向效应更大，这与 Murphy 和 Shleifer（1997）的研究结果不一致。他们的结果显示，人力资本越丰裕的国家越会生产和消费质量更高的产品。这是因为样本不同，他们选取的是东欧和西欧样本，产品质量越高越好，他们也没有采用耐用消费品的数据。如其他收入组中人口的负向影响最大，处在较低收入水平的国家，人口越多，对出口质量的阻碍作用越大。这可能因为，一方面，较低收入国家人口越多，国内消费需求越高，而企业只有迎合本地较低需求水平的大众消费的较低质量偏好设计生产；另一方面，本地市场需求更多，部分抵消了生产能力，也削弱了企业出口的激励效应（见表 5-4）。

表 5-4　按收入水平分组回归的结果①

变量	模型（因变量：lnquali）							
	基尼系数		最高 20%占比		中等 60%占比		中等 80%占比	
	（H1）	（O1）	（H2）	（O2）	（H3）	（O3）	（H4）	（O4）
lngdp	0.4367^a (0.1502)	0.1797^c (0.0992)	0.0511 (0.1029)	-0.1682 (0.1825)	0.5309^a (0.1445)	0.5230^c (0.2822)	0.4382^a (0.1274)	-0.1018 (0.1987)
gini	0.0306^c (0.0172)	0.0170^c (0.0102)						
gini * lngdp	-0.0071^c (0.0038)	-0.0041^c (0.0024)						
high20			-0.0376 (0.0242)	-0.0903^c (0.0516)				
high20 * lngdp			0.0031 (0.0021)	0.0071^c (0.0043)				
lnpoptot	-0.3162^c (0.1843)	-0.2347 (0.3590)	-0.0678 (0.1177)	-0.5069 (0.4100)	-0.0760 (0.1167)	-0.5280 (0.3948)	-0.0564 (0.1185)	-0.3149 (0.3974)
hc	-0.7663 (0.0477)	-0.0141 (0.0961)	-0.0900^c (0.0472)	-0.1323 (0.0992)	-0.0968^b (0.0474)	-0.0851 (0.0945)	-0.0743 (0.0475)	-0.0024 (0.0927)
ctfp	-0.0449 (0.0330)	-0.0204 (0.1040)	-0.0516 (0.0328)	-0.0584 (0.1025)	-0.0524^c (0.0325)	-0.0304 (0.1025)	-0.0488 (0.0330)	0.0162 (0.1017)
lnopen	-0.0000 (0.0398)	0.0103 (0.0666)	0.0180 (0.0393)	0.0413 (0.0683)	0.0231 (0.0390)	0.0349 (0.0667)	0.0157 (0.0407)	-0.0010 (0.0685)
experc	0.0053^a (0.0020)	0.0048 (0.0034)	0.0031 (0.0019)	0.0055^c (0.0033)	0.0027 (0.0019)	0.0059^c (0.0033)	0.0031^b (0.0019)	0.0040 (0.0034)
mid60					0.0802^a (0.0299)	0.1056^c (0.0616)		
mid60 * lngdp					-0.0068^a (0.0026)	-0.0084^c (0.0052)		
mid80							0.0415^b (0.0181)	-0.0283 (0.0286)
mid80 * lngdp							-0.0037^b (0.0016)	0.0021 (0.0025)
F test	29.66	9.75	26.64	9.94	28.12	10.11	26.78	10.74

---

① 由于最高 10%人口的收入份额在其他组回归模型未通过检验，因此不报告。

续表

变量	模型（因变量：lnquali）							
	基尼系数		最高20%占比		中等60%占比		中等80%占比	
	（H1）	（O1）	（H2）	（O2）	（H3）	（O3）	（H4）	（O4）
Prob	0.0000	0.0000	0.0000	0.0000	0.0000	0.0000	0.0000	0.0000

注：a 表示 $p<0.01$，b 表示 $p<0.05$，c 表示 $p<0.10$；小括号内的值为标准误。

结合表5-3，其他收入分组回归中最高收入20%和80%与中等收入的表现与其他结构变量的表现完全相反，虽然两组收入国家需求规模效应相近，且中等收入60%的收入份额对出口质量的影响在两个分组检验中符号一致，但低收入组的影响更大。这种表现与基准回归5-2中结果比较一致，这也说明了上述估计模型的稳健性。

（二）改变关键变量

前述回归分析发现，本地市场需求显著影响耐用消费品出口质量，为了检验其结果的稳健性，将需求规模替换为前述包含需求和收入两个角度的家庭最终消费和国民收入。结果报告于表5-4中。无论本地市场需求为最终消费还是国民收入，与国内生产总值回归结果相比，显著性、标准误及系数只有微弱差别，甚至一模一样，证明见表5-3结果。同样以这两个需求变量与需求结构的交互项检验间接效应。如前述检验，其他供给侧变量符号对基准回归一致（见表5-5）。

表5-5 改变关键变量回归结果

自变量	模型（因变量：quali）						
	（1）	（2）	（3）	（4）	（5）	（6）	（7）
lnhoufico	0.0518[a] (0.0188)	0.0502[a] (0.0185)	0.1849[a] (0.0441)			0.2857[a] (0.1077)	0.2598[a] (0.0913)
lngni				0.3107[a] (0.1001)	0.1968[b] (0.0906)		

自变量	模型（因变量：quali）						
	（1）	（2）	（3）	（4）	（5）	（6）	（7）
gini			0.0131^a (0.0047)				
gini * lnhou			-0.0036^a (0.0012)				
lnpoptot			-0.2142^c (0.1214)	-0.0526 (0.1126)	-0.0610 (0.1149)	-0.0966 (0.1133)	-0.1013 (0.1139)
humancapi			-0.0418 (0.0374)	-0.0005 (0.0303)	0.0231 (0.0304)	-0.0631^c (0.0383)	-0.0330 (0.0381)
ctfp			-0.0312 (0.0314)	-0.0318 (0.0316)	-0.0327 (0.0321)	-0.0411 (0.0312)	-0.0412 (0.0315)
lnopen			0.0121 (0.0346)	0.0467 (0.0339)	0.0324 (0.0349)	0.0525 (0.0335)	0.0359 (0.0344)
experc			0.0052^a (0.0016)	0.0050^a (0.0016)	0.0051^a (0.0016)	0.0047^a (0.0016)	0.0046^a (0.0016)
mid60		0.0039^b (0.0017)		0.0657^a (0.0225)		0.0443^a (0.0231)	
mid60 * lnhou				-0.0054^a (0.0019)		-0.0035^a (0.0021)	
mid80	0.0003 (0.0005)				0.0246^c (0.0137)		0.0255^a (0.0135)
mid80 * lnhou					-0.0023^c (0.0013)		-0.0023^c (0.0012)
F test	37.60	37.27	28.89	27.42	26.67	28.01	27.30
Prob	0.0000	0.0000	0.0000	0.0000	0.0000	0.0000	0.0000

注：a 表示 p<0.01，b 表示 p<0.05，c 表示 p<0.10；小括号内的值为标准误。

因为关键变量未通过检验，稳健性检验剔除上述表 5-2 中模型（1）和模型（2），同时鉴于上表结果中中等收入份额结果更优，稳健性中国民收入只报告了纳入中等收入群体所占份额的两个变量及其交互项的结果。

（三）替换控制变量

将供给侧生产的全要素生产率替换为资本劳动比，同时将不同数据库的变量替换，亦即将 PWT 中的人力资本换成 WDI 数据库中的人力资本数据。为了控制外部需求的影响，将外部需求总量换成外部需求结构，货物贸易出口到高收入国家。结果报告在表 5-4 中，结果仍然稳健，符号一致，标准误甚至相同。需求规模和需求结构均为正，但需求规模和结构的交互项为负。值得注意的是，模型中出口目的国特征变量，亦即一国货物贸易出口到高收入国家的占比回归结果为负。一国货物贸易出口到高收入国家占比越高，出口质量反而越低。高收入进口国家的需求没有促进耐用消费品出口质量提升，中低收入国家出口到高收入国家贸易条件未获改善，出口的本地市场效应只存在总量层面上。以资本劳动比度量的资源禀赋作用非常小，全要素生产率更有代表性。

（四）改变估计方法

从表 5-6 结果可知，收入不平等引起的需求结构和收入水平提高引起的需求规模扩大效应对出口质量升级的异质性关系，说明本地市场需求对出口质量的总体影响可能存在某些被忽略的信息。如既然高收入国家与中等收入国家对出口质量的影响不同，是否意味着受到收入不同层级影响的本地市场需求层次不同？是否对出口质量的影响也各异？本书对需求进一步分析方可得到证实。要进行不同需求层次的检验，分位数回归是最可行的方法。

表 5-6　替换控制变量回归结果

自变量	模型（因变量：quali）			
	（1）	（2）	（3）	（4）
lngdp	0.3248^a (0.1074)	0.2385^a (0.0936)	0.3061^a (0.1059)	0.2245^a (0.0926)
mid60	0.0632^a (0.0237)		0.0560^a (0.0233)	
mid60 * lngdp	-0.0051^a (0.0020)		-0.0048^b (0.0020)	
mid80		0.0246^c (0.0137)		0.0241^c (0.0134)

自变量	模型（因变量：quali）			
	（1）	（2）	（3）	（4）
mid80 * lngdp		-0.0023^{c} （0.0013）		-0.0022^{c} （0.0012）
lnpoptot	-0.1594 （0.1077）	-0.1360 （0.1083）	-0.1401 （0.1060）	-0.1180 （0.1066）
humancapi	-0.0104^{a} （0.0034）	-0.0105^{a} （0.035）	-0.0093^{a} （0.0033）	-0.0096^{a} （0.0034）
ctfp	-0.03573 （0.0300）	-0.0426 （0.0304）		
lnklratio			-0.0005 （0.0069）	-0.0044 （0.0069）
lnopen	-0.0109 （0.0308）	-0.0201 （0.0318）	-0.0088 （0.0316）	-0.0198 （0.0325）
lnextohigh	-0.0769 （0.0611）	-0.0955 （0.0617）	-0.0862 （0.0603）	-0.1081^{c} （0.0607）
F test	29.41	28.25	30.74	29.31
Prob	0.0000	0.0000	0.0000	0.0000

注：a 表示 $p<0.01$，b 表示 $p<0.05$，c 表示 $p<0.10$；小括号内的值为标准误。

分位数回归利用解释变量和被解释变量的条件分位数建模，揭示解释变量对被解释变量分布的影响。它基于加权最小一乘法（WLM），以比较宽松的假设条件，只要求被解释变量的连续性。既能充分体现整体分布的各部分信息，也可以充分考虑极端值的情况，并且不受异方差的影响。当数据可能存在异方差时，分位数更稳健，是对均值回归的一种纠正和补充，分位数回归能比较精确地描述解释变量与被解释变量的变化范围，可较细腻地拟合曲线。利用解释变量和被解释变量的条件分位数进行建模，揭示解释变量对被解释变量分布的位置，如用于初始单位资本产出对发展速度快慢不同的国家影响不同（Koenker 和 Machado，1999），不同年龄人口的 BMI（身体质量指数）的发展影响不同。Buchinsky

（1994）采用分位数回归研究了不同技术工人之间的收入不平等问题。要了解各个解释变量对耐用消费品出口质量的不同层级的影响，样本足够大，适合采用该方法。结果报告如表 5-7 所示。

表 5-7　分位数回归结果报告

	Qr_ 10	Qr_ 20	Qr_ 30	Qr_ 40	Qr_ 50（m）
lngdp	0. 1607 （0. 1716）	0. 1966 （0. 1419）	0. 2321** （0. 1190）	0. 2662** （0. 1060）	0. 3008*** （0. 1053）
mid60	0. 0198 （0. 0391）	0. 0295 （0. 0323）	0. 0391 （0. 0271）	0. 0483** （0. 0241）	0. 0577*** （0. 0240）
mid60 * lngdp	−0. 0015 （0. 0033）	0. 0023 （0. 0027）	−0. 0031 （0. 0022）	−0. 0039** （0. 0020）	0. 0046** （0. 0020）
lnpoptot	−0. 03154 （0. 1828）	−0. 0531 （0. 1514）	−0. 0750 （0. 1269）	−0. 0959 （0. 1129）	−0. 1169 （0. 1122）
humancapi	−0. 0054 （0. 0069）	−0. 0064 （0. 057）	−0. 0075 （0. 0048）	−0. 0085** （0. 0043）	−0. 0096** （0. 0042）
ctfp	−0. 0437 （0. 0496）	−0. 0431 （0. 0412）	−0. 0425 （0. 0344）	−0. 0420 （0. 0306）	−0. 0414 （0. 0304）
lnopen	0. 0652 （0. 0606）	0. 0539 （0. 0501）	0. 0428 （0. 0420）	0. 0322 （0. 0374）	0. 0214 （0. 0371）
experc	0. 0043 （0. 0027）	0. 0045 （0. 0019）	0. 0047 （0. 0019）	0. 0049*** （0. 0017）	0. 0050*** （0. 0017）
Obs.	480	480	480	480	480
PseuR^2	0. 1991	0. 1665	0. 1375	0. 1085	0. 0786
	Qr_ 60	Qr_ 70	Qr_ 80	Qr_ 90	
lngdp	0. 3338*** （0. 1169）	0. 3715*** （0. 1405）	0. 4198** （0. 1806）	0. 4848** （0. 2415）	
mid60	0. 0666*** （0. 0266）	0. 0768*** （0. 0320）	0. 0899** （0. 0411）	0. 1074** （0. 0550）	
mid60 * lngdp	−0. 0053** （0. 0022）	−0. 0061** （0. 0027）	−0. 0072** （0. 0034）	−0. 0086** （0. 046）	
lnpoptot	−0. 1371 （0. 1244）	−0. 1600 （0. 1497）	−0. 1895 （0. 923）	−0. 2290 （0. 2578）	
humancapi	−0. 0106** （0. 0047）	−0. 0117** （0. 0057）	−0. 0131* （0. 0073）	−0. 0151 （0. 0098）	

续表

	Qr_ 60	Qr_ 70	Qr_ 80	Qr_ 90	
ctfp	−0. 0409	−0. 0403	−0. 395	−0. 0385	
	(0. 0338)	(0. 0407)	(0. 0522)	(0. 0702)	
lnopen	0. 0110	−0. 0007	−0. 0158	−0. 0361	
	(0. 0412)	(0. 0496)	(0. 0637)	(0. 0853)	
	Qr_ 60	Qr_ 70	Qr_ 80	Qr_ 90	
experc	0. 0052 ***	0. 0054 **	0. 0056 **	0. 0059	
	(0. 0018)	(0. 0022)	(0. 0029)	(0. 0039)	
Obs.	480	480	480	480	
PseuR^2	0. 0720	0. 0639	0. 0740	0. 1091	

注：$***$ 表示 $p<0.01$，$**$ 表示 $p<0.05$，$*$ 表示 $p<0.10$，下同。

对模型进行斜率相等和斜率对称性检验，不同的分位点斜率不相等（分别检验了 1–10，拒绝原假设），且不同的分位点斜率对称（同样分别检验了 1–10，接受原假设）。整体上看，自变量都是随着因变量分位越高越显著，回归系数越大，如人口、人力资本和出口占比。关键变量表现特别突出，需求规模系数从最低 10 分位的 0. 1607（最低分位未通过检验）上升至最高 90 分位的 0. 4848；本地市场需求对低质量产品出口的质量提升没有显著影响，但对于中高质量有显著影响，需求结构变量由 10 分位的 0. 0198 上升至 90 分位的 0. 1074，两者分别上升了 442% 和 202%，交互项虽然为负值，但与上述逐步回归和稳健性检验结果符号一致（见表 5-7）。

越到高分位系数越大，这不仅与学者的研究相同，而且符合本书的经济含义：耐用消费品高质量产品具有较强的本地市场需求规模效应和结构效应，对高质量产品的影响比对低质量产品的影响更大。由于高质量耐用消费品产品内嵌技术含量更高，对创新的需求更高，从需求诱致创新理论的角度，可能有助于本地企业扩大规模和进行创新活动。

为了更直观地看到分位数回归的结果，将关键变量分位数回归系数趋势作图（见图 5-1）。本地市场需求规模和本地市场需求结构对出口质量的影响与产品初始质量水平有关，对高质量产品的影响大于低质量产品（更陡峭，斜率更大）。但中等收入群体的影响与本地市场需求共同作用时符号相反。

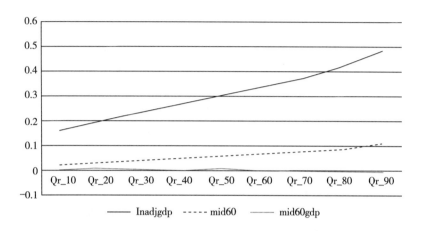

图 5-1　分位数回归系数趋势

第三节　结果讨论、结论与经济含义

一、结果讨论

无论是基准回归还是稳健性检验都证明，本地市场需求因素在促进出口质量升级中扮演着重要角色。代表本地市场需求规模的总收入与出口质量正相关且显著，而代表需求结构的不平等变量包括基尼系数和最高 10% 人口收入占比与出口质量相反且呈弱负相关。这与 Bekkers 等（2012）的研究结果符号相同，他们的结果验证了分层消费模型，收入不平等与贸易质量负向相关。其他度量需求规模效应和结构效应的关键变量结果都显著且符号一致。基尼系数、最高 10% 人口收入占比、最高20%人口收入占比、中等60%人口收入占比和中等80%人口收入占比均通过显著性检验；当此五项与需求规模交互作用时也都显著，但与直接作用的符号相反。也就是说，上述代表需求结构的变量显著受需求规模制约。因此，本地市场需求无论是规模还是结构都对出口质量有显著正向效应影响。其他控制变量符号也基本一致。分组检验结果显示，高收入组需求规模效应明显比低收入组高。高收入组基尼系数的影响更大，但是当高收入组越接近平等（亦即中等80%人口收入占比越多）时，反而抑制了出口质量的提升。事实上，作为需求结构的变量之一，中等80%人口收入占比在模型中并不显著。也就是说，需求结构取决于不同的需求规模，而需求规模直接由收入水平决定。若社会中过于平等，本地市场需求对耐用消费品出口质量则没有促进作用。

在其他供给侧因素中，人口、人力资本和全要素生产率回归系数都为负值。两组供给侧变量系数的大小也表现出较大的异质性，如其他收入组中人口的负向影响最大。处在较低收入水平的国家，人口越多，对出口质量的阻碍作用越大。这可能是因为，一方面，较低收入国家人口越多，国内消费需求越高，而企业只有迎合本地较低需求水平的大众消费的较低质量偏好设计生产；另一方面，本地市场需求更多，部分抵消了生产能力，也削弱了企业出口的激励。其他收入组回归中最高收入20%和最高收入80%与中等收入的表现与其他结构变量的表现完全相反，但是，虽然两组收入国家需求规模效应相近，且中等收入60%群组的收入份额对出口质量的影响在两个分组检验中符号一致，但低收入组的影响更大。从更细致层面的分位数回归结果看，自变量都是越到高分位越显著，回归系数越大。关键变量表现特别突出，需求规模系数从最低10分位至最高90分位影响系数大幅上升，交互项仍为负值。

为了控制外部需求的影响，将外部需求总量换成外部需求结构再回归。结果仍然稳健，符号一致，标准误甚至相同。需求规模和需求结构均为正，虽然需求规模和结构的交互项为负，但这种间接作用对规模和结构的正向效应并不构成威胁。与Latzer和Mayneris（2018）研究的平均水平具有相同的符号和显著性特征，但他们的理论框架中主要强调不平等程度，本书主要强调平等程度：中等收入群体对出口质量升级至关重要。李景睿（2016）也论证到，出口质量明显受到收入差距的影响，在出口产品质量水平指数低于 1 的经济体中，基尼系数高于国际警戒水平 0.4 的比例也较高。适度收入差距因国而异：发达经济体，人均收入较高，控制收入差距，培育强大的中产阶级更为重要；发展中国家适当的收入差距有利于激励产品质量升级。Flach 等（2017）在控制了人均收入后发现，出口价格在更不平等的国家更高，这在中等收入国家中只有差异化产品具有该结构效应。李景睿（2017）在随后的传导机制实证分析中，利用工具变量解决了出口产品质量升级中的收入差距内生性问题后，发现有利于出口产品质量提升的收入差距存在适度范围。适度收入差距与出口产品初始质量水平相关，对于出口产品质量水平较高的经济体，收入差距的缩小有助于提高出口产品质量水平；对于出口产品质量水平较低的经济体，收入差距的扩大有利于提升出口产品质量水平。高越、李荣林（2015）的研究显示，与发展中国家竞争的发达国家的发展水平越高，发展中国家出口产品质量的提高就越明显。①

二、结论与经济含义

总之，本地市场需求结构与本地市场需求规模共同显著影响耐用消费品出口质量升级。但社会中需求结构受到需求规模亦即收入水平的影响。其他供给因素中，人口、人力资本和要素禀赋在这类需求规模和结构共同作用的环境中，并不能促进耐用消费品出口质量升级。开放度在一定程度上代表一国的贸易政策，但是本书中开放度不显著，说明国家贸易政策没有促进出口质量提高。某产品出口

---

① Latzer 和 Mayneris（2018）强调全球化对质量升级和不平等的影响的理论和经验文献考虑了收入不平等。根据国际劳工组织提供的数据，他们发现白领收入与蓝领收入的中位数之比等于 2.04，也就是说，前 10%人口平均收入与平均收入的中位数之比为 2.04。正如 Atkinson 和 Voitchosky（2011）所强调的，人均总经济增长和基尼不平等指数对排除或包括最高收入很敏感。他们的研究结果表明，在过去几十年中，最高收入在不平等的演变中扮演着关键的角色，最高收入本身的演变主要是由一些国家的最高管理者和首席执行官的工资以及其他国家（特别是斯堪的纳维亚）的资本收入推动的。

占该国货物贸易总额比重越高，出口质量也越高，但影响并不大，这也从侧面说明我们未采用出口份额调整的质量具有一定合理性。高收入国家的进口需求没有促进耐用消费品出口质量提升。本书表明，一个国家的需求结构如收入分配与其出口产品的质量显著正相关，这在更平等的国家更容易发生。但是当平等程度特别高（中等80%收入占比高）时，对出口质量的作用反而减少，中等收入水平与本地市场规模相互作用会产生完全不同的影响方向。另外，本书没有发现一国开放程度对耐用消费品出口质量有影响。

本章小结

本章分为三节内容，第一节为基准模型设定，第二节为变量选取及数据处理，第三节为模型检验及稳健性检验，最后分析结果和经济含义。重点内容从第三节开始，在基准回归中采用逐步回归法，将不同的需求结构变量纳入模型分别回归；稳健性回归采用多重方法：分组、改变关键变量、替换控制变量以及选取不同的回归方法。结果发现，无论采用什么方法，关键变量均正向影响耐用消费品出口质量，但需求规模和结构的交互项系数符号为负。这些变量中，中等60%人口收入占比的影响在所有的模型中都一致为正，且本地市场规模效应最大（0.3703）。但人口变量的系数为负，在各个模型中的变化幅度不大，从-0.2869到-0.2625不等。鉴于分组回归中代表需求结构的中等60%人口的收入份额变量最为稳健，采用分位数回归将本地市场需求结构对出口质量的分层影响更细致地刻画出来。从系数的统计图直观地看到本地市场需求规模和本地市场需求结构对出口质量的影响呈线性变化，与学者研究的非线性不一致。

中国作为最大体量的发展中国家，随着脱贫攻坚取得胜利，已有超过7亿人口正在或已经迈向中等收入水平。结合本书的研究，中等收入群体的扩大会影响更个性化产品种类、更高质量的需求扩大，企业由此发现新市场或发明新产品会进一步提高企业竞争力，从而扩大和提高出口产品质量。由于消费者非位似偏好，企业没有单一产品能满足所有消费者的不同需求，因此必须对市场进行细分，生产出能够满足中等收入水平相似但不同的消费需求。本书结果并未显示出学者强调的出口目的国需求，也就是外部需求的影响（朱小明和宋华盛，2019；钟腾龙，2020）或者"富国效应"（余淼杰等，2019）。因本书只涉及耐用消费品，所以不能完全排除总体情况和其他产品存在外部需求规模效应和富国效应。但结果显示出的一国本地市场需求结构从最低收入10%人口占比不显著，逐渐上升至特别平等（80%人口收入占比）并形成纺锤形时，可能反而会抑制出口质量的事实，说明本地市场需求结构与本地市场需求规模可能存在某个拐点或调节值，这个阈值可以在未来深入研究。在规模报酬递增情况下，质量提升为"质量本地市场效应"，在高质量品种的生产和出口方面更加专业化。收入分配对出口产品的质量含量有影响，而且可能对其他结果也有影响，例如，对医疗和教育的需求以及由此产生的公共支出。提高一国GDP应重点扩大内需，因为耐用消费品具有明显的本地消费和出口的替代效应。越到高分位系数越符合本书的经济含义：耐用消费品高质量产品具有较强的本地市场偏向性，本地市场中等收入占比越高，出口质量越高，质量本地市场结构效应越高。这不仅仅与第三章的描述性统计相符，更重要的是证实了第二章理论推导提出的命题2。如前述分析，中等收入群体才是制造品需求的大众消费者，他们的需求不仅规模大，而且可能因为特征产品需求和质量需求而产生不同的市场缝隙。从需求诱致创新理论的角度看，这可能有助于本地企业扩大规模以进行创新活动。

第六章 本地市场需求影响耐用消费品出口质量的机制验证

前述研究证实了本地市场需求显著促进出口质量，但是本地市场通过何种机制促进产品质量还需要进一步检验。本章将从跨国和中国国内两个角度验证中国本地市场需求通过创新机制对出口质量的不同影响。内容安排如下，第一节机制验证模型设定，第二节跨国证据，第三节中国相对证据，第四节中国产品证据。为了验证前述分析中的数理模型机制，本书借鉴 Hayes 和 Rockwood（2019）的条件过程分析机制的思想。结合上文数理模型分析，从两个方面检验本地市场需求是否通过创新促进耐用消费品出口质量，亦即需求规模和需求结构。企业生产率和出口决策与创新活动紧密相关，在出口初期产品创新扮演更重要的角色，一旦成功就会启动过程创新进而持续提高新产品的质量（Rojec 和 Damijan，2008）。因此，本章选择主要几种耐用消费品 BEC 分类和 SITC（BACI 数据库中最早的进出口数据都是 SITC 标准年份可以追溯更久的）四分位匹配，对比所有国家进口的滞后时间和出口产品质量变化以期证实创新对质量的动态效应。一方面验证前述出口到高收入国家占比较高的疑问，另一方面从最微观层面寻求耐用消费品出口质量是否提升的依据。

第一节 机制验证模型设定

一、机制验证模型的提出

本章借鉴条件过程分析方法来验证上述机制。该方法自 Hayers 提出以来，在多个学科领域得以应用。一般通过依次检验回归系数。检验中介效应是否显著，有两个前提条件必须成立：①自变量显著影响因变量；②在因果链中任意一个变量，当控制了它前面的变量（包括自变量）后，显著影响它的后继变量。当原来直接效应因中介效应变得不显著时，还构成完全中介机制。当因变量和自变量的关系受到第三个变量的影响时，第三个变量即为调节变量，它影响自变量和自变量之间关系的方向或强弱。但是当一个变量与自变量或因变量关系不大时，它不可能成为中介变量，但有可能成为调节变量。在多个自变量时，可能是有中介的调节或有调节的中介。区分中介作用和调节作用对于验证机制非常重要：当关键自变量和另一变量的交互项系数显著时，这个第三变量的调节效应显著；当中介变量与第三变量的交互项系数显著时，则要先检验中介效应前的系数是否显著，以证实中介效应的存在。然后检验中介变量与这个非调节变量的交互项的系数，证明调节的中介效应显著。

二、机制验证的模型设计

（一）本地市场需求促进出口质量的直接机制

研究显示：无论哪种变量衡量的需求规模和需求结构，如国内生产总值和中等收入 60% 占比，都对出口质量有正向影响（见图 6-1）。本地市场需求结构通过创新影响出口质量受本地市场规模的制约。随着国内市场规模的不断扩大与消费者对产品需求结构的不断变化，企业积极提高产品的质量，推陈出新并提高其服务水平。在不断满足国内需求的过程中，企业产品不断改进，成本不断降低，竞争力逐渐提升，才有了出口的需求。同时，国外需求会根据企业出口产品的质量和服务水平给予企业一些反馈，企业在此基础上继续提高产品质量，其抵抗平行竞争的能力得到增强。由于出口带来了市场规模的扩大，企业形成规模经济，产品成本进一步下降，或者由于新的国外需求而创造了新特征产品，企业生产率提高而出口。

图 6-1 本地市场需求对耐用消费品出口质量的直接影响

（二）本地市场需求诱致创新的中介机制

早期学者 Schmookler（1966）、Scherer（1982）、Meyers 和 Marquis（1969）、Rothwell（1990）指出，市场规模是需求激励创新的关键因素。主要发达国家越来越关注市场需求在促进企业创新活动方面的重要作用（张锐，2015）。在 Falkinger（2002，2006）提出的恩格尔需求创新理论中，产品异质性是企业持续创新最重要的前提。Vernon（1966）产品生命周期理论对高收入国家生产高质量产品比较优势是以大部分旧产品的质量升级为假定前提的。

同时，由于众多本地企业面临相同的要素禀赋等条件，大市场下的激烈竞争又会迫使本地企业寻求更高层次的竞争优势。创新是高层次竞争优势的决定性因素，而需求是创新的重要诱致因素，较大的需求规模和多层次需求结构可引致本地企业内生创新的动态机制，因此有"本地市场越大，创新越多"的理论预期（Acemoglu 和 Linn，2004；Desmet 和 Parente，2010）。大市场上拥挤的产品空间会导致产品的替代性更强，面临多样性选择的消费者会更加挑剔，而与专业、挑剔的消费者反馈互动是本地企业培育高层次竞争优势的重要微观机制。这遵循"创新源于消费导向，成于厂商实现"的规律，消费者对更好的新的产品偏好是企业创新并获得垄断优势的来源。企业做出创新决策：过程创新提高旧产品质量，产品创新生产新产品，而后继续过程创新提升这些新产品的质量。因此，企业创新活动没有严格的界限，但一定是沿着这个方向获得垄断利润。安同良和千慧雄（2014）认为收入差距（基尼系数）与企业产品创新存在复杂的非线性关系，本章需要在验证后方可确定是否具有这种关系。

Zweimüller（2000）认为，在产品价格和提价能力外生给定的情形下，较小的收入差距能够为创新产品提供一个更大的消费需求市场，从而对一国自主创新产生积极作用。Falkinger 和 Zweimüller（2002）、Falkinger（2006）研究了收入分配不平等对创新率的影响，因为消费者以固定数量购买高质量商品，高收入家庭更有高质量支付意愿。张璇等（2016）考察收入差距对创新的影响结果显示，收入差距也对创新产生重要影响。因此，不平等不仅影响了高质量产品的价格，也影响了研发利润。结果是收入不平等程度越小，越能促进创新利润。因此，创新中介作用路径如图 6-2 所示。

图 6-2　需求诱致创新促进质量提升的中介机制

（三）本地市场需求、创新中介的调节机制

Schmookler（1966）最先提出"需求诱致创新"的重要性，但需求基于一定规模上，当市场需求增大时企业受利润增加的驱动会扩张生产。创新通过中介效应和受本地市场规模调节而对出口质量起促进作用。许德友（2015）提出了一个"市场规模→消费需求升级→技术创新→国际竞争力增强"路径。一旦企业创新成功，企业就会获取更大的垄断利润，拥有更高的定价加成，无论是过程创新还是产品创新都会改进产品性能、提高产品质量，这个过程在本地市场发生，不仅减少研发成本，而且提高创新成功率（见图6-3）。

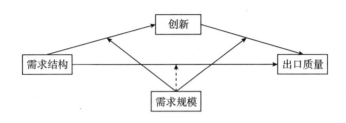

图6-3 创新中介受本地市场需求规模的调节机制

图6-3调节变量需求规模并在上、下路径中起调节作用。创新对出口质量的效应也不是独立于需求规模和模型中的其他变量。Blyde等（2017）的研究表明，创新企业同时在高收入和低收入两个市场出口差异化程度更高的商品，在针对高收入国家时，其优势更大。进一步验证了中国作为中等收入国家，耐用消费品出口中超过79%出口到高收入市场是因为创新提高了质量。创新对于出口很重要，是因为企业创新不仅将创新产品出口到高收入国家，重要的是创新活动会导致企业大大地提高产品质量并出口到高收入国家，从而使出口的产品质量更高。

Schmookler（1966）认为，一个国家或地区人均收入的高低，以及收入分配结构所蕴含的中高收入阶层的需求规模和支付能力，是影响企业创新决策的最根本因素。程文和张建华（2018）还认为，在经济发展的不同阶段，消费者收入水平与收入差距的不同组合对内资企业的自主创新行为会产生迥然不同的影响：当经济体处于中低收入阶段时，收入差距的扩大并不会抑制自主创新。Beerli等（2018）认为，中国较大的本地市场和庞大的中等收入群体具有相当大的需求潜力。随着2020年脱贫攻坚收官后，农村消费层次提升得更快。收入水平整体提升的过程会伴随着新阶层消费者基本需求饱和后加大对耐用消费品的消费。这部分不断增长的中等收入群体会成为中国制造业技术变迁和发展的重要引擎。结合前两章实证结果，假定其他条件不变，本地市场需求水平促进出口产品质量提升，本地市场结构为正向影响（0.0068），但是二者的交互项为负，且检验都显著，净效应（0.0186）为正，证明本地市场需求结构在影响出口质量时基于需求规模。在控制了高收入国家时，其影响系数更高，效应更明显，即国家整体收入水平调节需求结构对出口质量的影响程度。

三、机制验证的基准模型

前述研究显示，需求规模是所有影响因素中最大的因素，即使在控制了生产供给侧的因素仍然显著。需求结构对产品质量影响，一国基尼系数越高，对耐用消费品出口质量的正向影响越大，在控制了供给侧要素禀赋生产率、人力资本投资后仍然为正。但是，有一个值得注意的情况，在代表本地市场需求规模的人均GDP 和代表本地市场需求结构的基尼系数、中等 60% 收入占比和中等 80% 收入占比共同作用时，原基尼系数对出口质量的正向影响转为两者交互项的负向影响，假定本地市场需求结构受到规模的作用，但有待下一步验证。在 Krugman（1980）本地市场效应研究中，详细论述了创新对出口结构特别是产品多样化的影响。综合分析后，本书认为创新是一个有调节的中介变量，亦即需求结构（如收入差距）引致创新，但受到初始需求规模的调节。因此，本书建立间接效应方程如下：

$$Y = \rho_0 + \rho_1 X + \rho_2 W + \rho_3 XW + \rho_4 Z + \varepsilon_1 \tag{6-1}$$

$$M = \alpha_0 + \alpha_1 X + \alpha_2 W + \alpha_3 XW + \alpha_4 Z + \varepsilon_2 \tag{6-2}$$

$$Y = \beta_0 + \beta_1 X + \beta_2 W + \beta_3 XW + \gamma_1 M + \gamma_2 MW + \delta_4 Z + \varepsilon_3 \tag{6-3}$$

其中，M 为中介变量创新，X 为本地市场需求结构，W 为本地市场需求规模即收入水平，Z 为其他控制变量，Y 为因变量，此处为耐用消费品出口质量。结合前述第二章数理模型的命题，验证本地市场需求是否通过创新影响了出口质量的提升。

第二节 跨国证据

一、验证模型设定

在第四、第五章已检验本地市场需求是否会直接影响出口质量的提升以及本地市场需求规模和结构诱致创新。以创新为中介变量，中介效应的前半路径为本地市场需求对创新的影响，后半路径为创新对出口质量的影响，每一条路径都受到本地市场规模的影响，还要检验在上述图 6-3 的因果链中任一个变量，当控制创新中介变量后，是否显著影响后面的本地市场需求变量。这实际上是混合的有中介的调节模型。设定如下具体检验方程：

$$quali = a_0 + a_1 gdp + a_2 gini + a_3 gdpgini + a_4 Z + \varepsilon_1 \tag{6-4}$$

$$rdinvest = b_0 + b_1 gdp + b_2 gini + b_3 gdpgini + b_4 Z + \varepsilon_2 \tag{6-5}$$

$$quali = \delta_0 + \delta_1 gdp + \delta_2 gini + \delta_3 gdpgini + \varphi_1 rdinvest + \varphi_2 rdgdp + \varphi_3 Z + \varepsilon_3 \tag{6-6}$$

二、变量说明

除了与上一章相同的变量，采用创新投入作为中介效应代理变量，为了区分本地市场规模和结构对质量的影响，亦即中介效应的后半阶段受创新的不同影响，以两个方程分别估计。鉴于本地市场需求影响出口质量的直接效应已在上一章得到检验，在此只报告中介效应的结果如表 6-1 所示。由于在第五章本地市场需求与耐用消费品出口质量显著相关且通过了稳健性检验，直接效应中两个自变量的交互项不为零，亦即本地市场规模受到需求规模的调节作用，但需要更严谨的检验。

三、总体检验

研究的主要目的是检验本地市场规模和结构是否分别通过创新影响了出口质量，表6-1中前两列（a1）和（a2）先验式（6-4）中的直接效应，基尼系数对数据和其他条件特别敏感（Schott，2006）。结合前述分析，将中等收入60%占比作为需求结构变量对比，模型a1（基尼系数）未通过检验，模型a1、模型b1和模型c1关键变量也不显著，取模型a2、模型b2和模型c2：本地市场需求对出口质量的直接效应为0.2725。为了作为对比，也为了检验的选择性更科学，采用两种需求结构：基尼系数和中等收入60%的占比，前者表示结构不平等程度，后者表示平等程度，也代表中等收入群体大小。从表6-1可以看出，采用结构平等变量模型拟合更好，关键变量都通过了检验，系数符号的经济含义更合理，从交互项系数看，结构更平等的系数绝对值更显著，即0.0039>0.0006（温忠麟等，2012；Hayers和Rockwood，2019）。因此，再检验是否为有中介的调节模型。检验结果显示，模型b2和模型c2更显著。模型结果显示，以更平等的中等收入mid60作为结构的代理变量比基尼系数的模型更佳。我们将模型a2、模型b2和模型c2分别作为式（6-4）、式（6-5）、式（6-6）正确的分析结果。三个模型中mid60、mid60gdp的系数显著，模型b2中mid60gdp的系数显著，模型c2中的中介变量rdinvest的系数也通过1%显著性水平。因此，确定此三个模型结合的混合模型存在有中介的调节。此时，间接的调节效应为-0.0129，直接的调节效应为-0.0055。代表需求结构更平等的中等收入变量纳入模型后，调节效应成立。本地市场需求规模对创新的直接调节效应为-0.0129，在需求更平等的国家，创新起到中介作用，但是如果本地市场需求规模已经很高，它们可能表现出创新惰性，更不会在耐用消费品出口质量上投入更多。

Brambilla等（2018）的研究显示，阿根廷出口到较高收入国家使用更多技术，也因为高收入国家会有更高的质量评价，会进口更高质量的产品。由于高收入国家对质量的高度重视，任何一个出口商都需要更密集的创新努力并提高质量才能开拓该市场，创新企业生产的产品质量远高于非创新企业，因而也易于进入高收入国家。创新企业出口到高收入国的贸易额高出 1.7 倍，出口到中低收入国的贸易额高出 1.1 倍（Blyde 等，2017）。

表 6-1　回归结果统计

因变量 自变量	出口质量（直接） FE（a1）	出口质量（直接） FE（a2）	创新 FE （b1）	创新 FE （b2）	出口质量 FE （c1）	出口质量 FE （c2）
lngdp	0.0503 (0.0468)	0.2725*** (0.1013)	0.4836 (0.3168)	−2.0930*** (0.6891)	0.1772 (0.0474)	0.3275*** (0.1019)
gini	−0.0078 (0.0111)		0.1579** (0.0752)		−0.0121 (0.0111)	
ginigdp	0.0006 (0.0009)		−0.0136* (0.0065)		0.0011 (0.0009)	
hc	−0.03528 (0.0347)	−0.0588* (0.0356)	0.8802*** (0.2356)	0.8446*** (0.2427)	−0.0680* (0.0361)	−0.0906*** (0.0365)
lnopen	0.03582 (0.0347)	−0.0479* (0.0295)	0.0540 (0.2022)	0.0246 (0.2022)	0.0454 (0.0297)	0.0579* (0.0295)
experc	0.0046*** (0.0016)	−0.0045*** (0.0015)	−0.0109 (0.0108)	0.0094 (0.0107)	0.0042*** (0.0015)	0.0040*** (0.0015)
lntariff	−0.0498 (0.0378)	−0.0559 (0.0374)	−0.1333 (0.2560)	−0.0875 (0.2547)	−0.0408 (0.0375)	−0.0475 (0.0370)
mid60		0.0497** (0.0229)		−0.5005*** (0.1558)		0.0674*** (0.0232)
mid60gdp		−0.0039** (0.0019)		0.0435*** (0.0134)		−0.0055*** (0.0020)
rdinvest					−0.3108*** (0.0909)	−0.2965*** (0.0901)
rd * gdp					0.0275*** (0.0079)	0.0263*** (0.0078)
F test	32.41	33.81	181.22	169.78	33.13	34.66
Prob>F	0.0000	0.0000	0.0000	0.0000	0.0000	0.0000

　　注：＊＊＊表示 $p<0.01$，＊＊表示 $p<0.05$，＊表示 $p<0.10$；小括号内的值为标准误。

　　此表中缺少与第五章相同的两个变量：人口和全要素生产率，前者因为 VIF 值过大而剔除，后者因为技术创新包含在 TFP 之中，为避免严重共线性而剔除。

四、分组检验

为了检验模型的稳健性，进行分组回归。需求结构仍然是选取中等收入60%占比的模型拟合更好，关键变量都显著通过检验，证明高收入国家同样是需求结构越平等，出口质量越高，且通过创新的中介作用明显，但受到需求规模的调节。此时直接调节效应为 -0.0077，间接的调节效应（通过对创新的调节）为 -0.0189。可见高收入水平的国家，创新对出口质量的中介效应通过本国需求规模的调节作用（见表6-2）。

表6-2 高收入水平国家分类检验

因变量 自变量	出口质量 （直接）FE	出口质量 （直接）FE	创新 FE	创新 FE	出口质量 FE	出口质量 FE
lngdp	0.0620 (0.0623)	0.4899*** (0.1415)	0.6977 (0.4953)	−2.5107** (1.1400)	0.0380 (0.0614)	0.5198*** (0.1393)
gini	−0.0294** (0.0151)		0.2263* (0.1203)		−0.0304** (0.0149)	
ginigdp	0.0025* (0.0013)		−0.0179* (0.0105)		0.0026 (0.0013)	
hc	−0.0708* (0.0426)	−0.0818** (0.0426)	0.7715** (0.3391)	0.8421*** (0.3430)	−0.1245*** (0.0441)	−0.1338** (0.0436)
lnopen	0.0287 (0.0339)	0.0401 (0.0338)	0.2916 (0.2699)	−0.2210 (0.2728)	0.0367 (0.0334)	0.0486* (0.0332)
experc	0.0033* (0.0019)	0.0031* (0.0019)	−0.0146 (0.0153)	−0.0148 (0.0153)	0.0034* (0.0018)	0.0030* (0.0018)
lntariff	−0.0491 (0.0459)	−0.0555 (0.0455)	−0.2894 (0.3648)	−0.2522 (0.3669)	−0.0437 (0.0450)	−0.0503 (0.0445)
mid60		0.0792*** (0.0299)		−0.5665** (0.2409)		0.0906*** (0.0295)
mid60gdp		−0.0066*** (0.0026)		0.0497** (0.0215)		−0.0077*** (0.0026)
rdinvest					−0.3681*** (0.1014)	−0.3827*** (0.1001)

因变量 自变量	出口质量 （直接）FE	出口质量 （直接）FE	创新 FE	创新 FE	出口质量 FE	出口质量 FE
rd * gdp					0.0330*** (0.0089)	0.0344*** (0.0087)
F test	42.81	44.60	140.03	126.52	44.57	46.62
Prob>F	0.0000	0.0000	0.0000	0.0000	0.0000	0.0000

注：*** 表示 p<0.01，** 表示 p<0.05，* 表示 p<0.10；小括号内的值为标准误。下同。

这些负向调节作用更大（绝对值更大），说明高收入国家的创新投入惰性更强，但是在创新和需求结构的共同作用下，需求规模促进出口质量的系数更大，由 0.4899 上升为 0.5198。

但在中等收入水平的国家的检验中，不是所有模型的关键变量都显著（见表 6-3）。纳入模型中的核心解释变量不显著，未通过检验，仅作对比。需求的创新中介效应不存在中低收入国家。中低收入国家的本地市场规模和结构还未能体现引致创新和促进出口质量提升效应。换句话说，中低收入水平国家的本地市场需求规模还没能达到显著地提高出口质量的水平。[①] 但是，在中介的调节作用下，中等 60% 收入占比以及创新投入的系数都显著，即使是中等收入国家，也是收入分配越平等，出口质量越高，但由于这些国家的需求规模小，需求规模负向影响耐用消费品出口质量。

表 6-3 中等收入水平国家分类检验

因变量 自变量	出口质量 （直接）FE	出口质量 （直接）FE	创新 FE	创新 FE	出口质量 FE	出口质量 FE
lngdp	0.0829 (0.0818)	0.3010 (0.2187)	−0.2392 (0.2629)	−0.7484 (0.7241)	0.0349 (0.0979)	−0.5505** (0.2836)

---

① 对于一国本地市场需求规模（消费需求）对经济增长的作用可参见欧阳峣等（2016）的《居民消费的规模效应及其演变机制》，其主要结论是一国本地市场需求规模在消费率达到 0.539 之前，每上升 0.1，次年对经济增长的规模效应甚小，仅为 0.077，达到这个阈值后为 0.121。

续表

因变量 自变量	出口质量 （直接）FE	出口质量 （直接）FE	创新 FE	创新 FE	出口质量 FE	出口质量 FE
gini	0.0198 (0.0187)		−0.0779 (0.0595)		0.0098 (0.0213)	
ginigdp	−0.0017 (0.0015)		−0.0059* (0.0051)		−0.0009 (0.0018)	
hc	−0.0260* (0.0690)	−0.0713 (0.0703)	0.9137** (0.2238)	−0.1614*** (0.1755)	−0.0060 (0.0765)	−0.0395 (0.0753)
lnopen	0.0399 (0.0615)	0.0549 (0.0609)	−0.4723** (0.2002)	−0.4495** (0.2055)	0.0363 (0.0648)	0.0438 (0.0631)
experc	0.0041 (0.0031)	0.0059 (0.0030)	−0.0076 (0.0098)	−0.0075 (0.0100)	0.0039 (0.0031)	0.0053 (0.0030)
lntariff	−0.0449 (0.0691)	−0.0458 (0.0682)	0.0817 (0.2199)	0.0868 (0.2252)	−0.0292 (0.0714)	−0.0219 (0.0688)
mid60		0.0689 (0.0529)		−0.1614 (0.1755)		0.1224** (0.0612)
mid60gdp		−0.0053 (0.0044)		0.0151 (0.0146)		−0.0097** (0.0051)
rdinvest					−0.2825 (0.2867)	−0.5505** (0.2836)
rd * gdp					0.0215 (0.0229)	0.0431** (0.0230)
F test	7.46	7.83	378.42	279.04	7.31	7.83
Prob>F	0.0000	0.0000	0.0000	0.0000	0.0000	0.0000

第三节　中国相对证据

以上研究是基于出口国国家层面的验证，中低收入国家本地市场需求对出口质量的影响比高收入国家的作用要低得多。但从前述描述性分析可知，与其他中等收入国家不同，中国耐用消费品出口质量不断上升。中国作为最大的发展中国家，城镇人口增长快，1979~2016 年平均增长 4.1%。需求结构不断改善，恩格尔系数逐年降低，交通通信、文教娱乐和医疗保健占比逐年提高，在需求结构改善过程中存在破坏式创新。因此，中国的本地市场需求可能在促进耐用消费品出口质量中有着与其他中等收入国家不同的特征。

一、模型设定和变量选取

（一）模型设定

本书已经证明需求结构、需求规模及二者的交互项对高收入水平国家和低收入国家存在诸多方面异质性，可能存在一定的组间差异。根据前述理论分析和本章第一节的方法论分析，中国本地市场需求对出口质量的影响，仍然考虑设定上节的三个计量模型。

（二）变量选取

除前述已有变量，还做了以下调整：一是将除出口质量以外的变量以贸易伙伴国的值表示中国；二是为了控制双边贸易阿尔钦-艾伦效应，以中国到这些国家的距离作为贸易成本，由于这些距离为不变的常数，采用国际油价（年度）调整以提高数据质量；另外，上述耐用消费品出口是出口到世界市场，而中国出口采用的是中国与 47 个贸易伙伴国的双边贸易，以中国出口到这些相对国家质量比标准化过的质量表达更合理，被解释变量为中国出口到这些国家的耐用消费品出口质量。具体做法是，先筛选中国出口到这些国家耐用消费品中以 kg 计的数值，采用插值法补齐，再计算出中国出口到世界的均值，最后将中国出口到这些贸易伙伴国的耐用消费品 BEC1 标准与 HS96 六分位编码相对照的多种产品算出均值与中国出口到世界的均值相比。至此，出口质量已是一个消除量纲的比值，不必再取对数。由前述理论分析可知，本地市场需求和结构与创新率相关，以中国与目的国的专利申请数的相对值表示创新，相对而言，专利申请数更能代表创新产出。各变量描述性统计如表 6-4 所示。从描述性统计表可知，变量比较平稳，标准差较小。结合第三章的分析，中国的人口占世界最大份额，而人口与出口质量的相关关系与其他变量的方向不同，这可能导致总量偏误，为解决此问题，本节将原 GDP 分解为 GDPPC 和人口。

表6-4 描述性统计

变量名	观察值	均值	标准差	最小值	最大值
quali	470	1.0586	0.8239	0.0285	7.8875
gini	470	0.8369	0.1632	0.5524	1.3478
mid60	470	1.0766	0.0890	0.8013	1.2311
rdinvest	470	0.8215	0.6276	0.0000	3.2255
experc	470	0.4644	0.4020	0.0005	2.5860
hc	470	1.2862	0.1809	0.8239	1.5859
poptot	470	1.2793	0.1428	1.0019	1.6601
lnopen	470	1.1442	0.1459	0.7934	1.5883
lngdppc	470	0.8820	0.0561	0.7401	1.0158
lndistadj	470	5.7282	0.2544	4.6121	6.3018

二、检验结果

结合第二章的理论分析，先验证直接影响和创新中介作用，再验证调节作用是否存在，如果不存在，则可能是完全中介效应。检验后发现，无论采用哪个变量表示需求结构，需求结构和需求规模的交互项均通过显著性检验，初步证明调节效应存在。将不同结构变量分别纳入模型可证明本地市场需求诱致创新投入与产出的不同影响。结果分别报告于表6-5和表6-6中。相对而言，中国耐用消费品出口经过创新的中介作用，但需求规模的调节作用因所采用的变量不同而异：以代表需求不平等程度的变量 gini 的模型中，创新的中介作用更显著，而本地市场需求规模对创新产出存在调节作用；但在代表需求更平等程度的变量 mid60 的模型中，创新的中介效应同样显著，而本地市场规模对创新投入的调节作用更大更显著。此时没有发现本地市场需求规模对需求结构影响出口质量的直接调节效应（不显著）。需求结构为中等60%收入占比时（见表6-5），对创新投入直接调节效应为0.7723，间接调节效应为-2.2053。而在以基尼系数代表需求结构时（见表6-6），对创新产出直接调节效应为-1.1384，间接调节效应为22.0180（以中等60%收入占比为结构变量时间接调节效应为3.5032，但创新中介不显著）。中国国内收入分配相对他国越平等，促使出口质量越高，相对中等60%收入占比平均每上升0.01，带动创新投入上升0.008。中国相对基尼系数越高，对创新产出调节效应越高。但是中国向相对需求规模更低的国家（GDP越高）出口耐用消费品的出口质量越低（-1.5190），从某种程度上看，中国出口到需求规模更低的国家，耐用消费品出口贸易条件恶化。

表6-5 中国相对证据验证结果（一）

因变量 自变量	出口质量 （直接）FE	出口质量 （直接）FE	创新 FE	创新 FE	出口质量 FE	出口质量 FE
lngdp	-1.0398* (0.6730)	-8.4444 (09.9053)	-5.3258*** (0.9006)	2.3767 (2.5210)	0.3978 (0.4222)	0.3187 (0.4215)
relapop	-2.3703 (2.0610)	-21.335 (10.692)	-2.3932 (2.7580)	-2.3174 (2.7213)	-1.1563* (0.7427)	-2.6288 (2.1299)
gini	0.8162 (1.5331)		1.3748 (2.0515)		0.9879 (1.5513)	
ginigdp	-0.6694 (1.7414)		-1.4790 (2.3303)		-0.8641 (1.7617)	
hc	-0.5088 (0.4667)	3.5245* (2.5715)	-1.0409* (0.6245)	-1.1665* (2.2545)	-0.5196 (0.4700)	-0.4476 (0.4996)
lnopen	0.6259*** (0.1719)	1.5612* (0.9832)	0.2567 (0.2300)	0.2592 (0.2273)	0.6469*** (0.1747)	0.6642*** (0.1757)
experc	0.2157*** (0.0214)	0.0385* (0.1128)	-0.0129 (0.0286)	-0.0224 (0.0287)	0.2156*** (0.0214)	0.2159*** (0.0218)
lndistadj	-0.3506* (0.2101)	-0.0912 (1.0857)	0.2392 (0.2812)	0.2803 (0.2763)	-0.3526* (0.2106)	-0.3326* (0.2101)
mid60		-0.3039 (0.1657)		-7.0608*** (2.3328)		1.1161 (1.7997)

续表

因变量 自变量	出口质量 （直接）FE	出口质量 （直接）FE	创新 FE	创新 FE	出口质量 FE	出口质量 FE
mid60gdp		-1.0087 (8.8582)		-6.9198*** (2.2545)		0.7723* (0.7391)
relardinvest					0.3978 (0.4221)	0.3187* (0.3005)
relardgdp					-0.4258 (0.4730)	-0.3312 (0.3727)
F test	13.96	13.96	23.84	25.43	15.43	15.01
Prob>F	0.0000	0.0000	0.0000	0.0000	0.0000	0.0000

注：***表示 $p<0.01$，**表示 $p<0.05$，*表示 $p<0.10$；小括号内的值为标准误。

表6-6　中国相对证据验证结果（二）

因变量 自变量	出口质量 （直接）FE	出口质量 （直接）FE	创新 FE	创新 FE	出口质量 FE	出口质量 FE
lngdppc	-1.0398* (0.6730)	-8.4444 (9.9053)	-11.385*** (4.4534)	4.4481 (12.5487)	-1.5190** (0.7086)	-0.4848** (0.2188)
relapoptot	-2.3703 (2.0610)	-21.335 (10.692)	-26.633** (13.4279)	-19.4332 (13.6366)	-3.9010* (2.1529)	-3.7929* (2.1457)
gini	0.8162 (1.5331)		37.982*** (9.8885)		1.2087 (1.5980)	
ginigdp	-0.6694 (1.7414)		-43.004*** (11.2295)		-1.1384 (1.8164)	
hc	-0.5088 (0.4667)	3.5245* (2.5715)	8.1431*** (3.0338)	6.1589* (3.2657)	-0.4736 (0.4777)	-0.3927** (0.2832)
lnopen	0.6259*** (0.1719)	1.5612* (0.9832)	1.2128 (1.1738)	1.5848 (1.1904)	0.8095*** (0.1868)	0.8376*** (0.1881)
experc	0.2157*** (0.0214)	0.0385* (0.1128)	0.2198* (0.1384)	0.2055 (0.1423)	0.2192*** (0.0217)	0.2196*** (0.0219)
lndistadj	-0.3506* (0.2101)	-0.0912 (1.0857)	0.8507 (1.3521)	1.4401 (1.3644)	-0.3246* (0.2113)	-0.2998 (0.2111)
mid60		-0.3039 (0.1657)		-5.7239 (11.5236)		0.9252 (1.7804)
mid60gdp		-1.0087 (1.8582)		-7.2261 (11.1412)		-0.6554 (1.7202)

续表

因变量 自变量	出口质量 （直接）FE	出口质量 （直接）FE	创新 FE	创新 FE	出口质量 FE	出口质量 FE
relapatapp					−0.5120** (0.2214)	−0.4848** (0.2188)
relapatgdp					0.6663** (0.2861)	0.6323** (0.2832)
F test	13.96	13.96	47.26	12.83	16.11	15.69
Prob>F	0.0000	0.0000	0.0000	0.0015	0.0000	0.0000

注：*** 表示 p<0.01，** 表示 p<0.05，* 表示 p<0.10；小括号内的值为标准误。

三、稳健性检验

为了验证该调节作用是否稳定，也为了与前述分析相对应，将对高收入和中等收入分别检验。中介效应在以上两个模型中都显著存在，此处稳健性检验主要针对出口质量的间接调节效应进行。结果显示，高收入国家本地市场需求大大地促进耐用消费品出口质量，但中低收入国家本地市场需求尚未能明显提高出口质量，将目的国按收入水平分组验证的目的相当于控制目的国需求水平和需求特征。高收入国家本地市场需求显著提升本国耐用消费品出口，通过创新的中介作用，低收入国 P 值都为零，但 F 值过小，未通过检验，为节约篇幅未报告在表6-7中。

表6-7　中国相对证据稳健性检验结果（高）

因变量 自变量	创新 FE（rd）	创新 FE（rd）	创新 FE（pat）	创新 FE（pat）	质量 FE	质量 FE	质量 FE	质量 FE
lngdppc	−4.2037[a] (1.1128)	7.7375[b] (4.0578)	−16.598[a] (3.5637)	6.1112 (13.266)	−0.4141 (0.7956)	1.3162 (2.7222)	−1.1277[c] (0.789)	−0.3898[c] (0.2519)
relapoptot	1.9339 (3.1049)	1.8049 (3.0539)	−38.255[a] (9.8445)	−34.12[a] (10.127)	−1.8052 (2.1131)	−2.1474 (2.1099)	−3.334[c] (2.183)	−3.7001[c] (2.178)
gini	0.4238 (2.8531)		39.139[a] (8.9044)		0.2971 (1.8743)		0.3774 (1.9716)	
ginigdp	−0.1073 (3.2845)		−45.60[a] (10.248)		−0.0184 (2.1569)		−0.0700 (2.271)	

续表

因变量 自变量	创新 FE（rd）	创新 FE（rd）	创新 FE（pat）	创新 FE（pat）	质量 FE	质量 FE	质量 FE	质量 FE
hc	-2.162^b （1.0960）	-2.5198^b （1.1795）	14.600^a （3.4396）	10.444^a （3.8598）	1.0493^c （0.7398）	1.2303^c （0.8202）	0.8779 （0.772）	1.0679 （0.8289）
lnopen	0.0599^a （0.2957）	0.0768^c （0.2858）	1.8285^b （0.9923）	2.7687^a （0.9921）	0.1979 （0.2002）	0.2193 （0.1990）	0.4168^b （0.2172）	0.4411^b （0.2150）
experc	0.0300 （0.0311）	-0.0453^c （0.0313）	0.2293^b （0.0968）	0.2057^b （0.1017）	0.2396^a （0.0203）	0.2371^a （0.0209）	0.2410^a （0.021）	0.2384^a （0.0213）
lndistadj	0.0987 （0.3675）	-0.0179 （0.3619）	-1.3672 （1.1364）	-0.9274 （1.166）	-0.5634^c （0.2397）	-0.5590^b （0.2403）	-0.5210^b （0.2436）	-0.5166^b （0.2444）
mid60		-10.947^a （3.8866）		-13.406 （12.548）		-1.2872 （2.6538）		-1.7122 （2.6187）
mid60gdp		-10.689^a （3.5988）		-14.193 （11.617）		-1.2872 （2.6538）		-1.7978 （2.4254）
relapatapp							-0.3699^c （0.2522）	-0.3898^c （0.2519）
relapatgdp							0.4879^c （0.3346）	0.5130^c （0.3348）
relardinves					-0.1015 （0.4523）	-0.0816 （0.4590）		
rdinvesgdp					0.1633 （0.5157）	0.1420 （0.5246）		
F test	13.96	19.33	9.55	25.43	9.34	17.81	18.40	17.88
Prob>F	0.0000	0.0000	0.0000	0.0000	0.0000	0.0000	0.0000	0.0000

注：a 表示 p<0.01，b 表示 p<0.05，c 表示 p<0.10；小括号内的值为标准误，下同。

四、结果讨论

结合表 6-5 和表 6-6 可知，本地市场需求结构和规模的交互项显著不为零，中国本地市场需求规模对创新中介起调节效应，采用创新的投入和产出变量进行验证，此结果分别为-2.2050 和 22.018。由于变量是相对 47 国的值，所以相对于收入结构更不合理的国家（收入结构的值更大），中国需求规模调节创新投入效率更高，耐用消费品出口质量更高。基尼系数作为需求结构变量的模型中，创新产出显著，其他模型中以中等 60%收入占比作为需求结构变量都通过了显著性检验。相对于中等收入水平占比更高的国家（收入结构的值更大），中国需求规模调节创新的产出效率更高，耐用消费品出口质量更高。其他供给变量在质量因变量的模型中符号一致，数值变动不大。

以目的国收入水平划分的高低收入国家个体效应检验中，中国耐用消费品出口到高收入国家呈现明显的创新产出调节效应。无论是代表不平等还是更平等的变量，都内生地影响创新促进耐用消费品出口质量。但是创新的中介作用显著的却是以更平等变量 mid60 为代表的模型，且拟合非常理想。直接的调节效应显著为 0.1420，对创新的间接调节效应为 5.5324；以基尼系数为不平等变量在间接调节效应中显著，尤其对创新产出专利申请更是起到重要的中介作用，直接调节效应为 0.4879，间接调节效应为 16.867。中国本地市场需求结构相对于更低收入国家更平等（值越大），越能直接调节专利产出从而提高耐用消费品出口质量，而相对于更高本地市场需求规模的国家（值越小），越不能直接调节创新产出，只对创新投入起作用。

第四节　中国产品证据

为了证实产品层面的本地市场诱致创新从而促进出口质量的证据，从中国耐用消费品新产品引进时滞和出口质量升级两个层面进行验证。第一步先验证引进新产品，将中国与美国从同一市场进口的耐用消费品的年份相比较以证实本地市场需求对产品创新的影响，并求证上节中，上半路径的调节效应为负的原因；第二步验证本地市场需求诱致创新、提高出口质量的直接效应与间接效应。Becker 和 Egger（2013）构建了几种耐用消费品的产品特性恩格尔曲线，并估计了每种耐用消费品的预期市场规模变化。首先确定某一特定耐用商品在特定基准年的收入群体占有率，然后利用收入层次中不断变化的人口份额来计算其他年份的潜在拥有量和潜在市场规模。由于创新主要通过产品创新和过程创新影响贸易模式，此处采用弗农的产品生命周期过程，验证本地市场需求是否影响创新产品，也是考察进口需求的作用证据。

一、变量选取和数据处理

（一）产品选取

相对于汽车等耐用消费品，家用电器更接近必需品，生产侧具有垄断竞争市场的特点，需求侧具有大众消费品的特点。在综合参考 Becker 和 Egger（2013）、Beerli 等（2018）等文献的做法后，结合中国数据的可获得性，选取洗衣机、冰箱、空调和微波炉四种耐用消费品。这四种家用电器更能代表需求升级下的耐用消费品质量需求的特点，涉及 SITCR1 分类 717、719 和 725，SITCR4 分类 741 和 775。考察中国与美国在引进耐用消费品的时间和出口时间及相对应年份的国内需求，并考察本地进口需求。为了与文献对比，也用于分析中国与高收入国家对照情况，由于美国进口数据中没有空调代码，考虑到其他国家在 1962 年已向美国出口的事实，此处参考他国出口到美国的年份。为避免下一步滞后分析中出现多个零值，将美国引进空调的最高年份取 1961 年，这可能与事实不符，但已是服务于研究的最佳折中。当本书把引进年份与美国进行对比时发现，中美两国从同一国引进耐用消费品基本滞后一轮生命周期（与附表的产品周期对照），这再次证明了一国本地市场需求对创新的激励作用。

将 BEC1 中的耐用消费品与 SITC 对照，主要耐用消费品产品与所在分类标准的匹配如表 6-8 所示。[1][2]

---

① 更多产品细分可参阅附表 2 和附表 5。

② 此表只列出 BEC 耐用消费品大类中的文中用到的部分。由于 BACI 数据库中 1975 年（含）统计的标准只有 SITC Rev. 1，在统计时做了相应的对照。BEC4 在前几版的基础上做了较大修改，如所有的摩托车 SITC4 对应的 871110、871120、871130、871140、871150 全部划分为 522 类，所以未列出。照相机在分类中为 61 和 41 两类，为避免产生歧义也未纳入计算，其他分类对照及修改详见 BACI 数据库中的对照总表。

表 6-8　主要耐用消费品分类 HS/SITC 标准五分位及产品描述

中文名称	HS96 产品代码	SITC Rev1 产品代码	SITC Rev4 产品代码	标准产品描述
空调	841510 841520 841581 841582 841583	71912	74151	Air-conditioning machines comprising a motor-driven fan and elements for changing the temperature & humidity, window/wall-types, self-contained/split-system
			74155	Other air-conditioning machines, comprising a motor-driven fan & elements for changing the temperature & humidity
洗衣机	845011 845012 845019 845121	71715 72502	77511	Household-/laundry-type washing-machines (including machines which both wash & dry), each of a dry linen capacity not>10 kg
			77512	Clothes-drying machines, each of a dry linen capacity not>10 kg (excluding those of heading 743.55)
冰箱	841810 841821 841822 841829 841830	71915 72501	77521	Refrigerators, household-type (electric/other), whether/not containing a deep-freeze compartment
			77522	Deep-freezes, household-type (electric/other)
微波炉	851660	72505	77586	Microwave ovens; other ovens; cookers, cooking plates, boiling rings, grillers & roasters

（二）引进年份

中国与美国从主要高收入国家进口耐用消费品初始年份如表 6-9 所示。

表 6-9　中国与美国从主要高收入国家进口耐用消费品初始年份

国家代码	洗衣机		冰箱		空调		微波炉	
	美国	中国	美国	中国	美国	中国	美国	中国
AUT	1962①	1983	1953	1979	1964	1969	1974	1980
BEL	1955	1962	1956	1963	1962	1963	1962	1962

---

① 虽然 Tellis 等（2003）采用了不变价美元处理进出口价格和人均 GDP，本书认为下一步要做的是相对值，因此本书统一采用现价美元。

国家代码	洗衣机		冰箱		空调		微波炉	
	美国	中国	美国	中国	美国	中国	美国	中国
DEU	1952	1963	1956	1962	1962	1964	1969	1962
DNK	1958	1964	1954	1962	1962	1975	1974	1975
FIN	1960	1985	1961	1986	1980	1989	1975	1987
FRA	1954	1963	1960	1963	1962	1965	1975	1964
GBR	1954	1963	1954	1963	1963	1963	1971	1964
GRC	1964	1988	1972	1995	1990	1996	1982	1988
IRL	1966	1997	1958	1985	1974	1985	1976	1964
ITA	1957	1962	1965	1962	1962	1965	1975	1962
NLD	1960	1963	1960	1964	1962	1967	1971	1979
NOR	1960	1983	1957	1967	1966	1983	1976	1981
PRT	1956	1986	1956	1985	1972	1985	1982	1996
SWE	1958	1966	1953	1972	1962	1983	1973	1962
USA	1947		1949		1961*		1967	

（三）滞后期数

第一步结果从表6-9可以看出，中国除了从以色列、意大利和瑞士引进新产品比美国早，其他国家基本滞后一个生命周期，如中国向葡萄牙和挪威引进洗衣机的时间分别滞后美国26年和23年，超过两个周期（结合附表7）。冰箱和洗衣机引进时滞更长，空调和微波炉较短。引进新产品当期中国人均 GDP 低于美国，耐用消费品引进时间更晚。在这四种产品中，洗衣机相对更具有可用性和必需性，亦即需求弹性更小的耐用消费品引进时滞比美国更长。对照附表中的生命周期可知，洗衣机、冰箱和空调产品从美国引进时滞超过一个周期。从产品生命周期角度看，本地市场需求规模决定了低收入国家创新的第一阶段（见表6-10）。

表6-10 中美两国从高收入国家引进耐用消费品的时滞①

单位：年

洗衣机	冰箱	空调	微波炉
-23	-19	-5	-6
-2	-3	-1	0
-3	-2	-2	7
-4	-2	-13	-1
-25	-25	-9	-12
-3	-3	-3	11
-3	-3	0	7
-24	-23	-6	-6
-31	-25	-11	12
-2	3	-3	13
-3	-4	-5	-8
-23	-7	-17	-5
-26	-25	-13	-14
-6	-12	-21	11

二、产品证据的机制验证

仍以前述计量模型验证产品层面的机制，结果报告在表6-11中。此时的直接效应因变量采用中国这四种产品出口到前述47个样本国的平均质量。在采用方法上，先进行混合回归估计，接着进行 LSDV 估计，结果显示大多数个体虚拟变量显著，p 值显著为0，拒绝原假设，排除使用混合回归；Hausman 检验结果显示，在随机效应和混合效应中应选择随机效应。因此估计方法与前一节不同，因四种产品分别检验，如果全部报告，模型较多，选择报告需求结构为中等60%人口收入占比的模型中创新中介作用和带有中介的调节作用结果，同上，对创新投入和产出分别检验。

---

① 美国1960年以前引进的时间统一为1960年，因此，洗衣机和冰箱实际时滞更长。

（一）对创新投入调节作用

中国需求规模直接影响耐用消费品出品质量，但是影响方向与中国的相对证据不同，也与上述高收入目的国的结果不同。中国本地市场需求结构对这几种耐用消费品的直接调节效应为 0.2465，间接调节效应为 2.0706。中国的中等 60% 人口的收入占比显著促进这四类耐用消费品出口升级。为了简化分析，我们仅分别以基尼系数和中等收入作为结构变量对创新投入与创新产出的影响，如前述式（6-4）、式（6-5）和式（6-6）。

表 6-11　中介作用的调节机制验证结果（ave）

因变量	创新 RE（rd）	创新 RE（rd）	创新 RE（pat）	创新 RE（pat）	质量 RE	质量 RE
lngdppc	−4.6588[a] (0.8069)	3.4934 (2.3698)	−6.5327[c] (3.6931)	11.176 (11.279)	0.0799 (0.2278)	1.0584 (0.7703)
relapoptot	−1.0928 (0.8456)	−0.9224[c] (0.5071)	−3.2086 (3.6015)	−9.074[a] (1.9438)	−0.0015 (0.1982)	−0.1042 (0.0832)
gini	0.3967 (1.8381)		33.054[a] (9.3175)		−0.1978 (0.4740)	
ginigdp	−0.3955 (2.0851)		−37.012[a] (9.3175)		0.3362 (0.5337)	
hc	−1.4133[a] (0.4483)	−1.4833[a] (0.4608)	6.0428[a] (1.8482)	4.4589[b] (1.9311)	−0.1825[b] (0.0850)	−0.2160[b] (0.0865)
lnopen	0.1802 (0.1974)	0.1397 (0.1951)	0.2687[b] (0.9088)	0.1809 (0.9214)	0.1958[a] (0.0548)	0.1948[a] (0.0553)
experc	−0.0192 (0.0277)	−0.0275 (0.0273)	0.1859[c] (0.1311)	0.1604 (0.1343)	0.0032[a] (0.0104)	0.0007 (0.0107)
lndistadj	0.1184 (0.2664)	0.1647 (0.2612)	0.3758 (1.2336)	0.9446 (1.2429)	−0.1245[c] (0.0858)	−0.1203[c] (0.0843)
mid60		−7.6774[a] (2.3698)		−6.2209 (10.338)		−0.7847 (0.6894)
mid60gdp		−7.4808[a] (2.1350)		−8.4001 (10.147)		−1.0037[c] (0.7012)
Waldchi2	230.02	248.42	68.74	54.48	33.85	34.03
rho	0.9124	0.9119	0.8478	0.8436	0.3915	0.3901
Prob>chi2	0.0000	0.0000	0.0000	0.0000	0.0000	0.0000

注：a 表示 p<0.01，b 表示 p<0.05，c 表示 p<0.10；小括号内的值为标准误。

表 6-12 对创新投入调节机制验证结果（rd）

因变量 自变量	proave RE	washing RE	icebox RE	aircon RE	oven RE
lngdppc	0.9474 (0.7671)	1.4426 (1.8238)	2.3767** (1.2371)	1.5679 (1.2482)	-0.2194* (0.8909)
relapoptot	-0.0169 (0.1012)	-0.2205 (0.2737)	-0.1693 (0.1506)	0.0608 (0.1651)	-0.1601 (0.1162)
hc	-0.1728** (0.0897)	-0.5959** (0.2479)	-0.0512 (0.1314)	-0.2969** (0.1463)	-0.2681*** (0.1027)
lnopen	0.1930*** (0.0547)	0.2699*** (0.1344)	0.4060*** (0.0885)	0.1993** (0.0891)	0.2922*** (0.0634)
experc	0.0002 (0.0106)	-0.0161 (0.0233)	-0.0112 (0.0184)	0.0153 (0.0172)	0.0205* (0.0124)
lndistadj	-0.1555* (0.0851)	0.0203 (0.2737)	-0.3649*** (0.1366)	0.0650 (0.1386)	-0.0180 (0.0989)
mid60	-0.6275 (0.6991)	-0.6206 (1.6795)	-2.3767** (1.2371)	-0.7935 (1.1377)	0.0898 (0.8109)
mid60gdp	-0.8288 (0.7097)	-0.6636 (1.6782)	-2.7414** (1.1493)	-1.2241 (1.1547)	-0.0390* (0.8247)
relardinvest	-0.3551** (0.1709)	-0.9212** (0.4075)	0.0699 (0.2724)	-0.0742 (0.2781)	-0.0072 (0.1982)
rdgdp	0.3997** (0.1926)	1.0715** (0.4585)	-0.0108 (0.3075)	0.0904** (0.3134)	0.0035 (0.2235)
Rho Waldchi2	0.3745 37.51	0.6097 31.07	0.1873 50.02	0.3784 27.80	0.3475 44.86
Prob>chibar2	0.0000	0.0000	0.0000	0.0000	0.0000

注：***表示 $p<0.01$，**表示 $p<0.05$，*表示 $p<0.10$；小括号内的值为标准误。

（二）对创新产出调节作用

对创新产出调节作用机制验证结果见表 6-13。

表 6-13 对创新产出调节机制验证结果（pat）

因变量	proave RE	washing RE	icebox RE	aircon RE	oven RE
lngdppc	0.8284 (0.7707)	0.4084** (0.2031)	2.6236** (1.1378)	1.4914 (1.3421)	-0.0165 (0.0974)

续表

因变量	proave RE	washing RE	icebox RE	aircon RE	oven RE
relapoptot	-0. 2841 ***	-0. 8996 ***	-0. 3098 **	-0. 1411	-0. 0972
	(0. 1035)	(0. 2659)	(0. 1557)	(0. 1964)	(0. 1124)
hc	-0. 1634 *	-0. 6328 ***	-0. 0081	-0. 3739 **	-0. 2122 *
	(0. 0892)	(0. 2465)	(0. 1244)	(0. 1813)	(0. 0939)
lnopen	0. 2060 ***	0. 2582 **	0. 3826 ***	0. 3144 ***	0. 2794 ***
	(0. 0556)	(0. 1352)	(0. 0878)	(0. 1003)	(0. 0615)
experc	0. 0004	-0. 0152	-0. 0073	0. 0102	0. 0210 *
	(0. 0106)	(0. 0228)	(0. 0183)	(0. 0171)	(0. 0122)
lndistadj	-0. 1175	-0. 0634	-0. 3576 ***	0. 1475	0. 0370
	(0. 0845)	(0. 1982)	(0. 1312)	(0. 1457)	(0. 0934)
mid60	-0. 6723	-1. 2276	-2. 7544 ***	-0. 5110	-1. 7216 *
	(0. 6780)	(1. 6238)	(1. 0720)	(1. 1209)	(1. 0615)
mid60gdp	-0. 9373 *	-1. 3693	-3. 2772 ***	-1. 1656	-0. 1990
	(0. 6993)	(1. 6219)	(1. 1108)	(1. 2101)	(0. 7792)
relapatapp	0. 2465 ***	0. 4085 **	0. 1889 *	0. 2455 *	-0. 0749
	(0. 0875)	(0. 2032)	(0. 1378)	(0. 1516)	(0. 1121)
relapatgdp	-0. 3143 ***	-0. 5174 ***	-0. 2442 *	-0. 3199 **	0. 0638
	(0. 1132)	(0. 2629)	(0. 1781)	(0. 1961)	(0. 1505)
Rho	0. 3847	0. 6314	0. 1681	0. 6142	0. 2904
Waldchi2	43. 12	27. 74	44. 69	59. 95	48. 17
Prob>chibar2	0. 0000	0. 0000	0. 0000	0. 0000	0. 0000

注: *** 表示 p<0.01, ** 表示 p<0.05, * 表示 p<0.10; 小括号内的值为标准误。

　　前述研究表明本地市场规模和结构对引致创新的投入和产出具有不同的影响, 在此将不同的创新变量分别纳入模型验证, 发现不同产品本地市场需求诱致创新的强度不同, 本地市场需求规模对洗衣机和空调的质量提升不显著, 但中等收入群体越高, 对冰箱出口的质量提升越高, 这主要体现在本地市场需求规模对创新产出的后半路径的调节上。四种耐用消费品中, 本地市场需求规模对洗衣机的前半路径调节作用最强, 直接调节效应为1.0715。分组检验后, 发现中国的四种耐用消费品出口到高收入国家的系数都大于1, 都存在本地市场效应和质量本地市场效应。这与杜威剑和李梦洁（2015）的研究结果有相似之处，他们也认为中国企业在目的国市场的选择会直接影响出口企业的产品质量，特别是向经济发展相对落后且收入分配不平等性较高国家的出口会显著抑制其产品的质量升级。但是本章的结果显示，出口到相对收入更平等的国家反而抑制了中国的耐用消费品出口质量（见表6-14）。

表6-14　产品层面机制验证的分类结果（高）

因变量 自变量	proave RE	washing RE	icebox RE	aircon RE	oven RE
lngdppc	1.8693 * (1.2142)	3.6742 (2.7611)	4.6384 ** (2.0171)	1.8656 ** (2.1783)	1.8562 * (1.1989)
relapoptot	−0.2769 ** (0.1301)	−1.1682 *** (0.3120)	−0.2600 (0.2051)	−0.1776 (0.2506)	0.0190 (0.1213)
hc	−0.1619 (0.1407)	−0.2636 (0.3660)	−0.0187 (0.1957)	−0.3364 (0.3000)	−0.1469 (0.1139)
lnopen	0.1972 *** (0.0759)	0.1026 (0.1784)	0.3220 *** (0.1210)	0.3864 *** (0.1419)	0.3260 *** (0.0716)
experc	−0.0049 (0.0122)	−0.0176 (0.0261)	−0.0106 (0.0226)	0.0041 (0.0202)	0.0159 (0.0136)
lndistadj	−0.1058 (0.1085)	−0.0250 (0.2525)	−0.4025 ** (0.1717)	0.1925 (0.2000)	0.0014 (0.1014)
mid60	−1.4278 (1.0938)	−2.9987 (2.5190)	−4.5692 *** (1.7891)	−0.7051 (1.9447)	−1.7216 * (1.0615)
mid60gdp	−1.6579 * (1.1083)	−2.6654 (2.4558)	−5.0505 *** (1.8119)	−1.5727 (1.9365)	−1.8714 * (1.0779)
relapatapp	0.2168 * (0.1167)	0.4538 * (0.2694)	−0.0300 (0.1897)	0.4065 ** (0.2123)	−0.0749 (0.1121)
relapatgdp	−0.2838 * (0.1575)	−0.5885 * (0.3592)	0.0635 (0.2546)	−0.5629 ** (0.2831)	0.0638 (0.1505)
Rho Waldchi2	0.3961 30.79	0.5603 32.46	0.1689 25.03	0.6026 44.50	0.1443 36.15
Prob>chibar2	0.0000	0.0000	0.0000	0.0021	0.0119

注：*** 表示 p<0.01，** 表示 p<0.05，* 表示 p<0.10；小括号内的值为标准误。

三、结果讨论

对产品层面中介的调节机制验证结果如表6-15所示:

表6-15　中国产品层面调节机制验证结果统计

产品	平均水平	洗衣机	冰箱	空调	微波炉
直接调节效应	0.2465	0.4085	0.1889	0.2455	-0.0749
间接调节效应	2.0706	3.4314	1.5868	2.0622	0.6292
中介效应显著性	显著	不显著	显著	不显著	不显著

中国的耐用消费品出口到高收入国家,洗衣机和空调完全通过创新中介起作用。这与中国的现实情况相符,中国的海尔洗衣机和格力空调研发投入高,获得专利许可多,因此带动中国洗衣机和空调产品出口到高收入国家。随着这些企业走向全球,本地市场的需求规模对出口质量的间接调节作用不显著。研究结论与学者 Blyde 等 (2017) 的研究有异曲同工之处,他们发现创新企业倾向于出口到那些创新回报高的目的市场。特别是对于创新能直接引起质量提高且对质量的评价也高的市场。如果没有质量差异的创新回报,创新企业没有动力创新。即使保持价格不变,创新企业只要出口高质量产品也能大量出口到目的市场。这是创新与出口质量的直接效应。Falkinger 和 Zweimüller (2002)、Falkinger (2006) 提出消费需求层次结构,新产品的需求主要源自相对富裕的消费者在旧产品的需求饱和后。当消费者更富有时,需求转向更高质量产品和新产品。收入分配更不平等会导致对新产品相对更高的需求,引致企业对产品创新投资。

Zweimüller 和 Brunner (1996) 研究收入分配对创新率的影响,他们假设购买数量不变,更高收入家庭会有更多高质量产品支付意愿。收入不平等影响质量产品的价格从而影响了 R&D 投入的利润。发现收入分配更平等可以改进创新利润率,因为更平等的分配使高质量生产商改变高价格:如果只有质量领先者存在市场上,由于收入更多,这种产品的价格可能更高;低收入者也有更多的质量支付意愿；如果不止一家企业具有正的市场份额，不仅是低质量产品可以有更高的价格，也会有更多高质量产品以更高的价格出售，但是他们认为中等收入群体的支付意愿不明确。

本章小结

本章检验本地市场需求促进出口质量提升的机制，亦即创新的间接效应。本地市场需求诱致创新，创新提高出口质量，创新起到中介和带有调节的中介作用。证明了本地市场越大，耐用消费品出口质量越高；本地市场需求结构越平均，中等收入占比越高，出口质量越高。另外控制供给侧的要素投入因素仍然稳健。耐用消费品出口质量的提升中更多地依赖于中等收入占比规模，中等收入60%占比越高，其创新越高，出口质量也越高。证实了第二章中提出的命题3，需求诱致创新，需求与创新同时作用于出口质量提升。在跨国证据中，需求规模更多的是通过影响创新从而影响出口质量，并影响中介效应的前半路径和后半路径；在中国相对证据中，创新的中介效应显著受收入水平的间接调节，此作用仅限于中国出口到高收入国家中，出口到中低收入国家的作用不明确。这部分解释了前述中国出口到同为中等收入国家的贸易条件未获改善的原因：低收入国家由创新引致的质量本地市场效应尚不显著。

对中国相对情况检验发现，耐用消费品出口质量提升经过创新的中介作用，但中国本地市场需求的调节作用比跨国证据更强。因所采用的本地市场结构变量不同而异：在代表需求不平等程度的变量gini的模型中，创新的中介作用更显著，而本地市场需求规模在下半路径对创新产出存在显著调节作用；但在代表需求更平等程度的变量mid60的模型中，创新的中介效应也显著，而本地市场规模下半路径对创新投入的调节作用更大更显著。此时没有发现本地市场需求规模对需求结构影响出口质量的直接调节效应。以目的国收入水平划分的高低收入国家个体效应检验中，中国的耐用消费品出口到高收入国家能呈现很强的创新产出调节效应。无论是代表不平等还是代表更平等的变量，本地市场需求规模都内生地调节创新促进耐用消费品的出口质量。但是创新的中介作用显著的仍是以更平等变量 mid60 为代表的模型，且拟合得非常理想。直接的调节效应显著，为 -1.7122，对创新的间接调节效应为 4.1665；以 gini 系数为不平等变量在间接调节效应中显著，尤其对创新产出专利申请更是起到重要的调节作用。直接调节效应为 -0.0700，间接调节效应为 16.867。亦即中国本地市场需求结构相对于更低收入国家更平等（值越大），越不能直接调节专利产出从而提高耐用消费品出口质量，但能通过与本地市场规模共同影响创新投入；而相对于更高本地市场需求规模的国家收入更平等，虽然不能直接调节创新产出，但这种负向作用比较微弱，通过与本地市场规模共同影响对创新产出的间接作用显著。

中国产品层面的验证发现，中国耐用消费品引进时间滞后美国多期，因为引进当期的本地市场规模差距甚大；但创新在耐用消费品出口质量中扮演了重要角色。不同产品本地市场需求诱致创新的强度不同，本地市场需求规模对洗衣机和空调的质量提升不显著，但中等收入群体越高，对冰箱出口的质量提升越高，这主要体现在本地市场需求规模对创新产出的调节上。在四种耐用消费品中，本地市场需求规模对洗衣机的前半路径调节作用最高，调节效应为 1.0715。简言之，中国产品层面的验证得出三个显著结论：一是中国本地市场需求显著诱致创新，需求结构对创新的影响受到需求规模的调节；二是在洗衣机和空调两类消费品出口中，需求规模的调节效应完全通过创新中介变量起作用，而冰箱出口是部分中介作用；三是本地市场需求规模对耐用消费品出口质量有直接的调节效应。以供给为基础的方法无法捕捉到新产品采用时间与人均收入相关的事实，但以需求视角则能体现低收入国家在周期后期开始消费产品。中国相对于高收入国家的 GDP 比值越高，负向效应越大，但对创新的调节作用为正，证明中国对这些国家的出口具有逆向需求创新效应。

验证结果具有明确的政策含义。政府应鼓励本地消费者提高消费意识和质量识别，有助于企业发现市场缝隙，特别是较低初始成本的过程创新。从"需求拉动"来看，政府应全面推进收入分配制度的改革。具体而言，中国政府在提高整体收入水平、扩大需求规模后还应完善社会保障体系，形成中等收入者占多数的"橄榄型"分配格局尤其重要。

第七章 结论、建议与展望

第一节 研究结论

本书在研读现有文献的基础上，从本地市场需求规模、需求结构分别讨论本地市场需求对耐用消费品出口质量的影响，以及本地市场需求规模和结构对耐用消费品出口质量的共同影响。提出基于本地市场需求的"质量本地市场效应"概念，并验证了本地市场需求如何通过创新提高耐用消费品出口质量的机制。根据以上分析，本书主要得到如下结论：

一、本地市场需求规模越大，耐用消费品出口质量越高

通过建立面板数据，采用混合回归、固定效应和随机效应的实证检验发现，估计方法除了 OLS 估计和 FGLS 估计，所有模型都通过检验，三个本地市场规模变量 GDP、GNI 和最终消费占比都显著影响耐用消费品出口质量。一国本地市场需求规模越大，质量偏好越高，耐用消费品质量本地市场效应得以发挥，并提高出口产品质量。这一结论在采用多种稳健性检验后仍然显著。在规模报酬递增和

存在较高贸易成本的情况下，企业在高质量品种的生产和出口上更加专业化。验证了本书第二章中提出的命题1。当分组检验后发现，高收入国家此类质量本地市场规模效应更显著。进一步证实一国要提高出口产品质量，必须首先扩大本地市场需求规模，重点应提高人均收入水平。并且系数符号一致为正，系数都大于1，符合本地市场效应的规模报酬递增特征。庞大的国内需求是一国不可或缺的特定优势，促进内需和扩大出口质量不仅并行不悖，还能培育以质量为核心的竞争新优势。

二、本地市场需求结构越平均，耐用消费品出口质量越高

本地市场需求结构越平均，中等收入占比越高，出口质量越高。采用最小二乘法 OLS 和加权最小一乘法 WLM 估计，并检验模型稳健性后，在控制供给侧的要素投入因素上仍然稳健。耐用消费品出口质量提升更多地依赖于中等收入占比规模，中等收入 60% 占比越高，出口质量越高。在基准回归中采用逐步回归法，将不同的需求结构变量逐步纳入模型分别回归；稳健性回归采用多重方法：分组、改变关键变量、替换相近的控制变量以及选取不同的方法，如分位数回归。结果发现，本地市场需求结构均正向影响耐用消费品出口质量。这为本书第二章中提出的命题2提供了有力的经验证据。其中，中等 60% 人口收入占比的影响在所有的模型中都一致为正，且本地市场规模效应最大（0.3703）。采用分位数回归观察本地市场需求结构对出口质量的不同分位影响，发现本地市场需求规模和本地市场需求结构对出口质量的影响呈线性变化，与学者研究的非线性不一致。但是，采用中等收入 80% 的结果系数比中等收入 60% 的略小。也就是说，社会平均实现完全公平不利于效率，当然也不利于耐用消费品出口质量。与学者研究的适度收入分配不均可以提高出口质量的结论一致，但总体仍是向着分配越平均、质量本地市场效应越大的方向调节。在分组检验后发现，高收入国家具有这种质量本地市场的结构效应更显著，在控制其他影响出口质量的供给因素后仍然稳健。本地市场需求结构与本地市场需求规模共同作用显著影响耐用消费品出口质

量的符号，但整体较弱，净效应仍然为正。

三、本地市场需求诱致了创新，需求与创新同时作用于耐用消费品出口质量

本地市场需求诱致了创新，从而提高了耐用消费品出口的质量，创新起到中介作用。创新越高，出口质量也越高。在跨国证据中，需求规模更多的是通过影响创新从而影响耐用消费品出口质量，并影响中介效应的前半路径和后半路径；在中国相对证据中，创新的中介效应显著受收入水平的间接调节影响，此作用仅限于中国出口到高收入国家中，出口到中低收入的作用不明确。在设立的过程调节机制分析的概念模型中，创新中介效应显著存在。采用跨国面板数据实证检验显示，企业创新后通过竞争效应促进质量提升，在技术提高并具有竞争优势时出口高质量产品。本地市场需求规模不仅调节本地市场结构影响出口质量的直接效应，还调节本地市场引致创新的前半路径以及创新促进质量升级的后半路径，且均为显著。在分组检验中，高收入国家耐用消费品出口的调节效应为负。因为高收入国家耐用消费品出口质量已经较高，对创新投入和产出都显示出惰性。中等收入国家耐用消费品正在升级。

四、中国本地市场需求较强程度地诱致了创新，提高了耐用消费品出口质量

在上述设立的机制验证模型中，通过纳入中国相对数据、中国耐用消费品细分数据验证中国情形发现，中国本地市场需求对创新的诱致作用非常显著，比上述跨国证据的结果显著得多，且符号为正。中国本地市场需求规模对中介的调节作用也显著为正。但需求规模的调节作用因所采用的需求结构变量不同而异：在代表需求不平等程度的变量 gini 系数的模型中，创新的中介作用更显著，而本地市场需求规模对创新产出存在调节作用；但在中等收入水平 mid60 变量的模型中，对创新投入的调节作用更大更显著。以目的国收入水平划分的高低收入国家个体效应检验中，中国耐用消费品出口到高收入国家呈现明显的创新产出调节效应。验证本书第二章中提出的命题 3，同时也解释中国出口到高收入国家的质量

上升最高的现象。中国耐用消费品引进时间滞后美国多期，需求弹性越小的产品越滞后；不同细分产品本地市场需求诱致创新的强度不同，对创新的调节作用为正，证明中国对这些国家出口具有逆向需求创新效应。中等收入群体越高，对创新产出的调节效应越高，对冰箱出口的质量提升作用也越高。产品周期理论假设新产品在第一阶段，高收入国家开发和引进新产品。创新和模仿的动机取决于各地区的收入分配，因此需求方是产品周期不同阶段的重要决定因素。从中国耐用消费品产品层面证据发现，中国新产品引进滞后美国几个周期，也主要是由引进当期本地市场需求规模差距决定的。

第二节　对策建议

验证结果具有明确的政策含义。政府鼓励本地消费者提高消费意识和质量识别，这有助于企业发现市场缝隙，特别是较低初始成本的过程创新。政府应全面推进收入分配制度的改革。具体而言，中国政府应重点提高整体收入水平，扩大需求规模后应完善社会保障体系，逐步形成中等收入者占多数的"橄榄型"分配格局，制定中性技术政策，以保护初创期的知识产权。

一、继续扩大本地市场需求规模以提高耐用消费品出口质量

本地市场需求规模是提高产品出口质量升级的重要路径，也是本地消费者质量支付意愿的前提，政府要重点扩大本地消费市场需求规模，发挥质量本地需求的规模效应。由于消费者质量偏好随收入水平递增，用于高质量产品的消费支出份额随着收入水平的增加而凸向增加。要增加本地市场需求规模，就是要提高整体收入水平。政府应将工作重心放在农村脱贫后的持续增收，如产业扶贫、创业扶持、农村消费扶贫上。培育这部分人口成长为中等收入群体，需求水平提高，

就提高了整体需求规模。进一步扩大健全社会保障覆盖网，为减少贫困发生率兜底。制订因地制宜的农村发展规划，从短、中、长期宏观调控农村土地改革，在保护青山的基础上适度发展规模产业，助力农村持续致富。进一步加快提高城市化水平，形成良好的需求梯度，带动耐用消费品行业较长时期增长。不仅要改善城镇人口的生活质量，也要改善城市新移民就业质量。通过职业教育、成人教育等多种手段，提高农业转移人口的综合素质和职业技能进而提高人力资本，以及提高整体劳动力要素收益（张幼文等，2016）。提高整体收入水平，促进耐用消费品质量需求升级，从而为企业创新奠定了本地需求规模基础，提高了产品出口质量。不断提高产品出口质量，有效解决延迟消费，进一步扩大当前消费需求规模，如此往复，达到长期内提升耐用消费品质量，发挥质量本地市场规模效应。

二、进一步调整收入分配政策促进耐用消费品出口质量升级

由前述实证结论可知，中国虽然存在收入差距过大和中等收入水平群体扩大并存的局面，但是，一方面，中国耐用消费品出口到高收入国家最多；另一方面，中国本地市场规模也在逐年增长。进一步扩大中国本地市场需求规模扩大的同时，可适当培育高质量产品的本地需求。在内需驱动出口模式下，出口产品应当反映本地与国外的"重叠需求"。提升本地企业供给能力，强化内需引致本土企业竞争力提升，提高国内外高质量产品"重叠需求"的匹配程度，对中国外贸转型升级至关重要（易先忠和欧阳峣，2018；易先忠，2019）。由经济发展阶段差异导致的本地与国外需求层次的客观差异，是影响本地与国外需求有效对接的一个重要因素。克服本地高层次需求的供给不足和产品标准制约，扩大本地与国外高质量产品"重叠需求"。着力改善目前的"葫芦型"居民收入分配格局，进一步执行"一扩两增三提"，多措并举缩小收入分配差距，持续扩大中等收入群体特别是提高60%人群的收入水平，推动实现共同富裕，提高整体质量需求水平。加速促进向"橄榄型"收入分配格局的转变（陈宗胜和康健，2019）。采用转移支付的方式调节收入不平均，加大再次分配的力度（Foellmi 和 Zweimüller，

2017）。培育层次合理的需求梯度，为企业获取创新机遇提供本地多样化的市场缝隙，从而获取质量需求信息。特别是耐用消费品的个性需求和功能需求，从而为提高耐用消费品出口质量奠定市场结构基础。

三、企业应着力培育自身市场需求识别能力并加大创新投入

本地市场需求为企业实现过程创新和产品创新孕育设计创意（IDEA），提高创新率以持续创新（Raymond 等，2006），是企业创新链上核心竞争力的起点，也是实际意义的自主创新。大规模和多层次本地市场需求是需求诱致创新的必要条件。需求创新是诱致创新（OECD，2011），这意味着需求为企业创新识别能提供多样化的市场类型。虽然主要发达国家关注市场需求在促进企业创新活动方面的重要作用，但政策集中在市场需求对创新活动的"激励性效应"，应重视和促使市场需求直接参与和促进创新的活动（张锐，2015）。对中国而言，从超大内需市场去通过自身界定需求，以重拾发现和解决创新激励与扩散问题的自信（王程韡和李振国，2016）。如本地需求规模扩大，消费水平提高，需求结构随之改善；中等收入群体占比越高，越能促进主流市场创新。企业首先要培养质量意识和市场需求识别的能力，积极调研本地市场需求规模、结构和动态变化，充分挖掘利基市场、主流市场和高端市场的创新机会。同时，企业可以到消费市场与消费主体沟通交流，了解消费者的需求期望，对已消费产品收集反馈并加以改进。新时代高质量发展下的中国居民消费需求结构变化为企业提供了契机，企业应能敏锐地感知消费者的具体需求和痛点，将价格竞争转向质量竞争，在竞争中提高要素利用效率，改进质量并出口高质量产品。生产企业在准确把握市场需求的基础上，结合自身条件进行研发设计、生产加工和营销推广，提升产品供给质量与消费需求层次的匹配程度。基于本地市场充分利用需求的非位似性，加大创新投入、积极申请专利并在市场运用。在商品质量方面，在消费品领域，争取与出口商品实现同线同标同质，与国际标准实现对标，满足国内居民日益提高的品质消费需求，同时加强自主品牌建设，以品牌引领居民消费，提高供给层次。对于耐

用消费品，要加快产品本身的更新和升级，使产品更具智能化和功能化，如生产节能型环保型空调，智能化控温冰箱，更便捷的洗、烘、干一体新型洗衣机，刺激消费者更新换代的意愿，增加高质量产品的有效供给。

四、政府应充分发挥监管作用以治理供需市场失灵

政府在扩大需求市场和调整需求结构方面起着监管作用，创新需要需求侧下供给侧技术政策组合（Guerzoni，2015），因而政府可打以下"组合拳"。

一是建立供给侧监管机制，在为企业创造良好公平竞争环境的同时，有效监管企业行为。促进供给端产能转换，培育本地企业对高层次需求的有效供给能力。借鉴发达国家的创新驱动发展的经验，政府在企业创新初始期要制定适宜的技术保护政策，加强对知识产权的保护，清晰界定产权结构有利于激励企业技术创新，提高企业创新效率，为企业参与国际质量竞争助力。在创新前成立技术创新专项资金，扶持企业基于本地市场需求中突破创新。创新成功后加大知识产权保护力度，加快建立知识产权侵权惩罚性赔偿制度，加强企业商业秘密保护，完善新领域新业态的知识产权保护制度。引导资源配置更加合理化，充分利用国内国外两个市场的优质资源为企业降低研发成本，提高创新率从而提升出口质量。引导企业及时跟踪和了解国际同行的先进技术和发展方向，并加强国际生产投资合作。补贴鼓励消费品原创技术和设计，营造良好的创新环境。同时制定国内国外"同质同标同线"标准，支持国内企业走质量国际化之路，支持低质量企业转型，为高质量生产提供政策指引。健全消费金融体系促使跨国贸易便利措施落实，为企业充分利用全球优质资源助力。政府应当因势利导，相应地提高产品和服务的质量标准，鼓励生产者之间围绕挑剔型消费展开竞争并及时更新产品，逐步形成更高层级上消费与生产的循环流程。

二是培育良好的消费环境。提升收入水平，增强消费能力，促使消费主体"能消费"的同时"敢消费"和"愿消费"。在改善消费环境方面，简化消费者维权程序，降低维权成本，通过法律援助等方式为消费者维权提供支撑，提高消

费安全保障，加大对侵害消费者权益的行为的处罚力度，由此保障消费者权益。使消费者能够放心消费，从而进一步释放消费潜力。培养通向美好生活的绿色需求，推广先进消费理念，提升绿色环保消费意识，尽快树立起共享、循环经济等先进消费意识，扩大新的质量消费认知度（柳思维，2014）。中国尤其要鼓励最终耐用消费品消费，引导消费观念向"质量消费"和"精致消费"转变，也引导耐用消费品前瞻性消费，提倡消费者为质量支付更高价格，以此引致企业创新。优化质量供需良性互动的大环境，完善消费体制机制。惩治无序竞争、投机与寻租行为，激励本地企业通过提升产品和服务质量满足高层次消费需求。更好发挥政府作用，有效弥补市场失灵，减少由信息不对称所致的道德风险；引导有效需求，促进更高水平的供需动态平衡。

第三节　研究展望

本地市场需求对出口质量的影响是确定的，由于理论的提出和发展均以发达国家需求环境作为研究的背景和起点。而本书仅从本地市场需求引致创新的视角做了尝试，旨在抛砖引玉，需要学术界针对发展中国家进行更具普适性的理论和实践研究，可从以下视角进行拓展：

一、微观层面本地市场需求引致不同类型创新

Posner（1961）的"技术差距论"和Vernon（1966）的"产品生命周期理论"指出本土市场对高质量产品的需求获得创新国初期比较优势，促进了出口产品质量升级。当高质量产品与竞争对手的产品被区别开来时，就获得较高的定价能力。生产高质量产品的具有竞争优势的企业获得的利润要多于生产低质量产品的企业，它们更能克服贸易成本的阻碍，更多地出口到国外。熊彼特创造性破坏

强调创新过程是一种动态竞争替代过程。收入的持续增加扩大了最终产品的市场需求规模，也会使最终产品的需求层次得到提升，这给企业创新带来不同的激励：过程创新旨在提高产品质量，产品创新旨在满足中高收入群体的消费需求。企业生产过程创新同时又提升了产品技术要素含量，服务升级和改进创新促使企业出口由量变到质变；而品牌国际化识别度和领导力则基于产品质量和优质服务。质量与创新之间有良性互动，一旦质量升级就会形成长期稳定甚至螺旋上升。Cassiman 等（2010）通过产品创新影响生产率并引致一些原本不出口的企业进入出口市场，这是通过 Dawid 等（2017）对过去销售孕育的产品创新，还是通过 Caldera（2010）的过程创新提高企业出口参与度，都需要进一步研究。

二、新产品维度拓展出口产品质量动态提升

在产业组织过程中，产品多样化后仍要考虑这些新产品的质量提升以延长产品的生命周期。随着人均收入上升到一个相似的水平，出口也变得愈加多样化，此后再变得更加集中，产品技术距离缩小。发展中国家，尤其是对于人均收入较低、经济增长率较高的发展中国家，新产品边际起到了更为重要的作用，质量竞争型产品的多样化倾向更明显。如消费品的合意性是指技术含量高且连接性好，即产品空间距离越近，升级越快。水平差异化的产品质量很难观测到，将质量和种类相结合也就实现了将垂直和水平差异化相结合，拓展研究更多新产品出口的质量升级是另一研究方向。从企业层面看，高质量的生产商，不完全竞争假设下允许高质量和低质量生产商共存的"产品空间范围"。Acemoglu（2009）直接研究了创新过程中的多样性问题。他的多样性实际上是新产品研发，成功与否取决于产品之间的技术空间距离。因此创新可以纵向促进质量升级，横向扩大产品种类。虽然李峰和王亚星（2019）构建了企业产品质量和出口市场选择模型，将不同国家间产品质量偏好差异（Hallak，2006；Jaimovich 和 Merella，2015）拓展为北方国家和南方国家对于高质量产品和低质量产品存在差异化偏好。识别新产品后利用三重差分验证了中国"逆向创新"

的部分证据，但是他们主要研究中国贸易伙伴国的变化趋势。对于新产品开发后的质量提升研究仍有本地市场需求拓展的空间。本书基于中国需求快速升级的事实研究耐用消费品出口质量的静态分析，当企业考虑到由持久性引起的需求动态性时，价格、创新、利润和消费者剩余都会显著地提高。因此，还可以从 Song 和 Chintagunta（2003）、Manova（2017）和 Carranza（2006）消费者动态优化问题上深入研究出口质量动态提升。

三、发展中大国自主创新初始期的制度保障

发展中大国本地市场需求高，但人均 GDP 很低，经济脆弱，抵御外部不确定性能力不强，对创新适当制度保护更有利于技术积淀。因此，研究发达国家与中国相近富裕时期的创新保护制度，结合中国发展中的事实，研究中国在质量升级过程中的创新机制，适宜技术的制度保护可有效避免技术锁定。新李斯特主义认为，对称贸易对双方都有利，不对称的自由贸易将导致收入极化。欧美发达国家"再工业化"实际上进一步强化了它们在目前这次全球化浪潮中产生的"新国际分工"对高质量经济活动的垄断地位（丁涛，2015）。中兴"链主"压力等事件，说明发展中大国应充分认识自主创新对实现本国发展目标的重要性，自主创新要结合技术和制度两个方面，成功才更有保障。走"市场规模扩大→新产品消费需求→技术创新动力→制度保护→质量持续升级→国际竞争力增强"的路径。依托庞大的本地市场把关键生产环节留在本地从而支持其规模经济效益。正如波特在《国家竞争优势》中所指出的，庞大的本地市场需求规模帮助厂商建立了竞争优势，富裕后的本地购买者对产品的质量追求迫使并刺激厂商不断改进创新产品（许德友，2015），但是耐用消费品创新初始期需要采用适宜专利保护制度。纵观发达国家的培育创新强国之路，都得益于雄厚的经济实力、充足的科技投入以及完善的知识产权保护制度。亦即独有的制度性内生变量既从"需求侧"提出了技术创新的要求，也从制度"供给侧"保证了技术创新的成功率。目前从本地市场出发研究自主创新的对象多集中于欧美等发达国家，处在创新导

向阶段的中国需要重新审视上述从需求驱动的自主创新成熟期之前的制度保护。同时，新发展格局下消费需求升级对产品供给提出了更高的创新要求（钟陆文，2018），企业初始创新期间，投入沉没成本高，也需要政府对金融机构的政策导向。

参考文献

［1］安同良，千慧雄．中国居民收入差距变化对企业产品创新的影响机制研究［J］．经济研究，2014（9）：62-76.

［2］埃尔赫南·赫尔普曼，保罗·克鲁格曼．市场结构和对外贸易——报酬递增、不完全竞争和国际经济［M］．尹翔硕，尹翔康译．上海：格致出版社，上海人民出版社，2014.

［3］陈宗胜，康健．中国居民收入分配"葫芦型"格局的理论解释——基于城乡二元经济体制和结构的视角［J］．经济学动态，2019（1）：3-14.

［4］程丽香．中等收入群体的界定与测度：一个文献梳理［J］．中共福建省委党校学报，2019（6）：105-116.

［5］程文，张建华．收入水平、收入差距与自主创新——兼论"中等收入陷阱"的形成与跨越［J］．经济研究，2018，53（4）：47-62.

［6］邓国营，宋跃刚，吴耀国．中间品进口、制度环境与出口产品质量升级［J］．南方经济，2018（8）：84-106.

［7］丁涛．新李斯特经济学国家致富新原则与农业全球价值链——美国农业发展战略的启示［J］．当代经济研究，2015（12）：30-36.

［8］杜威剑，李梦洁．目的国市场收入分配与出口产品质量——基于中国企业层面的实证检验［J］．当代财经，2015（10）：89-96.

［9］樊潇彦，袁志刚，万广华．收入风险对居民耐用品消费的影响［J］．经济研究，2007（4）：125-137．

［10］冯迪．需求结构、产品质量与制造业本地市场效应——基于非位似偏好假设的研究［J］．求索，2013（9）：35-37+55．

［11］高新．消费者异质性对中国出口贸易影响研究［J］．中国经济问题，2015（9）：57-65．

［12］高新月，鲍晓华．反倾销如何影响出口产品质量？［J］．财经研究，2020（2）：21-35．

［13］高越，李荣林．国际市场竞争与中国出口产品质量的提高［J］．产业经济研究，2015（3）：11-20．

［14］格罗斯曼，埃尔赫南·赫尔普曼．全球经济中的创新与增长［M］．何帆等译．北京：中国人民大学出版社，2009．

［15］国务院发展研究中心．消费升级一直在进行［EB/OL］．http：// www.drc.gov.cn/ xslw/20190912/182-473-2899339.htm．

［16］韩会朝，徐康宁．中国产品出口"质量门槛"假说及其检验［J］．中国工业经济，2014（4）：58-70．

［17］黄静波，孙晓琴．技术创新与出口：理论与实证研究的发展［J］．国际贸易问题，2007（9）：126-130．

［18］胡馨月，黄先海，李晓钟．产品创新、工艺创新与中国多产品企业出口动态：理论框架与计量检验［J］．国际贸易问题，2017（12）：24-35．

［19］金毓．收入分配对出口产品质量及其福利效应的影响［M］．北京：经济管理出版社，2015．

［20］李稻葵．中国经济握有王牌［N］．金融投资报，2020-01-03（3）．

［21］李怀建，沈坤荣．出口产品质量的影响因素分析——基于跨国面板数据的检验［J］．产业经济研究，2015（6）：62-72．

［22］李敬子，陈强远，钱学锋．非位似偏好、非线性本地市场效应与服务

贸易出口［J］. 经济研究，2020（2）：133-147.

　　［23］李景睿，邓晓锋. 适度收入差距对需求驱动型技术进步的影响研究——基于金砖国家面板数据的实证分析［J］. 国际贸易问题，2014（4）：58-66.

　　［24］李景睿，赵婉婉. 金砖国家本土市场需求对出口产品技术升级的影响——基于2000—2015年面板数据的实证分析［J］. 亚太经济，2017（3）：146-154.

　　［25］李景睿. 收入差距、本土市场需求与出口产品质量升级——基于跨国数据的传导机制比较与优化方向选择［J］. 产业经济研究，2017（1）：14-24.

　　［26］李景睿. 收入分配演进、本土市场扩张与出口产品质量升级——基于48个经济体面板数据的实证分析［C］. 广东：广东工业大学经济与贸易学院金砖国家研究中心. 2016广东省新兴经济体研究会会议论文集，2016.

　　［27］李峰，王亚星. 产品生命周期、产品质量提升与中国出口市场演进［J］. 世界经济研究，2019（6）：28-42+134-135.

　　［28］李洋，程鹏，朱柳婷. 本地化需求驱动破坏性创新的评述［J］. 河北工业大学学报（社会科学版），2018（9）：17-24.

　　［29］林恩·佩波尔，丹·理查兹，乔治·诺曼. 产业组织：现代理论与实践（第四版）［M］. 郑江淮等译. 北京：中国人民大学出版社，2014.

　　［30］林晓珊. 增长中的不平等：从消费升级到消费分层［J］. 浙江学刊，2017（3）：112-120.

　　［31］柳思维. 现代消费经济学通论（第二版）［M］. 北京：中国人民大学出版社，2013.

　　［32］刘伟丽，刘正园. 国际贸易中收入分配与产品质量研究综述［J］. 国际贸易问题，2016（5）：50-58.

　　［33］刘运转，宋宇. 收入差距与"中等收入陷阱"——基于需求诱致创新的视角［J］. 经济问题探索，2017（10）：41-47.

［34］罗伯特·C.芬斯特拉.产品多样化与国际贸易收益［M］.陈波译.上海：格致出版社，上海人民出版社，2012.

［35］陆剑清.现代消费行为学［M］.北京：北京大学出版社，2013.

［36］马述忠，吴国杰.中间品进口、贸易类型与企业出口产品质量——基于中国企业微观数据的研究［J］.数量经济技术经济研究，2016（11）：77-93.

［37］毛海涛，钱学锋，张洁.中国离贸易强国有多远：基于标准化贸易利益视角［J］.世界经济，2019（12）：3-26.

［38］宁吉喆.迈向高质量发展的中国经济：2017年全国优秀统计分析报告集［M］.北京：中国统计出版社，2018.

［39］牛蕊，郭凯顿.收入水平影响了出口产品质量吗？［J］.首都经济贸易大学学报，2016，18（3）：68-75.

［40］牛勇平，肖红.城镇化、市场规模与产品质量［J］.山东工商学院学报，2018（8）：42-49.

［41］欧阳峣等.大国发展道路：经验和理论［M］.北京：北京大学出版社，2018.

［42］潘红虹.消费升级的国际经验与我国消费升级路径分析［J］.企业经济，2019，38（3）：11-22.

［43］钱学锋，梁琦.本地市场效应：理论和经验研究的新近进展［J］.经济学（季刊），2007（4）：969-990.

［44］曲如晓，臧睿.自主创新、外国技术溢出与制造业出口产品质量升级［J］.中国软科学，2019（5）：18-30.

［45］沈国兵，于欢.中国企业出口产品质量的提升：中间品进口抑或资本品进口［J］.世界经济研究，2019（12）：31-46，131-132.

［46］三浦展.第四消费时代［M］.马奈译.北京：东方出版社，2014.

［47］石峰.耐用品贸易与人民币汇率波动［J］.世界经济，2019（6）：72-93.

［48］石良平，张晓娣，王晶晶等．国际贸易学国际理论前沿［M］．上海：上海社会科学院出版社，2017.

［49］唐宜红，姚曦．本地市场效应与中国出口贸易结构转变——基于模型结构突变的实证检验［J］．世界经济研究，2015（7）：53-63.

［50］王程韡，李振国．我们是否需要一种"需求侧创新政策"——来自"先进"国家的经验［J］．科学学研究，2016，34（12）：1789-1799.

［51］温忠麟，刘红云，侯杰．调节效应和中介效应分析［M］．北京：教育科学出版社，2012.

［52］文洋．收入分配对中国进出口贸易的影响［D］．南开大学，2012.

［53］谢杰等．外部收入冲击、产品质量与出口贸易——来自金融危机时期的经验证据［J］．财贸经济，2018，39（5）：113-129.

［54］徐康宁，冯伟．基于本土市场规模的内生化产业升级：技术创新的第三条道路［J］．中国工业经济，2010（11）：58-67.

［55］徐美娜，彭羽．外资垂直溢出效应对本土企业出口产品质量的影响［J］．国际贸易问题，2016（12）：119-130.

［56］许德友．以内需市场增育出口竞争新优势：基于市场规模的视角［J］．学术研究，2015（5）：92-98.

［57］许家云，毛其淋，胡鞍钢．中间品进口与企业出口产品质量升级：基于中国证据的研究［J］．世界经济，2017（3）：52-75.

［58］易先忠．国家规模、制度环境和外贸发展方式［M］．北京：北京大学出版社，2019.

［59］易先忠，包群，高凌云，张亚斌．出口与内需的结构背离：成因及影响［J］．经济研究，2017，52（7）：79-93.

［60］易先忠，高凌云．融入全球产品内分工为何不应脱离本土需求［J］．世界经济，2018，41（6）：53-76.

［61］易先忠，欧阳峣，傅晓岚．国内市场规模与出口产品结构多元化：制

度环境的门槛效应 [J] . 经济研究, 2014 (6): 18-29.

[62] 易先忠, 欧阳峣 . 大国如何出口: 国际经验与中国贸易模式回归 [J] . 财贸经济, 2018 (3): 79-94.

[63] 易先忠, 晏维龙, 李陈华 . 国内大市场与本土企业出口竞争力——来自电子消费品行业的新发现及其解释 [J] . 财贸研究, 2016 (4): 86-100.

[64] 尹清非 . 耐用消费品消费的模型研究 [J] . 消费经济, 2010, 26 (3): 93-96.

[65] 尹天翔 . 我国城镇居民耐用消费品消费模型的实证分析 [J] . 消费经济, 2018 (12): 82-90.

[66] 余淼杰 . 企业创新、产品质量升级与国际贸易 [M] . 北京: 北京大学出版社, 2018.

[67] 余淼杰, 黄杨荔, 张睿 . 中国出口产品质量提升的"富国效应" [J] . 学术月刊, 2019, 51 (9): 32-45.

[68] 余智 . 国际贸易基础理论与研究前沿 [M] . 上海: 格致出版社, 上海人民出版社, 2015.

[69] 詹森华 . 中国出口产品质量及其影响因素分析 [D] . 杭州: 浙江工业大学, 2019.

[70] 张伯伦 . 垄断竞争理论 [M] . 周文译 . 北京: 华夏出版社, 2013.

[71] 张帆, 潘佐红 . 本土市场效应及其对中国省间生产和贸易的影响 [J] . 经济学 (季刊), 2006 (1): 307-328.

[72] 张杰, 翟福昕, 周晓艳 . 政府补贴、市场竞争与出口产品质量 [J] . 数量经济技术经济研究, 2015 (4): 71-87.

[73] 张锐 . 基于市场需求的企业创新活动: 理论框架与案例分析 [J] . 工业经济论坛, 2015 (3): 84-96.

[74] 张璇, 刘爱娟, 张津玲, 计晓冬 . 收入差距会促进创新吗?——价格效应抑或规模效应 [J] . 浙江社会科学, 2016 (6): 4-18, 155.

　　[75] 张亚斌，冯迪，张杨．需求规模是诱发本地市场效应的唯一因素吗？[J]．中国软科学，2012（11）：132-146.

　　[76] 张亚斌，黎谧，冯迪．产品质量与制造业本地市场效应——基于需求结构视角的经验研究 [J]．当代财经，2014（9）：88-97.

　　[77] 张永亮，邹宗森．进口种类、产品质量与贸易福利：基于价格指数的研究 [J]．世界经济，2018，41（1）：123-147.

　　[78] 张幼文等．要素收益与贸易强国道路 [M]．北京：人民出版社，2016.

　　[79] 赵锦春，谢建国．需求结构重叠与中国的进口贸易——基于收入分配相似的实证分析 [J]．国际贸易问题，2014（1）：27-42.

　　[80] 钟陆文．新时代消费升级与消费品供给创新——第 20 次全国消费经济理论与实践研讨会综述 [J]．消费经济，2018，34（1）：91-96.

　　[81] 朱小明，宋华盛．目的国需求、企业创新能力与出口质量 [J]．世界经济研究，2019（7）：13-29.

　　[82] 钟腾龙．外部需求与企业出口产品质量 [J]．中南财经政法大学学报，2020（1）：147-156.

　　[83] 周密，刘秉镰．供给侧结构性改革为什么是必由之路？——中国式产能过剩的经济学解释 [J]．经济研究．2017，52（2）：67-81.

　　[84] ABERNATHY W J, UTTERBACK J M. Patterns of Industrial Innovation [J]. Technology Review, 1978, 80（7）：40-47.

　　[85] ACHARYYA R, JONES R W. Export Quality and Income Distribution in a Small Dependent Economy [J]. International Review of Economics and Finance 2001（10）：337-351.

　　[86] ACEMOGLU D, LINN J. Market Size in Innovation：Theory and Evidence from the PharmaceuticalIndustry [J]. The Quarterly Journal of Economics, 2004, 119（3）：1049-1090.

[87] ACEMOGLU D A. Note on Diversity and Technological Progress [R].
MIT Working Paper, 2009.

[88] AGHION P. HOWITT P. Growth with Quality-Improving Innovations: An
Integrated Framework [J/OL]. Elsevier B. V. 2005. DOI: 10.1016/S1574-0684
(05) 01002-6.

[89] AGHION P, BERGEAUD A, LEQUIEN M, MELITZ M J. The Impact of
Exports on Innovation: Theory and Evidence [R]. NBER Working Paper,
No. 24600, 2018.

[90] AGHION P, HOWITT P A. Model of GrowthThrough Creative Destruction
[J]. Econometrica, 1992 (3): 323-351.

[91] ALESSIA A, MARCO S. Impact of South-Sough FDI and Trade on the Ex-
port Upgrading of African Economies [R]. EUI Working Paper, 2013 (75).

[92] ALMUNIA M, ANTRAS P, LOPEZ-RODRIGUEZ D, MORALES E. Ven-
ting Out: Exports During a Domestic Slump [R]. NBER Working Paper, No.
25372, 2018 (12).

[93] AMITI M, FREUND C. The Anatomy of China's Export Growth [J]. So-
cial Science Electronic Publishing, 2016, 199 (5): 1-29.

[94] AMITI M, KHANDELWAL A. Import Competition and Quality Upgrading
[J]. Review of Economics and Statistics, 2013, 95 (2): 476-490.

[95] ANTONIADES A. Heterogeneous Firms, Quality, and Trade [J]. Journal
of International Economics, 2015, 95 (2): 263-273.

[96] AGION P, HOWITT P. A Model of Growth through Creative Destruction
[J]. Econometrica, 1992, 60 (2): 323-351.

[97] ARNON A, WEINBLATT J. Linder's Hypothesis Revisited: Income Simi-
larity Effects for Low Income Countries [J]. Applied Economics Letters, 1998 (5):
607-611.

[98] ATKINSON A B, VOITCHOSKY S. The Distribution of Top Earning in the UK since the Second World War [J]. Economica, 2011, 78 (7): 440–459.

[99] ASCHHOFF B, SOFKA W. Innovation on Demand—Can Public Procurement Drive Market Success of Innovations? [J]. Research Policy, 2009, 38 (8): 1235–1247.

[100] AUER R A. Product Heterogeneity, Cross–country Taste Differences, and the Growth of World Trade [J]. European Economic Review, 2017 (5): 1–27.

[101] AUER R A, CHANEY T, SAURE P. Quality Pricing–to–market [J]. Journal of International Economics, 2018, 110: 87–102.

[102] BAIER S L, BERGSTRAND J H. The Growth of World Trade: Tariffs, Transport Costs, and Income Similarity [J]. Journal of International Economics, 2001 (53): 1–27.

[103] BALANCE R H, FORSTNER H, SAWYER W C. An Empirical Examination of the Role of Vertical Product Differentiation in North–South Trade [EB/OL]. [2016–09–04]. http://www.jstor.org/stable/40440108.

[104] BALDWIN R E, ITO T. Quality Competition versus Price Competition Goods: An Empirical Classification [R]. NBER Working Paper No. 14305, 2008.

[105] BALDWIN R, HARRIGAN J. Zeros, Quality, and Space: Trade Theory and TradeEvidence [J]. American Economic Journal Microeconomics, 2011, 3 (2): 60–88.

[106] BASTOS P, SILVA J. The Quality of a Firm's Exports: Where You Export to Matters [J]. Journal of International Economics, 2010, 82 (2): 99–111.

[107] BASTOS P, SILVA J, VERHOOGEN E. Export Destination and Input Prices [R]. NBER Working Paper, No. 20143, 2014.

[108] BEKKERS E, FRANCOIS J, MANCHIN M. Import Prices, Income, and Inequality [J]. European Economic Review, 2012, 56 (4): 848–869.

［109］BECKER S O, EGGER P. Endogenous Product Versus Process Innovation and a Firm's Propensity to Export ［J］. Empirical Economics, Springer, 2013, 44（1）: 329-354.

［110］BEERLI A, WEISS F J, ZWEIMÜLLER J. Demand Forces of Technical Change Evidence from the Chinese Manufacturing Industry ［J］. China Economic Review, 2018（3）.

［111］BEERLI A. The Evolution of Durable Goods Demand during China's Transition: An Empirical Analysis of Household Survey Data from 1989-2006 ［R］. IEW-Working Papers, 2010.

［112］BERGSTRAN J H. The Heckscher-Ohlin-Samuelson Model, The Linder Hypothesis and the Determinants of Bilateral Intra-industry Trade ［J］. The Economic Journal, 1990（2）: 1215-1229.

［113］BERNASCONI C. Similarity of Income Distributions and the Extensive and Intensive Margin of Bilateral Trade Flows ［J］. SSRN Electronic Journal, 2013（3）.

［114］BERRY S, WALDFOGEL J. Product Quality and Market Size ［J］. The Journal of Industrial Economics, 2010, 58（1）: 1-31.

［115］BERTHOU A, EMLINGER C. Crises and the Collapse of World Trade: The Shift to Lower Quality ［R］. CEPII Working Paper No. 2010-07, 2010.

［116］BILS M, KLENOW P J. Quantifying QualityGrowth ［J］. American Economic Review, 2001, 91（4）: 1006-1030.

［117］BILS M, KLENWO P J. Quantifying Quality Growth ［R］. NBER Working Paper, No. 7695, 2000.

［118］BLYDE J, IBERTI G, MUSSINI M. When Does Innovation Matter for Exporting? ［J］. Empirical Economics, 2017, 54（4）: 1653-1671.

［119］BOHMAN H, NILSSON D. Income Inequality as a Determinant of Trade

Flow [R] . Working Paper Series in Economics and Institutions of Innovation, 2006.

[120] BRAINARD S L. An Empirical Assessment of the Proximity-Concentration Tradeoff between Multinational Sales and Trade [J] . American Economic Review 1997, 87 (4): 520-544.

[121] BRAMBILLA I, GALIANI S, PORTO G. Argentine Trade Policies in the XX Century: 60 Years of Solitude [J] . Latin American Economic Review, 2018 (2) .

[122] BRAMBILLA I, PORTOG. High-Income Export Destinations, Quality and Wages [J] . Journal of International Economics, 2016 (98): 21-35.

[123] BROUILLAT E. Durability of Consumption Goods and Market Competition: An Agent-based Modelling [R/OL] . Cahiers du GREThA, 2011. http: //ideas. repec. org/p/grt/wpegrt/2011-31. html.

[124] BROUWER E, KLEINKNECHT A. Keynes-Plus? Effective Demand and Changes in Firm-Level R&D: An Empirical Note [J] . Cambridge Journal of Economics, 1999, 23 (3): 385-391.

[125] BUCHINSKY M. Changes in the U. S. Wage Structure 1963-1987: Application of Quantile Regression [J] . Econometrica, 1994, 62 (2): 405.

[126] BUSTOS P. Trade Liberalization, Exports, and Technology Upgrading: Evidence on the Impact of MERCOSUR on ArgentinianFirms [J] . American Economic Review, 2011, 101 (1): 304-340.

[127] CABALLERO R J. Durable Goods: An Explanation for Their Slow Adjustment [J] . Journal of Political Economy, 1993, 101 (2): 351-384.

[128] CABALLEROR J, ENGEL E M R A. Explaining Investment Dynamics in U. S. Manufacturing: A Generalized (S,s) Approach [J] . Econometrica, 1999, 67 (4): 783-826.

[129] CALDERA A . Innovation and Exporting: Evidence from Spanish Manufac-

turing Firms [J]. Review of World Economics / Weltwirtschaftliches Archiv, 2010, 146 (4): 657-689.

[130] CAMINADA K, GOUDSWAARD K. International Trends in Income Inequality and Social Policy [J]. International Tax and Public Finance, 2001, 8 (4): 395-415.

[131] CARON J, FALLY T, MARKUSEN J R. Skill Premium and Trade Puzzles: A Solution Linking Production and Preferences [R]. NBER Working Paper No. 18131, 2012.

[132] CARRANZA J E. Consumer Heterogeneity, Demand for Durable Goods and the Dynamics of Quality [C]. Meeting Papers 247, Society for Economic Dynamics, 2006.

[133] CASSIMAN B, GOLOVKO E, MARTINEZ-ROS E. Innovation, Exports and Productivity [J]. International Journal of Industrial Organization, 2010, 28 (4): 1-376.

[134] CASTELLANI D, SERTI F, TOMASI C. Firms in International Trade: Importers' and Exporters' Heterogeneity in Italian Manufacturing Industry [J]. World Economy, 2010, 33 (3): 424-457.

[135] CHOI Y. Demand and Determinants of FDI: A Knowledge-Capital Approach [D]. University of Colorado at Boulder, 2014.

[136] CHOI Y C, HUMMELS D, XIANG C. Explaining Import Quality: The Role of the Income Distribution [J]. Journal of International Economics, 2009 (77): 265-275.

[137] CHOI, C. Does Foreign Direct Investment Affect Domestic IncomeInequality [J]. Applied Economic Letters, 2006, 13 (12): 811-814.

[138] CHUNG C, BRAKMAN S, DEARDORFF A et al. Nonhomothetic Preferences and the Home Market Effect: Does Relative Market Size Matter? [EB/OL].

2006: https://www.researchgate.net/publication/228715423.

[139] COASE R. Persistence and Monopoly [J]. Journal of Legal Economics, 1972 (15): 143-149.

[140] COMITE F D, THISSE J F, VANDENBUSSCHE H. Verti-zontal Differentiation in Export Markets [Z]. ECB Working Paper Series, No. 1680, 2014.

[141] COŞAR A K, GRIECO P L E, LI S, TMTELNOT F. What Drives Home Market Advantage? [J]. Journal of International Economics, 2017 (12): 135-150.

[142] COSTINOT A, DONALDSON D, KYLE M, et al. The More We Die, The More We Sell? A Simple Test of the Home-Market Effect [J]. Quarterly Journal of Economics, 2019, 134 (2): 843-894.

[143] CROZET M, HEAD K, MAYER T. Quality Sorting and Trade: Firm-level Evidence for French Wine [J]. Review of Economic Studies, 2009, 79 (2): 609-644.

[144] CURZI D, PACCA L, OLPER A. Trade Collapse, Quality and FoodExports [J]. Applied Economics Letters, 2013, 20 (18): 1614-1617.

[145] GAREGNANI P, TREZZINI A. Cycles and Growth: A Source of Demand-Driven Endogenous Growth [J]. Review of Political Economy, 2010 (1): 119-125.

[146] DALGIN M, MITRA D, TRINDADE V. Inequality, Nonhomothetic Preferences, and Trade: A Gravity Approach [R]. NBER Working Paper No. 10800, 2004.

[147] DAMIJAN J P, KOSTEVC C, POLANEC S. From Innovation to Exporting or Vice Versa? [J]. The World Economy, Wiley Blackwell, 2010, 33 (3): 374-398.

[148] DAVIS D R. The Home Market, Trade, and IndustrialStructure [EB/OL]. 1997: https:// EBSCOhost, d78d5dd96e79e9c5b0e49e5a78121b64. 444ccb

26. libvpn. zuel. edu. cn/login. aspx? direct = true&db = eoh&AN = 0705647&lang = zh − cn&site = ehost−live.

[149] DAVISD R, WEINSTEIN D E. Economic Geography and Regional Production Structure: An Empirical Investigation [J] . European Economic Review, 1999, 43 (2): 379−407.

[150] DAVIS D R, WEINSTEIN D E. Market Access, Economic Geography and Comparative Advantage: An Empirical Test [J] . Journal of International Economics, 2003 (1) : 1−23.

[151] DAVIS D R, WEINSTEIN D E. Using International and Japanese Regional Data to Determine When the Factor Abundance Theory of Trade Works [J] . The American Economic Review, 1997 (87): 421−446.

[152] DAWID H, PELLEGRINO G, VIVARELLI M. The Role of Demand in Fostering Product vs Process Innovation: A Model and an Empirical Test [J] . SSRN Electronic Journal, 2017 (1) .

[153] DAVIDM, NATHAN R. The Influence of Market Demand upon Innovation: A Critical Review of Some Recent Empirical Studies [J] . Research Policy, 1979, 8 (2) : 102−153.

[154] DESMET K, PARENTE S L. Bigger is Better: Market Size, Demand Elasticity, and Innovation [J] . International Economic Review, 2010, 51 (2): 319−333.

[155] DINGEL J I. The Determinants of Quality Specialization [J] . The Review of Economic Studies, 2016, 84 (4): 1551−1582.

[156] DIXIT A K, STIGLITZ J E. Monopolistic Competition and Optimum Product Diversity [J] . The American Economic Review, 1977, 67 (3): 297−308.

[157] DO Q T, LEVCHENKOA A. Trade Policy and Redistribution When Preferences are Non−homothetic [J] . Economics Letters, 2017 (155): 92−95.

[158] DUBOIS P, DE MOUZON O, SCOTT - MORTON F. Market Size and Pharmaceutical Innovation [J] . The RAND Journal of Economics, 2015, 46 (4): 844-871.

[159] EDLER J. Demand Policies for Innovation in EU CEE Countries [R] . Manchester: Manchester Business School Research Paper 579, 2009/2009-01-01.

[160] EDLER J. Demand Oriented Innovation Policy [R] . Office of Technology Assessment at the German Bundestag, 2006.

[161] EICHENGREEN B, PARK D, SHIN K. Growth Slowdowns Redux: New Evidence on the Middle - Income Trap [R] . NBER Working Paper, No. 18673, 2013.

[162] ENGEL C, WANG J. International Trade in Durable Goods: Understanding Volatility, Cyclicality, and Elasticities [J] . Journal of International Economics, 2011, 83 (1): 37-52.

[163] FABER B. Trade Liberalization, Price of Quality, and Inequality: Evidence from Mexican Store Prices [J/OL] . 2012 Job Market Paper. https: //www. wto. org/english/news_ e/news13_ e/rese_ 12sep13_ paper2_ e. htm. pdf.

[164] FAJGELBAUM P D, KHANDELWAL A K. Measuring the Unequal Gains from Trade [R] . NBER Working Paper, No. 20331, 2014.

[165] FAJGELBAUM P, GROSSMAN G M, HELPMAN E. Income Distribution, Product Quality, and InternationalTrade [J] . Journal of Political Economy, 2011, 119 (4): 721-765.

[166] FAJGELBAUM P, GROSSMAN G M, HELPMAN E. A Linder Hypothesis for Foreign DirectInvestment [J] . Review of Economic Studies, 2011, 82 (1): 83-121.

[167] FALKINGER J, ZWEIMÜLLER J. The Impact of Income Inequality on Product Diversity and Economic Growth [J] . Metroeconomica, 2002, 48 (3): 211-

237.

[168] FALKINGER J. On Growth Along a Hierarchy of Wants [J] . Metroeconomica, 2006, 41 (3): 209-223.

[169] FAN H, Li YA, YEAPLE S R. On the Relationship between Quality and Productivity: Evidence from China's Accession to the WTO [J] . Journal of International Economics, 2017 (10) .

[170] FAN H, Li Y A, Xu S. Quality, Variable Markups, and Welfare: A Quantitative General Equilibrium Analysis of ExportPrices [J] . Journal of International Economics, 2020, 125 (6): 103327.

[171] FAN H C, LI Y A, YEAPLE S R. Trade Liberlization, Quality, and Export Prices [R] . NBER Working Paper 20323, 2014.

[172] FEENSTRA R C, ROMALIS J. International Prices and Endogenous Quality [J] . Quarterly Journal of Economics, 2014, 129 (2) : 477-527.

[173] FEENSTRA R C, MARKUSEN J A, ROSE A K. Understanding the Home Market Effect and the Gravity Equation: The Role of Differentiating Goods [R] . NBER Working Paper, No. 6804, 1998.

[174] FEENSTRA R C. Restoring the Product Variety and Pro-competitive Gains from Trade with Heterogeneous Firms and Bounded Productivity [J] . Journal of International Economics, 2018 (110): 16-27.

[175] FERNANDES A M, PAUNOV C. Does Tougher Import Competition Foster Product Quality Upgrading? [R] . Policy Research Working Paper Series, 2009.

[176] FERNANDES A M, PAUNOV C. Does Trade Stimulate Product Quality Upgrading? [J] . Canadian Journal of Economics, 2013 (11) .

[177] FIELER A C. Non-homotheticity and Bilateral Trade: Evidence and a Quantitative Explanation [J] . Econometrica, 2011, 79 (4) : 1069-1101.

[178] FLACH L, JANEBA E. Income Inequality and Export Prices across Coun-

tries [J]. Canadian Journal of Economics/Revue canadienne de économique, 2017, 50 (1): 162-200.

[179] FLAM H, HELPMAN E. Vertical Product Differentiation and North-South Trade [J]. American Economic Review, 1987 (77): 244-822.

[180] FOELLMI R, GROSSMAN H S, KOHLER A A. Dynamic North-South Model of Demand-Induced Product Cycles [J]. Journal of International Economics, 2018 (110): 63-86.

[181] FOELLMI R, ZWEIMÜLLER J. Income Distribution and Demand-induced Innovations [J]. Review of Economic Studies, 2006 (4): 941-960.

[182] FOELLMI R, ZWEIMÜLLER J. Is Inequality Harmful for Innovation and Growth? Price Versus Market SizeEffects [J]. Journal of Evolutionary Economics, 2017: 1-20.

[183] FOELLMI R, HEPENSTRICK C, ZWEIMÜLLER J. Non-Homothetic Preferences, Parallel Imports and the Extensive Margin of International Trade [J]. Social Science Electronic Publishing, 2010, 22 (7939): 439-477.

[184] FONTANA, R, GUERZONI M. Incentives and Uncertainty: An Empirical Analysis of the Impact of Demand on Innovation. Cambridge Journal of Economics, 2008, 32 (6): 927-946.

[185] HALLAK J C, SIVADASAN J. Product and Process Productivity: Implications for Quality Choice and Conditional Exporter Premia [J]. Journal of International Economics, 2013, 91 (1): 53-67.

[186] GARCIA Q J, PELLEGRINO G, SAVONA M. Reviving Demand-pull Perspectives: The Effect of Demand Uncertainty and Stagnancy on R&D Strategy [R]. SPRU Working Paper Series, 2014.

[187] GIRALDO I. The Home Market Effect, Economic Growth, and the Dynamic TradePatterns [J]. The International Trade Journal, 2019, 33 (11): 555-580.

[188] GOH A T, MICHALSKI T. Quality Assurance and the Home Market Effect [J]. Review of International Economics, 2012, 20 (2): 237-255.

[189] GROSSMAN S J, LAROQUE G. Asset Pricing and Optimal Portfolio Choice in the Presence of Illiquid Durable Consumption Goods [J]. Econometrica, 1990, 58 (1): 25-51.

[190] GROSSMAN G M, HELPMAN E. Growth, Trade, and Inequality [J]. Econometrica, 2018, 86 (1): 37-83.

[191] GUERZONI M, RAITERI E. Demand-side vs Supply-side Technology Policies: Hidden Treatment and New Empirical Evidence on the Policy Mix [J]. Research Policy, 2015, 44 (3): 726-747.

[192] GUERZONI M. The Impact of Market Size and Users' Sophistication on Innovation: The Patterns of Demand [J]. Economics of Innovation and New Technology, 2010, 19 (1): 113-126.

[193] HALLAK J C. A Product-quality View of the Linderhypothesis [J]. Review of Economics and Statistics, 2010, 92 (3): 453-466.

[194] HALLAK J C. Product Quality and the Direction of Trade [J]. Journal of International Economics, 2006 (68): 238-265.

[195] HALLAK J C, SCHOTT P K. Estimate Cross-Country Differences in Product Quality [J]. The Quarterly Journal of Economics, 2011, 129 (1): 417-474.

[196] HANSON G H, XIANG C. The Home Market Effect and Bilateral Trade Patterns [R]. NBER Working Paper No. 9076, 2002.

[197] HANSON G H, XIANG C. The Home-Market Effect and Bilateral Trade Patterns [J]. American Economic Review, 2004 (4): 1108-1129.

[198] HARDING T, JAVORCIK B S. Foreign Direct Investment and Export Upgrading [J]. Review of Economics and Statistics, 2012, 94 (4): 964-980.

[199] HAUSMANN R, HWANG J, RODRIK D. What You ExportMatters

[J] . Journal of Economic Growth, 2007, 12 (1) : 1–25.

[200] HAYES A, ROCKWOOD N J. Conditional Process Analysis: Concepts, Computation, and Advances in the Modeling of the Contingencies of Mechanisms [J] . American Behavioral Scientist, 2019, 64 (1) .

[201] HEAD K, RIES J C. Increasing Returns Versus National Product Differentiation as an Explanation for the Pattern of U. S. –CanadaTrade [J] . American Economic Review, 2001 (9): 857–866.

[202] HEAD K, MAYER T, THOENIG M. Welfare and Trade Without Pareto [J] . Social Science Electronic Publishing, 2014, 104 (104): 310–16.

[203] HELBLE M, OKUBO T. Heterogeneous Quality Firms and Trade Costs [Z] . Discussion Paper Series, 2008 (27): 1–44.

[204] HELPMAN E, KRUGMAN P R. Market Structure and Foreign Trade [M] . MIT Press, Cambridge, 1985.

[205] HENDRIK W. K. Revisiting the Sectoral Linder Hypothesis: Aggregation Bias or Fixed Costs? [Z] . LIS Working Paper Series No. 658, 2016.

[206] HUANG Y Y, LEE C T, HUANG D S. Home Market Effects in the Chamberlinian–RicardianWorld [J] . Bulletin of Economic Research, 2014, 66 (S1): S36–S54.

[207] HUMMELS D, KLENOW P. The Variety and Quality of a Nation's Exports [J] . American Economic Review, 2005 (3) : 704–723.

[208] HUNTER L. The Contribution of Non–Homothetic Preferences to Trade [J] . Journal of International Economics, 1991, 30 (3–4): 345–358.

[209] HUNTER L, MARKUSEN J R. Per–Capita Income as a Determinant of Trade [A] . in Robert Feenstra (editor), Empirical Methods for International Economics [C] . Cambridge: MIT Press, 1988: 89–109.

[210] IMBRIANI C, MORONE P, RENNA F. Innovation and Exporting: Does

Quality Matter? [J] . International Trade Journal, 2015, 29 (4): 273-290.

[211] JAIMOVICH E, MERELLA V. Love for Quality, Comparative Advantage, and trade [J] . Journal of International Economics, 2015 (11): 376-391.

[212] JOHANSSON S. R&D Accessibility and Comparative Advantages in Quality Differentiated Goods [R] . Working Paper Series in Economics and Institutions of Innovation, 2007.

[213] JOHNSON R C. Trade and Prices with Heterogeneous Firms [J] . Journal of International Economics, 2012, 86 (1): 43-56.

[214] KHANDELWAL A K. The Long and Short (of) Quality Ladders [J] . Review of Economic Studies, 2009, 77 (4): 1450-1476.

[215] KHANDELWAL A K, SCHOTT P K, WEI S J. Trade Liberalization and Embedded Institutional Reform: Evidence from Chinese Exporters [J] . American Economic Review, 2013, 103 (6): 2169-2195.

[216] KIM T, NIEM L D. Product Quality, Preference Diversity and Intra-industry Trade [J] . The Manchester School, 2011, 79 (6): 1126-1138.

[217] KOENKER R, MACHADO J A F. Goodness of Fit and Related Inference Processes for Quantile Regression [J] . Journal of the American Statisttical Association, 1999 (12): 1296-1310.

[218] KOHLER A. Three Essays in International Economics [D] . University of Zurich, 2013.

[219] KRISHNA P, MALONEY W F. Export Quality Dynamics [R] . Policy Research Working Paper No. 5701, 2011.

[220] KRUGMAN P R. Increasing Returns, Imperfect Competition and the Positive Theory of International Trade [R] . Handbook of International Economics, Amsterdam: Elsevier, 1995.

[221] KRUGMAN P R, VENABLES A J. Globalization and the Inequality of Na-

tions [J]. The Quarterly Journal of Economics, 1995b, 110 (4): 857-880.

[222] KRUGMAN P R. Rethinking International Trade [M]. Massachusetts Institute of Technology, Boston, 1990. [美] 克鲁格曼. 国际贸易新理论 [M]. 黄胜强译. 北京: 中国社会科学出版社, 1992.

[223] KRUGMAN P. Scale Economies, Product Differentiation, and the Pattern of Trade [J]. American Economic Review, 1980, 70 (5): 950-959.

[224] KRUGMAN P R, VENABLES A. Integration and the Competitiveness of Peripheral Industryin Christopher Bliss and Jorge Braga de Macedo, eds. Unity with Diversity in the European Economy [M]. Cambridge U, 1990.

[225] GROSSMAN G M, HELPMAN E. Quality Ladders and Product Cycles [J]. Quarterly Journal of Economics, 1991 (106): 557-586.

[226] KRUSE H W. Revisiting the Sectoral Linder Hypothesis: Aggregation Bias or Fixed Costs? [R]. LIS Working Paper Series No. 658, 2016.

[227] KUGLER M, VERHOOGEN E. Prices, Plant Size, and Product Quality [J]. Review of Economic Studies, 2011, 79 (1): 307-339.

[228] LATZER H, MAYNERIS F. Income Distribution and Vertical Comparative Advantage [Z/OL]. 2014, [2016-11-05]. http://perso. uclouvain. be/helene. latzer/latzer_ mayneris_ jan2014. pdf.

[229] LATZER H, MAYNERIS F. Average Income, Income Inequality and Export Unit Values [R]. Discussion Papers No 2018010 (IRES-Institut de Recherches Economiqueset Sociales), Université catholique de Louvain. https://Econ Papers. repec. org/RePEc: ctl: louvir: 2018010.

[230] LEVCHENKO A A, LEVIS L T, TESAR L L. The Collapse of International Trade during the 2008-09 Crisis: In Search of the Smoking Gun [J]. IMF Economic Review, 2010, 58 (2): 214-253.

[231] LINDER S B. An Essay on Trade and Transformation [M]. Stockholm:

Almqvist & Wiksell, 1961.

[232] LIN M. , LI S. J, WHINSTON A B. Income, Endogenous Market Structure and Innovaion [R/OL] . Research Collection School of Information Systems, 2010: https: //ink. library. smu. edu. sg/sis_ research/1728.

[233] MALERBA F, NELSON R, ORSENIGO L. Demand, Innovation, and the Dynamics of Market Structure: The Role of Experimental Users and Diverse Preferences [J] . Journal of Evolutionary Economics, 2007, 17 (4): 371-399.

[234] MANOVA K, YU Z. Multi-Product Firms and Product Quality [J] . Journal of International Economics, 2017.

[235] MARKUSEN J R. Expansion of Trade at the Extensive Margin: A General Ganis-from-Trade Result and Illustrative Examples [J] . Journal of International Economics, 2013, 89 (1): 262-270.

[236] MARKUSEN J R. Explaining the Volume of Trade: An Eclectic Approach [J] . American Economic Review, 1986 (76): 1002-1011.

[237] MARKUSEN J. Putting Per-capita Income back into Trade Theory [R] . NBER Working Paper No. 15903, 2010.

[238] MARKUSEN, JAMES R. Putting Per-capita Income back into Trade Theory [Z] . CEPR Discussion Papers 90. 2013 (2): 255-265.

[239] MARTIN J, MEJEAN I. Low-wage Country Competition and the Quality Content of High-wage [J] . Journal of International Economics, 2014, 93 (1): 140-152.

[240] MATSUYAMA K. A Ricardian Model with a Continuum of Goods under Non-homothetic Preferences: Demand Complementarities, Income Distribution, and North-SouthTrade [J] . Journal of Political Economy, 2000, 108 (6): 1093-1120.

[241] MATSUYAMA K. The Rise of Mass Consumption Societies. Journal of Political Economy [J] . 2002, 110 (5): 1035-1070.

［242］MATSUYAMA K. Geographical Advantage: Home Market Effect in a Multi-RegionWorld ［Z］. CEPR Discussion Papers No. 12352, 2017.

［243］MATSUYAMA K. The Generalized Engel's Law: In Search for a New Framework ［Z/OL］. Public Lecture Given at Canon Institute for Global Studies, on January 14, 2016. Available at http: //www. canon-igs. org/en/event/report/160114_ presentation1_ presentation. pdf.

［244］MATSUYAMA K. The Home Market Effect and Patterns of Trade between Rich and Poor Countries ［Z］. Centre for Macroeconomics Discussion Paper Series, 2015-19, 2015 (8).

［245］MELITZ, M. J. The Impact of Trade on Intra-Industry Reallocations and Aggregate Industry Productivity, Econometrica, 2003 (71): 1695-1725.

［246］MELITZ M J, OTTAVIANO G IP. Market Size, Trade, and Productivity ［J］. Review of Economic Studies, 2008, 75 (1): 295-316.

［247］ROTHWELL R. Successful Industrial Innovation: Critical Factors for the 1990s ［J］.R&D Management, 1992, 22 (33): 221-239.

［248］MITRA D, TRINDADE V. Inequality and Trade ［R］. NBER Working Paper No. 10087, 2003.

［249］MODY A, IGAN D, FABRIZIO S. The Dynamics of Product Quality and International Competitiveness ［R］. IMF Working Papers, 2007.

［250］MURPHY K M, SHLEIFER A, VISHNY R. Income Distribution, Market Size, and Industrialization ［J］. Quarterly Journal of Economics, 1989, 104 (3): 537-564.

［251］MURPHY K M., SHLEIFER A., Quality and Trade ［J］. Journal of Development Economics, 1997 (53): 1-15.

［252］NIEM D L. Linder Hypothesis and Trade of Quality Differentiated Good: A Case of Cosmetic Industry of China ［J］. Modern Economy, 2016 (7): 307-313.

[253] NIGAI S. On Measuring the Welfare Gains from Trade under Consumer Heterogeneity [J]. The Economic Journal, 2016, 126 (593): 1193-1237.

[254] OECD. Demand-side Innovation Policies [M]. Paris: OECD Publishing, 2011.

[255] POSNER M V. International Trade and Technical Change [J]. Oxford Economic Papers, 1961, 13 (3): 323-341.

[256] RAYMOND W P, MOHNEN P, PALM F. et al. Persistence of Innovation in Dutch Manufacturing: Is It Spurious? [J]. Review of Economics and Statistics, 2010 (92): 495-504.

[257] DAMIJAN J P, KOSTEVC C. Learning from Trade through Innovation [J]. Oxford Bulletin of Economics and Statistics, 2015, 77 (3): 408-436.

[258] ROSENKRANZ S. Innovation and Cooperation under Vertical Product Differentiation [J]. International Journal of Industrial Organization, 1995, 13 (1): 1-22.

[259] SAKAKIBARA M, PORTER M E. Competing at Home to Win Abroad: Evidence from Japanese Industry [J]. Review of Economics and Statistics, 2001, 83 (2): 310-322.

[260] SCHERER, F M. Demand-Pull and Technological Invention: Schmookler Revisited [J]. Journal of Industrial Economics, 1982 (30): 225-237.

[261] SCHMOOKLER J. Inventions and Economic Growth [M]. Cambridge: Harvard University Press, 1966.

[262] SCHOTT P K. Across-product Versus Within-product Specialization in InternationalTrade [J]. Quarterly Journal of Economics, 2004, 119 (2): 646-678.

[263] SCHUMACHER D, SILIVERSTOVS B. Home-Market and Factor-Endowment Effects in a Gravity Approach [J]. Review of World Economics, 2006, 142 (2): 330-353.

[264] SCHUMPETER J. Capitalism, Socialism, and Democracy [M]. New York, 1942. 熊彼特. 社会主义、资本主义与民主 [M]. 吴良健译. 北京: 商务印书馆, 1992.

[265] SIMONOVSKA I. Income Differences and Prices of Tradables: Insights from an Online Retailer [R]. NBER Working Paper No. 16233, 2010.

[266] SONG I., CHINTAGUNTA P. A Micromodel of New Product Adoption with Heterogeneous and Forward Looking Consumers: An Application to the Digital Camera Category [J]. Quantitative Marketing and Economics, 2003 (1): 371-407.

[267] SOUSA J D, MAYER T, ZIGNAGO S. Market Access in Global and Regional Trade [J]. Sciences Po publications, 2011, 42 (6): 1037-1052.

[268] TELLIS G J, STREMERSCH S, YIN E. The International Takeoff of New Products: The Role of Economics, Culture, and Country Innovativeness [J]. Marketing Science, 2003, 22 (2): 188-208.

[269] TRIONFETTI F. Using Home-Biased Demand to Test Trade Theories [J]. Weltwirtschaftliches Archiv, 2001, 137 (3): 404-426.

[270] TSELIOS V. Is Inequality God for Innovation? [J]. International Regional Science Review, 2011, 34 (1): 75-101.

[271] VERHOOGEN E. Trade, Quality Upgrading and Wage Inequality in the Mexican Manufacturing Sector [J]. Quarterly Journal of Economics, 2008, 123 (2): 489-530.

[272] VERNON R. International Investment and International Trade in the Product Cycle [J]. Quarterly Journal of Economics, 1966, 80 (2): 190-207.

[273] WAUGH M E. Human Capital, Product Quality, and Bilateral Trade [R]. Society for Economic Dynamics Meeting Papers No. 1204, 2009.

[274] WUERGLER T. Income Distribution and Product Quality Versus Variety [J]. Social Science Electronic Publishing, 2010.

[275] WEDER R. Comparative Home-Market Advantage: An Empirical Analysis of British and American Exports [J]. Review of World Economics, 2003, 139 (2): 220-247.

[276] ZILIBOTTI F. Growing and Slowing Down Like China [J]. Journal of the European Economic Association 2017 (1): 1-46.

[277] ZWEIMÜLLER J. Schumpeterian Entrepreneurs Meet Engel's Law: The Impact of Inequality on Innovation-Driven Growth [J]. Journal of Economic Growth, 2000, 5 (2): 185-206.

[278] ZWEIMÜLLER J, BRUNNER J K. Innovation and Growth with Rich and Poor Consumers [J]. Metroecomomica, 2005, 2 (56): 233-262.

[279] ZWEIMÜLLER J, BRUNNER J K. Heterogeneous Consumers, Vertical Product Differentiation and the Rate of Innovation [C]. Institute for Advanced Studies, Economics Series (32), Working Paper, 1996.

附　表

附表1　中国与主要国家相对本地市场需求规模比较

年份	相对（人均）家庭 消费支出				人均家庭消费支出 年增长率（%）				人口规模在世界 总人口的占比（%）			
	中国	印度	荷兰	美国	中国	印度	荷兰	美国	中国	印度	荷兰	美国
1997	0.12	0.10	4.56	5.90	4.93	1.08	3.64	2.52	20.94	17.04	0.27	4.64
1998	0.12	0.11	4.71	6.05	5.77	4.56	4.97	4.09	20.86	17.12	0.26	4.63
1999	0.13	0.11	4.85	6.16	8.42	4.18	5.25	4.07	20.76	17.20	0.26	4.62
2000	0.14	0.11	4.86	6.23	10.83	1.63	2.92	3.92	20.65	17.28	0.26	4.61
2001	0.15	0.11	4.85	6.23	6.44	4.14	1.28	1.51	20.53	17.35	0.26	4.60
2002	0.16	0.11	4.82	6.26	8.68	1.15	0.52	1.62	20.41	17.43	0.26	4.58
2003	0.17	0.11	4.72	6.31	5.89	4.19	-0.60	2.29	20.28	17.50	0.26	4.57
2004	0.17	0.11	4.63	6.33	7.66	3.49	0.41	2.80	20.15	17.56	0.25	4.55
2005	0.19	0.12	4.54	6.33	10.53	5.77	0.67	2.61	20.02	17.62	0.25	4.54
2006	0.20	0.12	4.43	6.32	9.70	3.33	-0.32	2.07	19.88	17.68	0.25	4.53
2007	0.22	0.12	4.38	6.23	13.24	5.67	1.65	1.25	19.74	17.73	0.25	4.51
2008	0.24	0.13	4.38	6.13	9.12	2.93	0.50	-1.15	19.60	17.77	0.24	4.50
2009	0.27	0.13	4.34	6.09	9.97	3.53	-2.39	-2.12	19.46	17.80	0.24	4.48
2010	0.30	0.14	4.24	6.03	11.47	5.29	-0.41	0.91	19.32	17.83	0.24	4.47
2011	0.33	0.14	4.15	5.99	14.91	6.05	-0.40	1.15	19.19	17.85	0.24	4.45

年份	相对（人均）家庭消费支出				人均家庭消费支出年增长率（%）				人口规模在世界总人口的占比（%）			
	中国	印度	荷兰	美国	中国	印度	荷兰	美国	中国	印度	荷兰	美国
2012	0.36	0.15	4.04	5.97	9.28	4.18	−1.51	0.76	19.06	17.86	0.24	4.43
2013	0.38	0.15	3.93	5.93	7.53	6.04	−1.26	0.75	18.93	17.86	0.23	4.41
2014	0.41	0.16	3.88	5.97	7.83	5.18	0.01	2.21	18.80	17.86	0.23	4.39
2015	0.43	0.17	3.88	6.06	7.68	6.73	1.53	2.92	18.68	17.85	0.23	4.37
2016	0.46	0.18	3.85	6.09	7.74	7.02	0.58	2.00	18.57	17.84	0.23	4.35

附表 2　中国制造业行业与 HS、SITC Rev 标准对照表

中国工业行业名称	HS96 货品税则号	SITC Rev. 3 分类
13、14 农副食品加工和制造业（10）	第 2 章 03.03－06（0306.1100－1990）第 4 章（不包括 04.09－10）07.10－12 08.11－12 08.14 09.01 10.06 第 15、16、17、18、19、20、21、23 章 22.09	01、025、03、046、047、048、054、056、057、058、061、071、072、08、4、022、023、024、062、073、075、09
15 饮料制造业（11）	09.02 第 22 章（不包括 22.09）	059、074、11
17 纺织业（13）	第 50、51、52、53、56、57、58、59、60、61、63 章	261、263、264、265、268、65
18 服装及其他纤维制品业（14）	第 62、65 章	841、842、843、844、845、846、8484、8515、8517、8519
19 皮革毛皮羽绒及其制品（15）	第 41 章（不包括 41.01－03）第 42 章、43 章（不包括 43.01）第 64、67 章（不包括 67.02）94.04	21、61、83、8481、8483、8514
20 木材加工和木、竹藤、棕、草制品业（16）	第 44 章（不包括 44.01－03）45.03－04 第 46 章	24、63
21 家具制造业（31）	94.01－94.03	82
22 造纸及纸制品业（17）	第 47、48 章（不包括 48.20）	64
23 印刷业记录媒介的复制业（18）	第 49 章	892
24 文教体育用品制造业	48.20 第 92 章 95.06	894、895、898
25 石油加工与炼焦业（19）	27.04 27.06－08 27.10－13 27.15	325、334、335、344、345

中国工业行业名称	HS96 货品税则号	SITC Rev. 3 分类
26 化学原料及化学制品（20）	15.18 15.20 第 28、29、31、32、33、34、35、36、37、38 章 39.01 40.02	51、52、53、55、56、57、59
27 医药制造业（21）	第 30 章	54
28 化学纤维制造业	第 54、55 章	266、267、269
29，30 橡胶和料制造业（22）	第 40 章（不包括 40.01-02）39.02	23、62、58、8482、893、8511、8512、8513
31 非金属矿制品业（23）	第 68、69、70 章 90.03-04	66、8122
32 黑色金属冶炼及延压加工业（25）	26.18-19 第 72 章 81.11	67
33 有色金属冶炼及延压加工业（25）	74.01-74.10 75.01-75.06 76.01-76.07 78.01-78.04 79.01-79.05、80.01-80.05 第 81 章（不包括 81.11）	68
34 金属制品业（24）	66.01 第 73 章 74.11-19 75.07-08 第 82、83 章 76.08-16 78.05-06.79.06-07 80.06-07 94.06	69、811、8121
35 通用设备制造业（28）	84.01-14 84.16 84.18-20 84.52 84.56-84.68 84.80-85	711、712、713、714、718、73、74
36 专用设备制造业（28）	84.17 84.21-22 84.24-49 84.51 84.53-55 84.74-79 90.18-22	72、872、891
37 交通运输设备制造业（29、30）	第 86、87、88、89 章	78、79
39 电气机械及器材制造业（27）	84.15 84.50 85.01-16 85.30-39 85.44-48 94.05	716、77、813
40 计算机、通信及其他电子设备制造业（26）	84.70-71 85.17-29 85.40-43	752、76
41 仪器仪表及文化办公用制造业	84.23 84.69 84.72-73 90.01-02 90.05-17 90.23-33 第 91 章	751、759、871、873、874、88

注：本表只包括 27 个行业，删除了李小平等（2015）表中的烟草制品业，其 SITC（Rev. 3）代码为 122。橡胶制品业和塑料制品业合并，直接统计，而无须各分一半。汽车、铁路、船舶等交通运输设备制造业合并（新的统计年鉴是分开的）。经核对，为与 UNIDO 制造业行业保持一致，结合盛斌（2002）分类，括号里为 ISIC 分类。

附表 3　2008~2016 年世界耐用消费品出口质量边际和数量边际增长率

年份	2008 QUAN	2008 QLY	2009 QUAN	2009 QLY	2010 QUAN	2010 QLY	2011 QUAN	2011 QLY	2012 QUAN	2012 QLY	2013 QUAN	2013 QLY	2014 QUAN	2014 QLY	2015 QUAN	2015 QLY	2016 QUAN	2016 QLY
High income	0.11	-0.05	-0.05	-0.05	0.43	2.11	-0.02	-0.66	-0.01	0.41	0.02	0.21	-0.09	0.22	0.00	-0.31	0.04	0.39
ABW	-0.53	1.34	0.52	0.42	-0.02	-0.42	2.00	-0.00	-0.67	0.39	-0.22	4.02	-0.02	-0.13	5.59	-0.78	-0.76	1.94
ARE	0.13	0.19	-0.14	0.36	0.55	-0.35	0.04	0.20	0.00	0.39	0.12	0.20	-0.26	0.15	-0.12	0.03	-0.09	-0.10
ATG	0.35	-0.22	-0.29	-0.55	-0.04	0.01	0.47	-0.48	-0.49	0.12	0.99	-0.28	0.82	2.08	-0.53	0.03	-0.38	0.51
AUS	0.07	0.15	0.08	0.18	0.55	-0.22	0.11	0.12	0.11	0.07	-0.02	0.02	-0.13	0.08	0.04	0.04	0.01	-0.06
AUT	0.69	-0.22	0.04	0.00	0.45	-0.32	-0.00	0.36	-0.08	0.12	0.05	-0.09	-0.19	0.16	-0.07	0.06	-0.03	-0.09
BEL	0.02	0.01	0.09	0.12	0.44	-0.13	-0.06	0.12	-0.14	0.10	-0.01	0.02	-0.01	0.10	-0.01	-0.01	0.02	-0.11
BHR	-0.12	0.39	0.00	0.05	4.67	-0.17	-0.32	0.11	0.22	0.27	-0.08	-0.21	-0.03	-0.01	-0.47	0.28	0.03	-0.03
BHS	-0.49	0.20	0.80	-0.48	0.09	0.04	0.16	0.99	1.82	0.39	0.31	-0.54	-0.72	1.22	-0.37	-0.39	-0.28	-0.32
BMU	0.24	2.69	-0.42	0.05	-0.67	1.27	0.81	0.65	-0.56	-0.54	3.35	0.16	0.67	-0.77	-0.57	4.39	-0.87	0.61
BRB	-0.11	0.22	-0.15	0.05	0.96	-0.30	0.63	1.98	0.47	-0.31	-0.65	0.08	0.07	-0.25	0.63	0.28	0.15	-0.41
BRN	-0.25	0.59	0.67	0.88	2.44	0.44	1.45	-0.00	0.99	0.13	-0.07	-0.26	0.11	-0.09	-0.45	-0.07	-0.65	-0.03
CAN	0.18	0.03	0.01	0.10	0.54	-0.15	-0.01	0.14	0.04	0.13	-0.03	0.00	-0.15	0.06	-0.03	0.06	0.07	-0.09
CHE	0.36	-0.13	0.31	-0.06	0.29	-0.06	0.13	0.09	-0.12	0.27	-0.15	0.43	0.05	-0.34	-0.14	0.65	0.09	-0.13
CHL	0.23	0.32	-0.21	0.23	0.86	-0.27	0.03	0.25	0.15	0.03	-0.07	-0.02	-0.19	0.32	0.01	0.06	0.03	-0.07
CYM	-0.22	0.62	1.63	-0.58	-0.76	0.41	-0.61	3.07	1.94	-0.61	-0.17	-0.05	0.80	-0.53	1.05	5.13	1.20	-0.19
CYP	0.14	0.04	0.13	0.01	0.66	-0.20	-0.08	0.19	-0.06	-0.12	-0.25	0.25	-0.10	-0.03	-0.24	0.03	0.19	-0.02
CZE	0.70	-0.21	0.08	0.18	0.20	0.02	0.06	0.20	0.15	0.04	-0.00	0.04	0.31	0.38	-0.05	0.18	0.23	-0.09
DEU	0.14	-0.05	-0.10	0.16	0.51	-0.20	-0.00	0.17	-0.02	0.02	0.01	0.07	-0.02	0.15	-0.06	0.07	0.04	-0.14

续表

年份	2008 QUAN	2008 QLY	2009 QUAN	2009 QLY	2010 QUAN	2010 QLY	2011 QUAN	2011 QLY	2012 QUAN	2012 QLY	2013 QUAN	2013 QLY	2014 QUAN	2014 QLY	2015 QUAN	2015 QLY	2016 QUAN	2016 QLY
DNK	0.13	-0.03	-0.17	0.28	0.75	-0.30	-0.13	0.14	-0.03	-0.01	-0.02	0.00	0.00	0.19	-0.06	0.03	0.06	-0.12
ESP	0.06	0.00	-0.09	0.31	0.49	-0.24	-0.05	0.13	-0.18	0.10	-0.04	0.02	-0.09	0.18	-0.06	0.08	0.12	-0.13
EST	-0.15	0.10	-0.34	0.60	0.86	-0.34	0.58	0.03	0.04	0.17	-0.36	0.15	0.19	0.09	-0.28	0.06	0.62	-0.26
FIN	0.04	-0.02	-0.29	-0.22	0.72	-0.23	0.03	0.11	0.00	0.19	-0.19	0.11	-0.17	0.03	-0.39	-0.00	0.08	-0.04
FRA	0.25	-0.04	-0.03	0.22	0.78	-0.25	-0.05	0.18	0.00	0.10	-0.04	0.01	-0.15	0.10	-0.06	0.10	0.10	-0.12
GBR	0.18	-0.10	-0.02	0.13	0.49	-0.21	-0.05	0.08	-0.00	0.19	-0.02	0.02	-0.11	0.10	0.05	0.04	0.05	-0.08
GRC	0.10	0.02	-0.03	0.07	0.20	-0.16	-0.12	0.08	0.09	0.05	-0.06	-0.07	-0.04	0.10	-0.14	0.17	0.26	-0.19
HKG	0.28	-0.23	-0.11	0.14	0.14	0.03	0.02	0.83	-0.13	0.65	-0.12	0.34	-0.09	1.60	-0.03	-0.59	-0.08	-0.35
HUN	0.83	-0.43	-0.25	0.05	0.32	0.14	0.20	-0.04	0.17	-0.37	0.22	0.38	0.16	-0.07	0.42	-0.06	-0.09	-0.14
IRL	0.09	-0.16	0.31	-0.07	-0.09	-0.10	0.08	-0.03	-0.06	0.27	-0.10	-0.06	0.64	-0.03	-0.10	0.15	-0.17	0.12
ISL	0.11	-0.27	-0.34	0.40	0.43	-0.51	0.12	0.18	-0.13	0.36	-0.11	0.51	0.04	0.31	0.70	-0.34	-0.01	0.11
ISR	0.28	0.13	0.14	0.10	0.74	-0.20	0.08	0.16	-0.07	0.15	0.07	0.01	-0.13	0.06	0.17	0.05	0.10	-0.15
ITA	0.07	-0.06	0.01	0.44	0.41	-0.25	-0.12	0.06	-0.15	0.04	0.00	0.03	-0.12	0.18	-0.02	0.05	0.07	-0.12
JPN	0.19	0.01	-0.06	0.20	0.46	0.05	0.04	0.04	-0.02	-0.09	-0.05	0.07	-0.16	0.08	-0.11	0.02	0.08	-0.10
KNA	-0.83	4.06	1.22	-0.51	-0.25	1.35	-0.33	5.40	1.09	-0.92	0.99	0.03	-0.58	1.36	-0.24	0.77	-0.00	-0.29
KOR	-0.02	-0.03	-0.28	0.13	0.56	-0.20	-0.03	0.23	-0.06	0.13	0.20	-0.02	0.02	0.04	0.10	0.12	0.11	-0.12
KWT	0.20	0.33	0.08	0.04	1.37	-0.45	-0.13	0.47	-0.12	0.21	-0.01	0.04	-0.06	0.18	-0.06	0.05	-0.11	-0.12
LTU	0.58	0.07	-0.30	-0.06	0.57	-0.25	0.43	-0.07	1.09	-0.36	-0.08	0.01	0.04	0.10	-0.38	0.16	0.18	-0.16
LUX	-0.12	-0.47	-0.66	0.31	3.52	-0.05	-0.78	-0.30	1.81	1.58	-0.55	2.50	-0.59	-0.39	-0.59	-0.56	-0.18	0.94

续表

年份	2008 QUAN	2008 QLY	2009 QUAN	2009 QLY	2010 QUAN	2010 QLY	2011 QUAN	2011 QLY	2012 QUAN	2012 QLY	2013 QUAN	2013 QLY	2014 QUAN	2014 QLY	2015 QUAN	2015 QLY	2016 QUAN	2016 QLY
LVA	0.05	0.02	-0.36	0.44	1.07	-0.44	0.23	0.12	0.19	-0.09	-0.03	-0.04	-0.24	0.14	-0.15	-0.00	-0.13	-0.04
MAC	-0.03	0.07	0.34	0.13	-0.43	-0.48	0.54	0.43	0.30	0.10	-0.20	0.20	0.05	0.70	0.09	0.44	-0.17	-0.07
MLT	-0.06	1.15	2.16	0.14	2.19	0.06	-0.30	0.30	1.19	0.13	0.69	0.07	-0.84	-0.14	-0.53	-0.00	-0.14	-0.14
NCL	0.77	0.05	0.07	0.03	1.00	0.05	0.13	-0.05	0.09	-0.12	-0.14	0.49	-0.28	0.02	0.17	0.03	-0.15	-0.14
NLD	0.06	0.10	0.03	0.12	0.45	-0.12	-0.05	0.22	-0.07	0.09	0.04	-0.03	0.03	0.16	-0.06	0.05	0.08	-0.07
NOR	0.08	-0.05	-0.00	0.13	0.51	-0.29	0.07	0.18	0.04	0.03	-0.06	0.10	-0.16	0.12	-0.09	0.13	-0.14	-0.11
NZL	0.12	-0.14	0.27	-0.02	1.24	-0.26	0.33	-0.06	-0.28	0.35	-0.10	0.17	-0.06	0.09	0.07	0.03	0.09	-0.08
OMN	0.26	0.05	0.57	-0.21	0.31	-0.15	0.26	0.29	1.68	0.43	0.36	-0.11	-0.60	0.06	-0.07	0.16	0.30	-0.32
PLW	0.24	-0.61	12.57	-0.20	3.51	-0.60	-0.93	-0.39	13.43	-0.08	-0.62	0.25	3.76	2.90	0.05	-0.49	0.14	-0.03
POL	0.22	0.13	-0.15	0.08	0.41	-0.14	0.18	-0.02	0.25	0.38	-0.07	-0.04	0.04	-0.06	-0.05	0.06	0.20	-0.08
PRT	0.02	-0.16	0.33	-0.01	0.41	-0.12	-0.05	0.05	-0.19	-0.05	-0.17	0.07	0.19	0.07	-0.09	0.05	0.20	-0.10
PYF	-0.00	0.40	-0.09	-0.14	0.83	-0.03	-0.19	0.25	0.14	-0.27	0.09	0.18	-0.27	0.17	-0.07	0.22	0.23	-0.18
QAT	0.03	0.45	1.07	-0.29	1.33	-0.14	0.32	0.33	-0.42	0.13	0.44	0.07	-0.05	0.05	-0.22	-0.16	-0.29	0.02
SAU	0.35	0.11	0.04	0.19	0.64	-0.29	0.11	0.30	0.15	0.37	0.05	-0.01	-0.21	0.08	0.07	0.12	-0.09	-0.17
SGP	0.11	0.12	0.18	0.36	0.34	-0.09	0.24	0.28	0.03	0.14	0.14	0.06	0.17	-0.09	-0.16	0.23	-0.20	-0.04
SVK	-0.28	0.45	-0.35	-0.16	0.39	-0.15	0.92	-0.07	-0.32	0.46	-0.00	0.13	0.00	0.03	-0.28	0.16	0.35	-0.07
SVN	0.03	0.19	0.16	-0.03	0.21	-0.32	0.46	-0.04	-0.05	0.02	-0.00	0.05	0.12	0.39	0.23	0.11	0.23	-0.15
SWE	0.10	0.03	-0.06	0.19	0.47	-0.13	0.02	0.08	0.02	0.04	0.07	0.09	-0.12	0.07	-0.04	0.03	-0.01	-0.12
SYC	0.82	-0.43	0.31	0.27	1.54	-0.25	1.15	0.27	-0.32	-0.25	-0.24	0.04	0.22	0.03	2.10	0.15	-0.28	0.06

续表

年份	2008 QUAN	2008 QLY	2009 QUAN	2009 QLY	2010 QUAN	2010 QLY	2011 QUAN	2011 QLY	2012 QUAN	2012 QLY	2013 QUAN	2013 QLY	2014 QUAN	2014 QLY	2015 QUAN	2015 QLY	2016 QUAN	2016 QLY
TTO	0.27	-0.12	0.13	0.00	0.69	-0.37	0.01	0.44	0.07	-0.09	0.04	0.21	-0.00	-0.25	-0.10	1.19	-0.02	-0.17
URY	-0.03	0.50	0.05	0.21	1.25	-0.43	0.40	0.02	-0.01	0.34	-0.09	-0.06	-0.20	0.43	-0.19	0.12	-0.09	-0.03
USA	0.16	-0.06	-0.03	0.18	0.40	-0.18	-0.08	0.10	0.00	0.11	0.08	0.03	-0.08	0.13	0.07	-0.02	0.06	-0.07
CHNMEAN	0.14	-0.02	-0.05	-0.06	0.51	0.50	0.02	-0.37	0.01	0.15	0.02	0.07	-0.10	0.22	-0.02	-0.09	0.02	0.07

注：高收入国家中剔除具有边际极端值的国家有 TCA 和 SMR，以及出口区间有断点的国家 CUW、FRO 和 GRL，此表中共计 59 个高收入国家/地区。

附表 4　世界消费品按收入水平分类的出口份额

BEC 分类	年份	1996	1997	1998	1999	2000	2001	2002	2003	2004	2005	2006	2007	2008	2009	2010	2011	2012	2013	2014	2015	2016
61	H-H占比	81.91	82.21	83.49	88.30	87.22	88.74	88.80	88.69	87.11	86.89	86.02	86.23	85.33	86.84	85.89	84.91	84.24	84.34	85.26	85.48	86.08
	H-L占比	0.17	0.17	0.17	0.16	0.13	0.16	0.15	0.13	0.14	0.11	0.12	0.11	0.11	0.12	0.12	0.12	0.13	0.13	0.12	0.20	0.22
	H-M占比	12.24	12.80	10.81	8.96	9.24	9.37	9.27	9.46	10.38	10.85	11.76	12.33	13.27	12.09	13.15	14.09	14.70	14.62	13.74	13.44	12.86
	L-H占比	89.26	87.69	94.30	91.02	89.40	55.45	67.06	80.67	49.02	46.11	16.29	47.33	29.61	51.34	52.85	59.35	40.97	42.53	38.69	15.54	19.06
	L-L占比	0.77	0.62	0.66	1.38	1.44	13.82	6.17	4.86	7.25	12.51	1.91	10.82	2.61	2.91	6.46	6.79	7.44	6.58	10.46	8.16	39.61
	L-M占比	7.34	8.87	3.10	7.41	8.93	22.52	26.64	13.69	37.17	40.36	81.62	40.80	67.48	45.53	40.13	33.48	37.68	36.65	45.98	76.23	40.95
	M-H占比	90.24	89.35	89.85	92.05	90.57	90.15	89.67	88.84	88.22	87.58	86.94	84.97	83.13	85.00	82.53	81.27	80.36	79.70	80.16	79.92	80.91
	M-M占比	7.31	8.18	7.48	6.97	8.41	8.71	8.42	9.87	10.49	11.23	12.06	13.90	15.90	14.12	16.53	17.65	18.49	19.08	18.13	18.22	17.53
	M-L占比	0.24	0.22	0.23	0.20	0.19	0.20	0.20	0.26	0.24	0.25	0.25	0.23	0.26	0.27	0.43	0.43	0.49	0.52	0.58	0.65	0.62
62	H-H占比	83.38	83.06	82.90	87.90	86.59	87.28	87.30	87.26	87.28	86.44	85.45	85.49	84.75	85.81	85.23	84.58	83.36	83.42	84.19	84.88	85.30
	H-L占比	0.15	0.14	0.13	0.12	0.12	0.12	0.15	0.15	0.15	0.13	0.13	0.13	0.15	0.16	0.17	0.14	0.13	0.13	0.13	0.13	0.11
	H-M占比	10.87	11.93	11.93	10.72	11.85	11.58	11.50	11.31	11.56	12.35	13.44	13.54	14.27	13.25	13.81	14.46	15.69	15.68	14.89	14.17	13.78

BEC分类	年份	1996	1997	1998	1999	2000	2001	2002	2003	2004	2005	2006	2007	2008	2009	2010	2011	2012	2013	2014	2015	2016
62	L-H占比	46.16	48.72	60.62	66.36	87.40	82.21	61.85	75.68	78.96	74.79	72.60	64.21	72.01	56.73	45.19	46.73	49.46	49.14	49.29	49.11	58.10
	L-L占比	12.27	8.21	13.84	8.50	3.47	5.04	13.82	5.76	8.84	11.74	11.78	17.44	15.10	16.77	20.92	24.68	23.55	22.24	22.78	27.41	26.62
	L-M占比	37.94	40.85	22.59	24.22	8.66	11.74	23.37	17.62	11.05	12.54	14.41	17.41	12.00	26.18	29.89	28.28	25.30	27.39	27.18	22.74	14.90
	M-H占比	89.93	89.01	89.29	91.40	90.92	90.46	90.11	88.92	87.29	86.21	83.84	81.92	81.37	82.37	80.12	79.13	76.30	75.49	74.51	76.92	76.53
	M-M占比	0.45	0.43	0.37	0.42	0.44	0.46	0.41	0.48	0.42	0.49	0.58	0.75	0.66	0.77	0.84	0.93	1.25	1.27	1.48	1.34	1.38
	M-L占比	7.27	8.27	7.95	7.52	7.77	7.93	8.41	9.68	11.30	12.34	14.76	16.53	16.97	16.21	18.37	19.28	21.60	22.41	23.14	20.79	21.09
63	H-H占比	77.10	76.37	77.07	84.17	83.15	84.00	85.30	85.77	85.85	85.33	84.74	84.41	83.52	83.92	82.90	81.71	80.15	79.68	80.22	81.05	81.15
	H-L占比	0.42	0.41	0.40	0.42	0.43	0.37	0.37	0.38	0.33	0.33	0.33	0.34	0.32	0.36	0.35	0.36	0.44	0.46	0.42	0.37	0.35
	H-M占比	15.03	16.45	15.52	13.38	14.54	13.95	12.34	11.93	12.03	12.43	13.20	13.55	14.51	14.07	15.65	16.81	18.17	18.64	18.16	17.41	17.33
	L-H占比	52.88	43.46	50.14	46.63	61.98	65.18	40.11	45.50	35.82	41.30	77.67	48.98	52.42	64.27	41.01	42.70	41.83	58.58	57.92	66.21	28.96
	L-L占比	13.58	19.05	15.32	14.33	11.45	15.04	26.41	25.21	36.91	32.36	8.46	23.52	24.13	16.67	24.47	24.02	26.35	21.24	24.43	18.65	39.19
	L-M占比	31.91	31.48	32.66	38.32	26.08	17.57	32.89	28.18	22.11	23.68	13.15	25.98	21.17	18.42	29.69	32.42	26.31	18.11	16.46	14.35	31.12
	M-H占比	77.38	76.16	75.76	75.85	78.22	78.19	75.63	76.03	76.44	75.76	74.74	71.98	70.71	66.77	69.10	68.73	68.00	66.04	65.16	64.62	67.73
	M-M占比	1.58	1.50	1.51	1.47	1.51	1.57	1.54	1.62	1.62	1.72	1.77	2.04	2.00	2.06	2.22	2.19	2.27	2.19	2.59	2.53	2.29
	M-L占比	17.94	19.48	20.03	19.89	18.93	18.76	20.87	20.34	20.22	20.73	21.80	24.50	25.60	29.39	27.38	27.78	28.53	30.30	30.79	31.38	28.53
112	H-H占比	84.34	83.19	84.21	90.37	88.94	88.68	89.10	90.32	89.54	89.15	88.51	87.03	85.48	85.05	83.52	81.97	80.59	80.40	80.30	80.44	80.32
	H-L占比	0.18	0.22	0.22	0.20	0.17	0.19	0.22	0.20	0.22	0.25	0.23	0.23	0.25	0.23	0.27	0.24	0.23	0.24	0.22	0.27	0.27
	H-M占比	9.27	10.55	9.73	7.70	9.01	9.42	9.02	8.10	8.66	9.13	10.01	11.57	13.02	13.45	14.96	16.56	17.93	18.19	18.23	17.90	17.93
	L-H占比	63.55	53.98	36.53	44.20	61.66	68.34	64.40	67.15	59.12	54.33	67.00	58.25	39.45	35.49	33.66	34.84	28.51	27.97	25.68	23.91	41.45
	L-L占比	7.98	5.47	4.56	3.69	1.79	1.26	3.66	1.88	3.18	3.57	1.43	2.91	5.58	8.63	12.63	10.16	12.58	22.59	19.35	17.73	3.11
	L-M占比	25.12	38.10	57.77	51.70	36.23	29.57	29.98	29.71	33.07	37.88	29.31	35.24	52.24	55.75	53.42	54.90	55.70	46.85	52.83	56.53	54.47

BEC 分类	年份	1996	1997	1998	1999	2000	2001	2002	2003	2004	2005	2006	2007	2008	2009	2010	2011	2012	2013	2014	2015	2016
112	M-H占比	26.70	25.92	24.80	27.45	31.50	30.10	30.66	27.89	25.85	25.57	24.83	25.79	24.46	23.97	21.83	22.39	24.15	23.32	23.53	22.10	18.01
	M-L占比	0.12	0.12	0.13	0.12	0.31	0.29	0.22	0.50	0.38	0.36	0.34	0.38	0.44	0.61	0.59	0.54	0.50	0.85	0.46	0.48	0.41
	M-M占比	13.62	14.81	17.31	15.69	15.99	16.92	17.29	18.31	19.69	21.29	22.92	24.52	27.90	29.54	32.60	32.82	33.13	33.22	33.02	33.97	33.95
	H-H占比	78.25	76.94	78.23	86.33	85.54	84.75	85.56	85.88	85.64	84.57	83.95	83.64	82.32	82.87	81.17	80.70	79.45	79.02	79.33	80.12	79.99
	H-L占比	0.49	0.52	0.58	0.52	0.54	0.58	0.61	0.56	0.52	0.55	0.53	0.51	0.55	0.53	0.61	0.60	0.68	0.64	0.66	0.63	0.58
	H-M占比	14.85	16.10	14.74	11.33	12.16	13.06	12.12	11.86	12.25	13.26	13.93	14.35	15.68	15.10	16.94	17.47	18.56	19.01	18.61	17.81	18.01
	L-H占比	43.78	39.15	74.35	56.40	58.68	68.96	47.14	57.67	58.55	65.51	78.78	58.91	52.16	40.46	42.89	40.09	31.19	37.50	38.81	31.24	34.51
	L-L占比	13.93	11.08	7.14	14.29	7.39	7.01	14.72	12.70	18.36	18.02	6.64	16.13	20.56	21.08	18.92	29.27	33.90	31.55	26.84	30.18	28.12
	L-M占比	31.59	30.91	12.33	27.26	33.26	20.11	31.36	25.75	20.25	13.98	13.13	23.36	25.41	37.99	37.42	30.40	26.56	29.57	33.39	38.11	36.86
122	M-H占比	62.59	62.88	60.04	68.21	68.85	66.94	65.93	65.39	63.29	61.46	61.28	60.32	56.10	56.75	54.23	53.44	51.88	51.35	51.66	53.57	55.11
	M-L占比	1.56	1.72	1.74	2.00	1.99	2.00	2.27	2.28	2.53	2.83	2.61	2.69	2.99	3.29	3.06	3.29	3.21	3.88	3.66	3.51	3.46
	M-M占比	32.94	32.15	34.82	28.26	27.50	29.29	30.09	30.68	32.57	34.30	34.80	35.57	39.55	38.41	41.21	41.71	43.09	42.93	42.66	40.37	39.38
	H-H占比	76.86	76.86	78.75	83.83	83.76	83.66	83.79	82.95	81.82	81.24	80.26	79.23	77.13	74.93	72.11	72.37	71.40	71.72	72.95	74.04	73.82
	H-L占比	0.29	0.25	0.22	0.19	0.16	0.17	0.17	0.16	0.13	0.13	0.14	0.15	0.16	0.20	0.18	0.20	0.20	0.19	0.17	0.19	0.18
	H-M占比	14.84	15.86	13.14	12.39	14.62	14.88	14.62	15.63	16.81	17.46	18.65	19.60	21.84	23.64	26.57	26.35	27.33	26.97	25.83	24.58	24.89
	L-H占比	46.48	49.92	83.07	54.85	34.04	66.22	28.91	54.60	42.72	42.36	83.79	64.16	35.15	46.77	58.44	57.38	57.39	57.24	62.09	53.78	57.67
	L-L占比	13.49	16.28	7.74	12.02	16.98	4.45	11.68	6.60	8.97	3.33	1.54	6.96	9.51	13.23	12.80	12.01	10.37	18.06	8.95	11.92	13.88
	L-M占比	37.27	30.70	8.00	32.71	46.98	24.48	47.15	32.19	34.56	50.24	11.63	25.97	44.12	38.71	27.58	30.48	29.59	24.13	28.73	13.98	27.89
522	M-H占比	64.75	67.40	70.91	77.55	75.62	73.64	73.83	73.74	73.41	71.82	71.11	69.10	66.31	66.20	64.81	64.47	62.67	62.94	65.10	67.42	68.62
	M-L占比	0.96	0.92	0.86	0.88	0.69	0.72	0.73	0.77	0.65	0.63	0.62	0.62	0.67	0.88	0.80	0.86	0.91	0.95	1.03	1.07	1.07
	M-M占比	29.13	27.70	26.30	20.54	22.45	23.44	22.54	23.72	24.01	25.95	26.90	29.00	31.75	31.72	33.22	33.17	35.15	34.81	32.54	30.15	29.10

附表5 耐用消费品细分类对照表

BEC4 大类	HS02 六分位	SITC R3 五分位
61	481110, 481151, 481159, 481160, 481190, 481500, 482312, 482319, 482390, 570110, 570190, 570220, 570231, 570232, 570239, 570241, 570242, 570249, 570251, 570252, 570259, 570291, 570292, 570299, 570310, 570320, 570330, 570390, 570410, 570490, 570500, 590410, 590490, 711311, 711319, 711320, 711411, 711419, 711420, 711610, 711620, 732111, 732112, 732113, 732181, 732182, 732183, 741420, 741490, 741600, 741600, 741700, 741819, 741999, 821000, 841451, 841460, 841510, 841821, 841822, 841829, 841830, 841840, 842211, 843311, 843319, 845011, 845012, 845019, 845121, 845210, 847989, 850910 – 80, 851010 – 30, 851621, 851629, 851631, 851632, 851640 – 60, 851671, 851672, 851679, 851910, 851921, 851929, 851931, 851939, 851940, 851992, 851993, 851999, 852010, 852032, 852033, 852039, 852090, 852530 – 40, 852712, 852713, 852719, 852812, 852813, 852830, 871500, 900510, 900620, 900651 – 53, 900659, 900711, 900810, 902121, 902129, 902131, 902139, 902140, 902150, 902190, 910111, 910112, 910119, 910121, 910129, 910191, 910199, 910211 – 12, 910219, 910221, 910291, 910299, 910310, 910390, 910511, 910519, 910521, 910529, 910591, 910599, 920110, 920120, 920190, 920210, 920290, 920300, 920410, 920420, 920510, 920590, 920600, 920710, 920790, 920810, 920890, 920910, 920920, 920993, 920999, 930310 – 30, 930400, 940140, 940161, 940169, 940171, 940179, 940340 – 90, 970200 – 600.	6593, 7526, 7611 – 12, 7753, 8218, 8941, 8962 – 66, 8989, 64141, 64142, 64146 – 48, 64151 – 54, 64156 – 59, 64161 – 62, 64164, 64169, 64171 – 73, 64179, 64191 – 92, 64244, 64248, 84292, 64299, 65911, 65912, 65921, 65929, 65941 – 43, 65949, 65951 – 52, 65959, 65961, 65969, 69352, 69731, 69732, 69734, 69742, 69781, 69942, 69973, 72121, 72433, 72849, 74151, 74341, 74345, 76221, 76222, 76331, 76333, 76335, 76381 – 84, 76482, 77511, 77512, 77521, 77522, 77541, 77542, 77571 – 73, 77582 – 87, 82115 – 17, 82153, 82155, 82159, 82171, 77111, 88111, 88121, 88132, 88531, 88532, 88539, 88541 – 42, 88549, 88572 – 79, 89131, 89139, 89731 – 33, 89813, 89815, 89821 – 26, 89829, 89961, 89963, 89965 – 67, 89969.

附表6 2007~2016年中国耐用消费品出口到世界市场质量变化

国家代码	2007 年	2016 年	绝对差（美元）	增长率（%）
MAR	41. 77222	73. 51201	31. 73979	75. 98302
ABW	66. 20457	210. 4549	144. 2503	217. 8858
AFG	139. 2319	78. 75631	− 60. 4756	− 43. 4351
AGO	114. 3812	234. 0639	119. 6827	104. 6349
ALB	172. 9017	112. 9574	− 59. 9443	− 34. 6696
ARE	40. 79976	138. 5574	97. 75766	239. 6035
ARG	35. 28299	108. 8283	73. 5453	208. 4441

国家代码	2007 年	2016 年	绝对差（美元）	增长率（%）
ARM	123. 3494	182. 2253	58. 87586	47. 73096
ATG	72. 50174	74. 16716	1. 665424	2. 297082
AUS	45. 54144	280. 632	235. 0905	516. 2124
AUT	47. 36027	180. 7672	133. 4069	281. 6853
AZE	3877. 214	279. 3868	-3597. 83	-92. 7941
BEL	103. 1396	292. 5949	189. 4553	183. 6883
BEN	387. 545	90. 86258	-296. 682	-76. 5543
BFA	95. 225	115. 2565	20. 0315	21. 03597
BGD	141. 1698	106. 317	-34. 8528	-24. 6886
BGR	52. 10069	60. 14169	8. 041	15. 43358
BHR	64. 80223	72. 91485	8. 112617	12. 51904
BHS	82. 97672	506. 0499	423. 0732	509. 8698
BIH	83. 98548	47. 43817	-36. 5473	-43. 5162
BLR	216. 4334	52. 55641	-163. 877	-75. 7171
BLZ	203. 4319	97. 65215	-105. 78	-51. 9976
BOL	63. 26688	184. 0893	120. 8224	190. 9726
BRA	158. 0386	100. 8864	-57. 1522	-36. 1635
BRB	61. 73735	159. 3143	97. 57692	158. 0517
BRN	46. 79587	184. 8595	138. 0637	295. 0339
BWA	86. 94474	98. 7586	11. 81385	13. 58777
CAF	134. 7858	77. 63492	-57. 1508	-42. 4012
CAN	52. 06075	185. 2024	133. 1416	255. 7428
CHE	72. 17694	8669. 888	8597. 711	11911. 99
CHL	46. 8676	120. 9951	74. 12752	158. 1637
CIV	86. 08425	74. 99073	-11. 0935	-12. 8868
CMR	155. 9368	134. 3423	-21. 5945	-13. 8482
COG	403. 5639	121. 9782	-281. 586	-69. 7748
COK	68. 23714	857. 4278	789. 1907	1156. 541
COL	35. 71964	62. 32999	26. 61035	74. 49781
COM	397. 8337	1881. 652	1483. 818	372. 9745
CPV	80. 86962	457. 3567	376. 487	465. 5482
CRI	40. 81629	52. 41627	11. 59998	28. 41997

国家代码	2007 年	2016 年	绝对差（美元）	增长率（%）
CUB	141. 2694	452. 899	311. 6296	220. 5924
CYM	128. 4163	542. 4667	414. 0505	322. 4284
CYP	45. 70881	123. 3069	77. 59811	169. 7662
CZE	43. 17727	147. 7912	104. 614	242. 2894
DEU	40. 19741	324. 5158	284. 3184	707. 3053
DJI	105. 5983	122. 0785	16. 48027	15. 60658
DMA	44. 57561	65. 28667	20. 71107	46. 46278
DNK	80. 70837	166. 2339	85. 52555	105. 9686
DOM	45. 55573	68. 80695	23. 25122	51. 03907
DZA	60. 38052	135. 5637	75. 18313	124. 5155
ECU	52. 51647	76. 06649	23. 55002	44. 84311
EGY	63. 04357	158. 786	95. 74248	151. 8672
ERI	269. 2448	500. 9216	231. 6767	86. 04685
ESH	88. 82964	26. 16667	-62. 663	-70. 5429
ESP	38. 51773	81. 60035	43. 08262	111. 8514
EST	32. 57382	45. 42637	12. 85255	39. 45669
ETH	633. 6546	619. 6014	-14. 0532	-2. 2178
FIN	54. 38461	127. 3258	72. 94116	134. 121
FJI	120. 6352	103. 633	-17. 0022	-14. 0939
FRA	52. 42444	1647. 021	1594. 596	3041. 704
FRO	83. 98718	164. 6064	80. 61923	95. 98992
FSM	276. 2027	147. 8556	-128. 347	-46. 4684
GAB	266. 2032	76. 66389	-189. 539	-71. 201
GBR	56. 56918	110. 8158	54. 24657	95. 89421
GEO	80. 77046	183. 1786	102. 4081	126. 7891
GHA	66. 30083	65. 62254	-0. 67829	-1. 02304
GIB	94. 61197	175. 5521	80. 94016	85. 5496
GIN	106. 9895	62. 16387	-44. 8257	-41. 8972
GMB	57. 96803	64. 80444	6. 836406	11. 79341
GNB	79. 37709	277. 6783	198. 3012	249. 8217
GNQ	310. 8506	97. 15041	-213. 7	-68. 7469
GRC	38. 91472	92. 43223	53. 51751	137. 5251

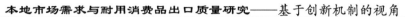
续表

国家代码	2007 年	2016 年	绝对差（美元）	增长率（%）
GRD	395. 0235	86. 79428	−308. 229	−78. 0281
GRL	515	5. 8	−509. 2	−98. 8738
GTM	189. 635	69. 25718	−120. 378	−63. 4787
GUY	50. 41209	56. 53307	6. 120981	12. 14189
HKG	502. 2896	595. 0714	92. 78179	18. 47177
HND	61. 25826	73. 46889	12. 21062	19. 93302
HRV	35. 73901	58. 28762	22. 54861	63. 09242
HTI	44. 44031	68. 04915	23. 60884	53. 12484
HUN	70. 46171	146. 7984	76. 33673	108. 3379
IDN	57. 62031	166. 3523	108. 732	188. 7042
IND	54. 69687	195. 819	141. 1221	258. 0077
IRL	133. 3299	106. 8267	−26. 5033	−19. 878
IRN	42. 49666	132. 3696	89. 87294	211. 4824
IRQ	328. 5246	1044. 106	715. 5818	217. 8168
ISL	104. 8835	892. 205	787. 3215	750. 6631
ISR	52. 03663	121. 8021	69. 76544	134. 0699
ITA	37. 6933	276. 4426	238. 7493	633. 3999
JAM	50. 77173	238. 7106	187. 9388	370. 1643
JOR	80. 32058	114. 2624	33. 94186	42. 25798
JPN	49. 51602	1332. 916	1283. 4	2591. 888
KAZ	301. 0788	117. 6742	−183. 405	−60. 9158
KEN	59. 05819	573. 9783	514. 9201	871. 8861
KGZ	740. 4387	84. 81857	−655. 62	−88. 5448
KHM	168. 0146	161. 1187	−6. 89593	−4. 10436
KIR	68. 2762	113. 9105	45. 63429	66. 83777
KNA	148. 8856	68. 46793	−80. 4177	−54. 0131
KOR	48. 87245	826. 0032	777. 1307	1590. 12
KWT	49. 94584	73. 43728	23. 49144	47. 03382
LAO	12972. 45	844. 8196	−12127. 6	−93. 4876
LBN	46. 60405	135. 2098	88. 6058	190. 1247
LBR	1441. 352	77. 18208	−1364. 17	−94. 6452
LBY	46. 15386	44. 6695	−1. 48436	−3. 21611

国家代码	2007 年	2016 年	绝对差（美元）	增长率（%）
LCA	80. 41038	103. 0167	22. 60635	28. 11372
LKA	71. 76743	50. 4109	−21. 3565	−29. 758
LSO	198. 7647	213. 3388	14. 5741	7. 332341
LTU	57. 43398	51. 64335	−5. 79063	−10. 0822
LUX	146. 9911	98. 25968	−48. 7314	−33. 1526
LVA	60. 17155	52. 67195	−7. 49959	−12. 4637
MAC	292. 0624	21706. 59	21414. 53	7332. 175
MDA	107. 3814	52. 85805	−54. 5233	−50. 7754
MDG	223. 1311	182. 3749	−40. 7562	−18. 2656
MDV	68. 12821	100. 3335	32. 20529	47. 27159
MEX	77. 95736	142. 5278	64. 5704	82. 82785
MHL	101. 4796	106. 6049	5. 125278	5. 050547
MKD	122. 7579	43. 52633	−79. 2315	−64. 5429
MLI	704. 4455	958. 6531	254. 2076	36. 08619
MLT	65. 91572	163. 0188	97. 10308	147. 314
MMR	784. 8802	197. 5207	−587. 36	−74. 8343
MNG	1170. 294	207. 419	−962. 875	−82. 2763
MNT	57. 79787	115. 965	58. 16717	100. 6389
MOZ	65. 49977	83. 3034	17. 80363	27. 18121
MRT	88. 36047	147. 4754	59. 1149	66. 90197
MUS	45. 86805	54. 34443	8. 476375	18. 47991
MWI	180. 0431	92. 00404	−88. 0391	−48. 8989
MYS	67. 2698	284. 4336	217. 1638	322. 825
NAM	63. 23454	258. 2107	194. 9762	308. 3381
NCL	105. 3664	64. 78804	−40. 5783	−38. 5116
NER	450. 1109	325. 6334	−124. 477	−27. 6548
NGA	132. 6003	131. 9248	−0. 67549	−0. 50942
NIC	48. 03342	97. 4708	49. 43737	102. 9229
NLD	35. 67705	166. 8571	131. 1801	367. 6876
NOR	54. 89303	193. 0782	138. 1852	251. 7354
NPL	74. 1107	159. 9438	85. 83314	115. 8175
NZL	160. 6578	191. 1653	30. 50749	18. 98911

续表

国家代码	2007 年	2016 年	绝对差（美元）	增长率（%）
OMN	311. 1154	147. 3972	−163. 718	−52. 623
PAK	94. 67207	50. 19622	−44. 4759	−46. 9789
PAN	32. 42331	218. 6923	186. 269	574. 4909
PER	41. 09838	63. 55219	22. 4538	54. 63428
PHL	32. 59097	116. 4218	83. 83084	257. 2211
PLW	138. 3619	124. 2805	−14. 0814	−10. 1772
PNG	99. 76798	77. 95732	−21. 8107	−21. 8614
POL	50. 21309	121. 594	71. 38094	142. 156
PRK	275. 4974	180. 1549	−95. 3425	−34. 6074
PRT	41. 2765	83. 5436	42. 26709	102. 3999
PRY	38. 36314	47. 85407	9. 490932	24. 73972
PSE	59. 02527	146. 5677	87. 54245	148. 3135
PYF	112. 5251	94. 19469	−18. 3304	−16. 2901
QAT	125. 4735	347. 2488	221. 7753	176. 7507
ROM	37. 26444	50. 45127	13. 18682	35. 38715
RUS	45. 68976	536. 6455	490. 9557	1074. 542
RWA	919. 468	206. 2318	−713. 236	−77. 5705
SAU	38. 79647	121. 2093	82. 41284	212. 4236
SEN	170. 9736	108. 7942	−62. 1794	−36. 3678
SER	43. 48343	54. 80236	11. 31893	26. 03044
SGP	379. 5404	2279. 425	1899. 885	500. 5751
SLB	63. 42895	172. 7261	109. 2971	172. 3143
SLE	77. 57967	243. 0305	165. 4508	213. 2657
SLV	45. 43951	59. 6228	14. 18329	31. 21357
SMR	18. 23996	14. 42797	−3. 81199	−20. 8991
SOM	17. 79029	99. 10119	81. 3109	457. 0521
STP	73. 75773	125. 4445	51. 68675	70. 07638
SUR	42. 73349	48. 81847	6. 084979	14. 23937
SVK	81. 57392	54. 87695	−26. 697	−32. 7273
SVN	35. 53936	43. 88953	8. 35017	23. 49555
SWE	45. 50343	52. 53531	7. 03188	15. 45352
SWZ	74. 25923	52. 99973	−21. 2595	−28. 6288

国家代码	2007 年	2016 年	绝对差（美元）	增长率（%）
SYC	74.84031	139.8766	65.03632	86.90012
SYR	42.27995	44.6774	2.397451	5.67042
TCA	115.0442	281.8681	166.8239	145.0086
TCD	130.6234	1524.045	1393.422	1066.747
TGO	821.5264	301.5818	−519.945	−63.2901
THA	44.1908	260.3643	216.1735	489.1821
TJK	724.2004	186.0752	−538.125	−74.3061
TKM	445.5693	216.5046	−229.065	−51.4094
TMP	146.5629	102.7856	−43.7773	−29.8693
TON	78.06961	100.0372	21.96755	28.13841
TTO	64.19329	88.48697	24.29368	37.84458
TUN	46.72158	116.8289	70.1073	150.0533
TUR	156.4075	106.4869	−49.9207	−31.917
TUV	116.9063	51.69627	−65.21	−55.7797
TZA	116.2768	132.4424	16.1656	13.90269
UGA	173.0317	302.3037	129.272	74.71004
UKR	40.37357	104.3479	63.97431	158.4559
UNS	61.8761	594.5852	532.7091	860.9287
URY	38.46567	47.32504	8.859367	23.03188
USA	37.16591	769.0752	731.9092	1969.303
UZB	286.9748	175.2294	−111.745	−38.9391
VCT	175.0898	388.8208	213.731	122.0694
VEN	33.89895	82.93519	49.03623	144.6541
VGB	31.08084	567.773	536.6922	1726.762
VNM	266.8103	891.127	624.3167	233.9928
VUT	257.5996	272.2368	14.6372	5.68215
WLD	403.6289	239.3516	−164.277	−40.7001
WLF	121.127	70.28861	−50.8384	−41.9711
WSM	63.02861	68.52139	5.492774	8.714731
YEM	150.9281	39.03665	−111.891	−74.1356
ZAF	34.60352	156.7101	122.1066	352.8732
ZAR	45.32281	94.23754	48.91473	107.9252

续表

国家代码	2007 年	2016 年	绝对差（美元）	增长率（%）
ZMB	273.0581	306.4718	33.41362	12.23682
ZWE	226.986	142.999	−83.987	−37.001

附表 7　主要耐用消费品生命周期

耐用消费品名称	生命周期（Service Life）	在 BEA（2003）中的分类
空调	11	其他家用电器
照相机	10	照相器材
汽车	8	其他交通工具
手机	9	计算机及其附件
计算机	9	计算机及其附件
自行车	10	车轮家庭耐用品
电风扇	10	其他家庭耐用品
冰箱	11	厨房及其他家用电器
家庭影院	9	视听设备
摩托车	8	其他交通工具
收音机	9	视听设备
电视接收机	10	其他家庭耐用品
缝纫机	10	其他家庭耐用品
电话	10	其他家庭耐用品
洗衣机	11	厨房及其他家用电器

资料来源：美国经济分析局，2003 年。